HEATHER MORRIS

De vrouwen van het kamp

Vertaling Karin de Haas

HarperCollins

MIX
Paper | Supporting
responsible forestry
FSC® C021394

Voor het papieren boek is papier gebruikt dat onafhankelijk is gecertificeerd door FSC®
om verantwoord bosbeheer te waarborgen.
Kijk voor meer informatie op www.harpercollins.co.uk/green.

HarperCollins is een imprint van Uitgeverij HarperCollins Holland, Amsterdam.

Copyright © 2023 Heather Morris
Oorspronkelijke titel: *Sisters under the Rising Sun*
Copyright Nederlandse vertaling: © 2024 HarperCollins Holland
Vertaling: Karin de Haas
Omslagontwerp: Nick Stearn / Villa Grafica
Omslagbeeld: © Fred van Deelen (omheining, wachttoren) / Shutterstock (bomen, vliegtuigen)
Kaart blz. 364: Jake Cook
Zetwerk: Mat-Zet B.V., Huizen
Druk: CPI Books GmbH, Germany, met gebruik van 100% groene stroom

ISBN 978 94 027 1435 7
ISBN 978 94 027 7083 4 (e-book)
NUR 302
Eerste druk februari 2024

Originele uitgave verschenen bij Zaffre, een imprint van Bonnier Books UK, Londen, Verenigd Koninkrijk.

The author of this work asserts all moral rights.

Muziek en foto's van Norah Chambers en familie: dank aan Seán Conway.
Afbeelding YMS 16139 is herdrukt met toestemming van de Australian Manuscripts Collection, State Library Victoria.
Foto van Nesta James en haar echtgenoot Alexander Noy: dank aan Kathleen Davies en Brenda Pegrum.
Afbeeldingen 044480 en P01701.003 zijn herdrukt met toestemming van de Australian War Memorial.

HarperCollins Holland is een divisie van Harlequin Enterprises ULC.
® en ™ zijn handelsmerken die eigendom zijn van en gebruikt worden door de eigenaar van het handelsmerk en/of de licentienemer. Handelsmerken met ® zijn geregistreerd bij het United States Patent & Trademark Office en/of in andere landen.

www.harpercollins.nl

Niets uit deze uitgave mag openbaar worden gemaakt door middel van druk, fotokopie, internet of op welke andere wijze dan ook zonder voorafgaande schriftelijke toestemming van de uitgever. Het e-book is beveiligd met zichtbare en onzichtbare watermerken en mag niet worden gekopieerd en/of verspreid.

Er is alles aan gedaan om de houders van het auteursrecht op materiaal dat in dit boek is gereproduceerd te traceren, maar als er per ongeluk iemand over het hoofd is gezien, dan horen de uitgevers dat graag.

Dit is een fictieboek. Namen, plaatsen, gebeurtenissen en voorvallen zijn ofwel ontleend aan de fantasie van de schrijver, ofwel fictief gebruikt. Elke gelijkenis met bestaande personen berust op toeval.

Voor Sally en Seán Conway
Dank voor het delen van de verhalen van jullie moeder en grootmoeder, Norah Chambers

Voor Kathleen Davies, Brenda Pegrum en Debra Davies
Dank voor het delen van het verhaal van jullie nicht, Nesta (James) Noy

In 1942 mengde het Japanse leger zich in de Tweede Wereldoorlog door de eilanden in de Grote Oceaan te veroveren, waarbij ze zowel Malakka bereikten als de toenmalige Britse kolonie Singapore, die op 15 februari 1942 in handen van de Japanners viel.

Daarbij werd de Vyner Brooke, een koopvaardijschip dat wanhopige evacués uit Singapore vervoerde, door de Japanse luchtmacht gebombardeerd. Binnen een paar uur lag het schip op de bodem van de zee.

Veel overlevenden wisten een afgelegen eiland bij Sumatra te bereiken, waar ze al snel gevangen werden genomen door de Japanners. De mannen, vrouwen en kinderen werden van elkaar gescheiden en naar krijgsgevangenenkampen diep in de jungle gestuurd, samen met honderden anderen die door het binnenvallende leger bijeen werden gedreven. In de kampen heersten honger en wreedheid, en ziektes hadden er vrij spel.

Daar zouden ze meer dan drieënhalf jaar verblijven, overgeplaatst van kamp naar kamp, vechtend om te overleven.

Dit is hun verhaal...

Proloog

**Singapore
Februari 1942**

Norah Chambers zit op Sally's bed en wacht tot haar dochter wakker wordt. Het gesprek dat volgt, wordt het pijnlijkste van haar leven. Het besluit van haar en haar man John om Sally samen met haar tante Barbara en haar neefjes weg te sturen komt precies zo hard aan als ze had gevreesd. Ze houdt het verdrietige kleine meisje stevig tegen zich aan terwijl Sally snikt dat ze bij haar papa en mama wil blijven, dat ze weigert bij hen weg te gaan, nu of wanneer dan ook. Zelfs wanneer haar neefjes de kamer binnenstormen en opgetogen beginnen te kwetteren over het avontuur dat ze gaan ondernemen, over zee nog wel, merkt Sally hen nauwelijks op.
'Sally, we gaan naar Australië!' zingen ze. 'Op een groot schip!'
Singapore valt in handen van de Japanners; welke keus heeft Norah nog? John ligt met tyfus in het ziekenhuis. Zodra hij beter is, zullen ze haar volgen, belooft ze Sally.
Tijdens de autorit naar de haven stopt Sally niet met huilen en houdt ze haar gezichtje afgewend van haar moeder. Norahs pogingen om haar te troosten worden afgeschud. Wanneer ze naar de boot lopen, slaat Sally haar kleine armpjes stevig om het middel van haar

moeder. Het zal niet meevallen om los te laten, voor hen allebei.

Een explosie in de buurt verhevigt hun angst, hun vrees voor wat er zal volgen, en Sally's gesnik gaat over in doodsbang gejammer. Norah verstijft, verlamd door de gruwelijkheid van datgene waar ze getuige van is, het verdriet dat ze de meest dierbare persoon in haar leven toebrengt. Terwijl de wereld om hen heen ontploft, tilt Barbara Sally vlug op en rent naar de uitgeklapte loopplank.

'Papa en ik komen zo snel mogelijk. Wees een braaf meisje, lieverd, ik beloof je dat we over een paar dagen bij je zijn,' roept Norah haar dochter achterna.

Sally blijft snikken en steekt haar armpjes uit naar haar moeder. Onwillekeurig doet Norah een stap naar voren, maar haar jongere zus, Ena, grijpt haar arm vast en trekt haar mee. Ze kijken Barbara en Sally na terwijl ze aan dek gaan en uit het zicht verdwijnen. Moeder en dochter zullen niet vrolijk naar elkaar zwaaien vanaf de boot of de kade.

'Zal ik haar ooit nog terugzien?' roept Norah wanhopig.

Deel 1
De val van Singapore

Hoofdstuk 1

Singapore
Februari 1942

'Ik wil niet weg! Alsjeblieft. Dwing ons alsjeblieft niet om te gaan, Norah.'

De kreten van Ena worden overstemd door het gegil van vrouwen en kinderen, door ontploffingen om hen heen en het lawaai van Japanse oorlogsvliegtuigen boven hun hoofd.

'Rennen! Rennen!' smeken ouders hun zoons en dochters, maar het is te laat. Een volgende raket treft doel en het geallieerde schip dat in de haven van Singapore ligt aangemeerd ontploft.

Terwijl de brokstukken neerkomen, hurken Norahs man, John, en Ena's man, Ken Murray, naast hun echtgenotes om hen tegen het rondvliegende puin te beschermen. Maar het heeft geen zin om hier te blijven zitten. Ken helpt de zussen overeind, terwijl John happend naar adem probeert op te staan.

'Ena, we moeten aan boord, nu meteen!' Norah probeert haar zus uit alle macht over te halen om aan boord van de HMS Vyner Brooke te gaan. Om hen heen heerst chaos, een hevige drang om te vluchten, een schuilplaats te vinden. Norah neemt heel even de tijd om haar armen om haar echtgenoot heen te slaan. John zou nog in het ziekenhuis moeten liggen; hij is zo zwak en hij heeft het zo benauwd. Hij zou echter het laatste beetje van zijn kracht gebruiken om deze vrouwen te beschermen.

'Ena, luister alsjeblieft naar je zus,' zegt Ken dringend. 'Je moet vertrekken, liefste. Ik ga terug naar je ouders en ik beloof dat ik voor ze zal zorgen.'

'Het zijn ónze ouders,' protesteert Norah. 'Wij zouden voor ze moeten zorgen.'

'Je hebt een dochter, Norah,' zegt Ken. 'Jij en John moeten op zoek naar Sally. En jullie moeten namens mij voor Ena zorgen.' Ken weet dat hij de enige is die in Singapore kan blijven om zich over zijn schoonouders te ontfermen. John is ernstig ziek, en hetzelfde geldt voor de vader van de vrouwen, James. Zijn gezondheid is zo slecht dat er van vertrek geen sprake kan zijn. Zijn vrouw Margaret, de moeder van de zussen, heeft geweigerd om hem achter te laten.

Vlakbij ontploft een nieuwe bom, en iedereen duikt in elkaar. Achter hen staat Singapore in brand, vóór hen is de zee bezaaid met de brandende wrakken van schepen en boten, groot en klein.

'Ga! Ga nu jullie nog een kans hebben. Als het schip nu niet vertrekt, komt het de haven niet meer uit, en jullie moeten aan boord zijn.' Ken moet schreeuwen om zich verstaanbaar te maken. Hij kust Norah, geeft een kneepje in Johns arm en trekt Ena stevig tegen zich aan. Na een laatste kus duwt hij zijn vrouw in de richting van het schip.

'Ik houd van je!' roept Ena met bevende stem.

'Maak dat jullie wegkomen uit deze hel. Spoor Sally op. Spoor Barbara en de jongens op. Ik kom zo snel mogelijk achter jullie aan!' roept Ken naar hun verdwijnende gedaantes.

Norah, John en Ena worden opgeslokt door de menigte van passagiers en laten zich over de kade meevoeren naar het schip.

'Sally, we moeten Sally vinden,' mompelt John, en hij zakt door zijn benen. Norah en Ena pakken ieder een arm en trekken hem met zich mee.

Norah weet niets meer te zeggen. De kreten van haar dochter weerklinken in haar hoofd terwijl ze haar lot tegemoet strompelt. *'Ik wil niet gaan. Laat me alsjeblieft bij jou blijven, mammie.'* Nog maar een paar dagen eerder had ze de achtjarige Sally op een ander schip gezet en haar weggestuurd.

'Dat weet ik, liefje,' had ze troostend gezegd. *'Als er een manier was om bij elkaar te blijven, zouden we dat doen. Maar nu wil ik dat je dapper bent en met tante Barbara en je neefjes meegaat. Papa en ik zijn weer bij je voor je het weet. Zodra hij beter is.'*

'Maar je hebt beloofd dat je me niet weg zou sturen, je hebt het beloofd.' Sally was buiten zichzelf geweest, en de tranen hadden over haar vlekkerige wangen gestroomd.

'Dat weet ik, maar soms moeten mama's en papa's hun beloftes verbreken om hun dochtertjes te beschermen. Ik beloof –'

'Niet doen. Niet zeggen dat je het belooft terwijl ik weet dat je het toch niet kunt nakomen.'

'Kom, Sally, wil jij Jimmy's hand vasthouden?' had Barbara gevraagd. Zij was de oudste zus van Norah en Ena, en ze had zachtjes tegen haar nichtje gesproken. Dit was Norahs enige troost: Sally zou veilig zijn bij haar familie.

'Ze heeft niet één keer omgekeken,' fluistert ze nu tegen zichzelf terwijl ze voortsjokt. 'Ze ging gewoon aan boord en toen was ze weg.'

De passagiers met goedgekeurde documenten verzamelen zich op het afgezette deel van de kade. Onder hen bevinden zich doodsbange volwassenen en jammerende kinderen, die stuk voor stuk hun meest essentiële bezittingen met zich meezeulen.

Een groep Australische legerverpleegsters zwaait met hun documenten naar de beambten en wordt haastig door het afgezette gebied geloodst. Ze gaan aan de kant staan en laten burgers langs zich heen stromen tot een volgende groep vrouwen in hetzelfde uniform door het hek stormt. De herenigde verpleegsters omhelzen elkaar en begroeten elkaar als lang verloren vrienden. Onder de nieuwkomers

bevindt zich een tenger vrouwtje dat zich door de meute wringt.
'Vivian, Betty, hier!' roept ze.
'Hé, Betty, het is Nesta!'
De drie vrouwen omhelzen elkaar. Zusters Nesta James, Betty Jeffrey en Vivian Bullwinkel zijn hechte vriendinnen geworden in Malakka, waar ze waren gestationeerd om geallieerde soldaten te verplegen. Toen het Japanse leger het schiereiland veroverde, waren ze net als ieder ander op de kade gedwongen geweest om naar Singapore te vluchten.

'Het is zo fijn om jullie weer te zien,' zegt Nesta, dolblij over de hereniging met haar vriendinnen. 'Ik wist niet of jullie gisteren met de anderen waren vertrokken.'

'Betty had gisteren moeten vertrekken, maar ze is erin geslaagd om van de aardbodem te verdwijnen toen het tijd was om aan boord te gaan,' zegt Vivian. 'We hoopten allebei dat we niet naar huis zouden worden gestuurd, er is hier zoveel te doen.'

'De hoofdzuster is onze zaak nog een keer gaan bepleiten,' vertelt Nesta. 'We zitten nog niet op het schip, dus misschien zal het opperbevel inzien dat het beter is als we hier in Singapore blijven, bij de mensen die te ziek zijn om te vertrekken.'

'Ze zijn de sloepen nu aan het volladen, dus ze mag wel opschieten,' zegt Betty. Ze kijkt naar de rij van mannen, vrouwen en kinderen die in de hevig deinende sloepen klimmen die hen naar de HMS Vyner Brooke zullen brengen. De bommen blijven vallen en veranderen de zee in een kolkende massa van golven die tegen de kade slaan.

Nesta staart naar de sloepen. 'Zo te zien heeft er iemand hulp nodig, ik ben zo terug.'

'Kan ik jullie helpen?' vraagt Nesta aan Norah en Ena, die proberen te bedenken hoe ze John kunnen helpen de steile treden af te dalen en in een van de sloepen te klimmen. Het bootje zit halfvol met radeloze passagiers, van wie sommige huilen en andere verlamd zijn van angst.

Norah voelt een hand op haar schouder en draait zich om. Ze ziet het glimlachende gezicht van een piepklein vrouwtje in een wit verpleegstersuniform. De vrouw is zo klein dat Norah zich afvraagt hoe ze hen in vredesnaam zou kunnen helpen – zij, haar man en haar zus zijn immers langer dan gemiddeld.

'Ik ben zuster Nesta James, verpleegster bij het Australische leger. Ik ben sterker dan ik eruitzie, en ik ben erop getraind om patiënten te helpen die veel groter zijn dan ik, dus maak je geen zorgen.'

'Volgens mij redden we ons wel,' zegt Norah tegen haar. 'Maar dank je wel.'

'Als een van jullie nu in de sloep stapt, dan helpen twee van ons meneer omlaag tot degene in de sloep het over kan nemen,' zegt Nesta beleefd maar vasthoudend. 'Heb je in het ziekenhuis gelegen?' vraagt ze John, zijn arm overnemend als Norah hem loslaat.

'Ja,' zegt hij, terwijl hij zich door haar en Ena naar de sloep laat loodsen. 'Tyfus.'

Zodra Norah veilig in de sloep zit, dragen Ena en Nesta John aan haar over.

'Ga je niet met ons mee?' vraagt Ena de jonge verpleegster.

'Ik ben samen met vriendinnen. Wij nemen de volgende sloep.'

Ena kijkt om en ziet een grote groep vrouwen staan die gekleed zijn in hetzelfde uniform.

Wanneer de sloep met Norah, John en Ena aan boord wegvaart, horen de drie gezang op de kade. Trots opgericht, met de armen om elkaars schouders, staan de verpleegsters te zingen, zo luid dat ze het lawaai overstemmen van een benzinetank die iets verderop ontploft en in vlammen opgaat.

Now is the hour when we must say goodbye
Soon you'll be sailing far across the sea
While you're away, oh then remember me
When you return, you'll find me waiting here

Op de kade ontploft weer een bom.

Hoofdzuster Olive Paschke kijkt Nesta aan. 'Hoofdzuster Drummond heeft de autoriteiten nogmaals dringend verzocht om ons hier te laten blijven zodat we voor onze mannen kunnen zorgen, maar de luitenant heeft haar verteld dat ons verzoek is afgewezen.'
'Het was een laatste poging waard, toch? Het voelt gewoon niet goed om hen achter te laten terwijl ze ons hoogstwaarschijnlijk nodig zullen hebben. Hoe reageerde hoofdzuster Drummond?'
'Op de enige mogelijke manier, door hem simpelweg met opgetrokken wenkbrauwen aan te kijken,' antwoordt hoofdzuster Paschke. 'Als ze had gezegd wat ze dacht, zou ze in de nesten hebben gezeten.'
'Wat betekent dat ze het niet accepteert, maar dat ze er met tegenzin in mee zal gaan. Ik had niet anders van haar verwacht.' Nesta schudt haar hoofd.
'Kom op, dan halen we de anderen. Volgens mij zijn wij de laatsten die vertrekken.'

Eenmaal aan boord van de HMS Vyner Brooke vermaakt zuster Vivian Bullwinkel hen met haar kennis over het schip.
'Ze is vernoemd naar de derde radja van Sarawak, en er staat nu HMS voor haar naam omdat de koninklijke marine haar heeft gevorderd. Ze is gebouwd om twaalf passagiers te vervoeren, maar ze heeft zevenenveertig bemanningsleden.'
'Hoe weet je dat allemaal?' vraagt Betty.
'Ik heb toch gedineerd met de radja? Ja, ik weet het, ik, kleine nietige zuster Vivian Bullwinkel uit Broken Hill, heb gedineerd met een radja. Niet met z'n tweeën, hoor, er waren ook anderen bij.'
'O, Bully, jij bent echt de enige die dat laatste erbij zou zeggen,' zegt Betty lachend. 'Wij zouden het allemaal hebben gelaten bij "Ik heb gedineerd met de radja".'

Wanneer de laatste verpleegster aan boord is, geeft de kapitein het bevel om het anker op te halen en voorzichtig uit te varen. Hij weet dat er Britse mijnenvelden voor hen liggen die net zo'n grote bedreiging vormen als de vijand die de lucht boven hun hoofd domineert.

Terwijl de zon ondergaat, zien de passagiers Singapore branden onder onophoudelijke bombardementen, granaten en fusillades. Te midden van het lawaai van de stervende stad wenden Norah, John en Ena zich af van de kakofonie en concentreren zich op het melodieuze gezang van de Australische verpleegsters aan dek. En heel even is dat alles wat ze kunnen horen.

Hoofdstuk 2

**HMS Vyner Brooke, de Straat Banka
Februari 1942**

'You'll come a-waltzing Matilda with me...'
'Wat een vrolijk stelletje zijn die verpleegsters. We boffen maar met hen aan boord.' Het kost Norah moeite om haar stem luchtig te houden.

De laatste woorden van 'Waltzing Matilda' worden overstemd door het oorverdovende geloei van het luchtalarm dat over de haven naar het langzaam vertrekkende schip galmt. Een olieopslagtank ontploft en werpt puin de lucht in. Om hen heen worden brandende vaartuigen opgezogen door kolkende golven. Alleen de vaardigheden van een ervaren kapitein zullen hen door de haven naar de zee kunnen loodsen, langs de mijnen die de Britse marine heeft geplaatst om de Japanse marine dwars te zitten.

Norah wendt zich af van het apocalyptische tafereel.

'Zullen we kijken of we beneden ergens kunnen rusten?' vraagt John. Hij staart over de zee, en voor Norah is het duidelijk dat hij probeert te verbergen hoe ongemakkelijk hij zich erbij voelt dat hij haar hulp nodig heeft.

'Ik vind het prima om aan dek te blijven,' oppert Ena. 'Er zijn hier moeders met kinderen en een heleboel oudere mensen, en ik denk dat zij beter de hutten kunnen nemen.'

John kijkt naar Norah. Haar reactie zal beslissen of ze naar beneden gaan of niet.

'Je hebt gelijk, Ena, laten we hierboven een plekje zoeken waar we kunnen gaan liggen. We kunnen allemaal wel wat rust gebruiken.'

Norah ziet de opluchting over Johns gezicht spoelen. Ze kent haar man zo goed; nu hoeven ze hem niet de trap op en af te helpen.

Terwijl ze over het dek schuifelen op zoek naar een geschikt plekje, blijft ze even staan om te kijken naar de verpleegsters, die zich rond een oudere collega hebben verzameld die hun instructies geeft.

'Dat zal de hoofdzuster zijn,' zegt Norah.

'De kapitein heeft ons toestemming gegeven om de recreatieruimte benedendeks te gebruiken. We hebben heel wat te plannen, en we moeten overal op voorbereid zijn,' zegt de vrouw in het uniform van een hoofdzuster tegen de anderen. Er staat nog een hoofdzuster tussen, stralend en overduidelijk trots op haar verpleegsters. Ze vindt het zo te zien prima dat haar jongere collega de leiding neemt.

Terwijl de verpleegsters naar het luik lopen, vinden Norah, Ena en John een plekje op het bovenste dek waar ze de eerste nacht van hun vlucht kunnen doorbrengen. De felle branden aan de kade strijden met de oogverblindende gloed van de ondergaande zon om een gebied dat ooit een tropisch paradijs was.

Nu lijkt het meer op Armageddon.

John laat zich langs de wand van het schip omlaagglijden tot hij op de houten vloerplanken zit. Hij gebaart dat Norah en Ena naast hem moeten komen zitten, en ze kruipen dicht tegen de zieke man aan om hem te ondersteunen. John slaat een arm om iedere vrouw heen, en zwijgend zien ze hun wereld verdwijnen.

Kletsend met elkaar stromen de verpleegsters de recreatieruimte in. Ze zijn opgewonden, bang, en op dit moment hebben ze de troost van hun vriendinnen en collega's nodig.

'Stil, meisjes! We hebben een hoop te doen.' Hoofdzuster Olive Paschke roept iedereen tot de orde. 'We gaan ons opdelen in vier teams. Sommigen van jullie zullen de zorg op zich nemen voor de passagiers die benedendeks verblijven, en anderen voor de passagiers op het bovendek. Ik zal voor ieder team een leider benoemen die verantwoordelijk is voor het toegewezen gebied en voor de discipline en het moreel van de groep. Maar eerst wil ik iets duidelijk maken: mochten we in het ergste noodgeval het schip moeten verlaten, dan assisteren we bij de evacuatie en zijn we de laatsten die vertrekken.'

Ze slaat de verpleegsters gade terwijl zij dit in zich opnemen. De meisjes kijken elkaar knikkend aan; de boodschap is overgekomen.

Nesta, de rechterhand van hoofdzuster Paschke, krijgt als eerste een team toegewezen. Vlug en efficiënt verdelen de teamleden de medicatie en de verbandmiddelen.

Terwijl de verpleegsters bij hun team gaan staan, spreekt hoofdzuster Drummond de hele groep toe.

'Om te beginnen wil ik jullie vertellen hoe ongelooflijk trots ik op jullie ben. We gaan hier samen doorheen komen. De kapitein heeft me verteld dat er niet genoeg reddingsboten aan boord zijn voor alle passagiers, mocht het zover komen dat we het schip moeten verlaten. Houd dus altijd je reddingsvest aan, ook wanneer je slaapt. Die vesten kunnen het verschil maken tussen leven en dood.'

'En,' voegt hoofdzuster Paschke eraan toe, 'mocht je in zee terechtkomen, vergeet dan niet om je schoenen uit te trekken. Meisjes, ik ga onze reis niet rooskleuriger afschilderen dan hij zal zijn. We zullen gebombardeerd worden, dat lijdt geen enkele twijfel. Het spijt me, maar het is onvermijdelijk.' Ze recht haar schouders en richt zich op, een baken van kracht voor haar verpleegsters. 'Ik stel voor dat we nu onze toegewezen plekken opzoeken en de evacuatie oefenen. Hoofdzuster Drummond en ik zullen een rondje maken langs de teams om te kijken hoe het gaat. O, nog één ding, als we het schip moeten verlaten, dan zal hoofdzuster Drummond het bevel geven. Begrepen?'

Nesta leidt haar groep omhoog naar haar werkplek, bij de laadpoort van het schip. Gadegeslagen door Norah, John en Ena oefenen ze hoe ze mensen met behulp van touwen over de rand van het schip kunnen helpen. Nesta vertelt haar verpleegsters dat ze te maken zullen krijgen met angstige, mogelijk gewonde mannen, vrouwen en kinderen. Samen repeteren ze de geruststellende woorden die ze zullen gebruiken om onwillige passagiers over te halen in zee te springen.

'Onthoud dat er mensen bij zullen zijn die niet kunnen zwemmen, onder wie kinderen en zelfs baby's. Laat weten dat ze geholpen worden zodra ze in het water liggen. Er zijn reddingssloepen die de bemanning omlaag zal gooien.'

Norah kijkt naar zuster Nesta James, en even laat ze zich afleiden van haar omgeving door haar bewondering voor de manier waarop de jonge vrouw de verpleegsters toespreekt die ze onder haar hoede heeft. Nesta ontmoet haar blik en schenkt haar een brede glimlach. Ze herinnert zich duidelijk nog dat ze dit drietal eerder heeft geholpen. Met haar glimlach zegt ze: *Maak je geen zorgen. Het hoort allemaal bij het werk.* Het stelt Norah niet helemaal gerust, maar ze waardeert het gebaar, de humor in Nesta's glimlach terwijl ze door een oorlogszone varen.

Maar al te snel wordt ze zich weer bewust van het gevaar waarin ze verkeren. Ze begraaft haar gezicht in Johns armen en onderdrukt de snikken die dreigen te ontsnappen. Ze mag niet huilen, ze mag zich niet als een baby gedragen nu ze de vastberadenheid heeft gezien waarmee de moedige verpleegsters zich voornemen om iedereen te redden die hun hulp nodig heeft.

'Je denkt aan Sally, hè?' fluistert John met zijn mond tegen haar haar.

'Heeft zij dit meegemaakt, John?' vraagt Norah met trillende stem. 'Is zij door iemand met goede bedoelingen overboord gegooid? Wisten we maar of ze het heeft gered, en waar ze nu is. Zeg me dat ze veilig is.'

'Als dat niet zo was, zou ik het weten, ik zou het voelen,' verzekert John haar, terwijl hij haar kin van zijn schouder tilt. 'En jij ook. Je zou het hier voelen.' Hij legt zijn hand op Norahs hart. 'Onze Sally is veilig, liefste, dat moet je geloven. Houd je daaraan vast, dan zijn we heel snel weer bij haar.'

Ena buigt zich voor John langs om haar verdrietige zus te omhelzen. 'Ze is veilig, Norah,' troost ze haar. 'Ze wacht op je.'

'Goed gedaan, meisjes!' zegt hoofdzuster Drummond nadat ze Nesta aan het werk heeft gezien met haar verpleegsters. 'Zuster James, maak af waar je mee bezig bent en neem je meisjes dan mee naar beneden om te rusten. We hebben helaas gehoord dat er een tekort aan voedsel is aan boord, dus hoofdzuster Paschke en ik hebben al toegezegd dat we onze portie aan de kinderen doneren. Ik zie jullie beneden.'

'Pardon, zuster James, maar ik kan niet zwemmen,' zegt een van de verpleegsters met een bedrukt gezicht.

'Je bevindt je in goed gezelschap, hoofdzuster Paschke ook niet,' zegt Nesta tegen haar.

'Echt? Weet je dat zeker?' De verpleegster vrolijkt wat op.

'Dat weet ik zeker. We waren samen in Malakka gestationeerd. De stranden daar waren prachtig, en wanneer we geen dienst hadden, gingen we er vaak naartoe om te zwemmen. We konden hoofdzuster Paschke niet eens zover krijgen om pootje te baden; ze was doodsbang voor het water.'

De slapende en uitgeputte passagiers merken het nauwelijks op wanneer de motor van het schip wordt uitgezet en het anker neergelaten. De kapitein wil niet riskeren dat ze in de open Straat Banka worden ontdekt. Even later verandert hij echter van gedachten.

'We kunnen hier niet blijven,' zegt hij tegen zijn bemanning. 'Laten we op volle kracht naar de Straat varen. Zo snel we kunnen.'

De passagiers die op het dek liggen te slapen, worden gewekt door de zon. Wie een plekje benedendeks heeft, ontwaakt door de drukkende hitte. De verpleegsters delen rantsoenen uit en keren dan terug naar de recreatiezaal.

'Hoofdzuster Paschke en ik hebben kapitein Borton daarnet gesproken,' vertelt hoofdzuster Drummond aan de verzamelde groep. 'Helaas verloopt de reis trager dan hij zou willen. Pak wat rust nu het nog kan. Groepsleiders, jullie blijven hier, en alle anderen, jullie gaan naar boven, waar het misschien wat koeler is.'

'Herinner je verpleegsters er alsjeblieft aan dat ze altijd een Rode Kruisarmband moeten dragen,' drukt hoofdzuster Paschke de groepsleiders op het hart. 'Mocht het ergste gebeuren, dan zijn ze herkenbaar. Je weet maar nooit, misschien zien de Japanse piloten ze en sparen ze het schip en zijn passagiers. Kapitein Borton heeft ons verteld dat korte stoten van de sirene van het schip betekenen dat we worden aangevallen. Zoek in dat geval direct je toegewezen plek op en wacht op verdere instructies. Als de sirene aanhoudend klinkt, betekent het dat we het schip moeten verlaten, en jullie weten wat je dan te doen staat. Ga nu naar jullie meisjes en spreek ze toe. Hoofdzuster Drummond en ik komen zo dadelijk jullie werk inspecteren.'

Op het bovenste dek wemelt het van de passagiers die proberen aan de hitte en de vochtigheid van de hutten te ontsnappen. Veel van hen zoeken een plekje op met wat schaduw om een dutje te doen. Niet iedereen hoort het naderende vliegtuig. Wie het wel hoort, staart verstijfd omhoog naar de hemel en ziet het toestel omlaagduiken en recht op hen afkomen.

'Zoek dekking! Zoek dekking!' galmt een stem door de luidspreker. En dan breekt de hel los.

Passagiers vliegen alle kanten op terwijl het machinegeweer vanuit de lucht op het dek schiet. De kogels slaan hard in en ketsen af op metalen onderdelen, zoekend naar een nieuw doelwit.

'Rennen! Rennen!' schreeuwt John, terwijl hij de armen van Norah en Ena vastgrijpt. Maar uiteindelijk zijn zij het die hem wegslepen.

De verpleegsters sprinten naar hun toegewezen werkplekken, klaar voor wat er komen gaat. De aanval is echter voorbij en het vliegtuig verdwijnt. Er klinkt een gezamenlijke zucht van opluchting.

Er zijn weinig gewonden onder de passagiers, maar de reddingsboten van het schip zijn zwaar getroffen en in veel gevallen onbruikbaar gemaakt.

'We zijn een veel te makkelijk doelwit hier; de bommenwerpers zullen snel komen. We moeten de Straat zien te bereiken als we kans willen maken om aan de aanvallen te ontsnappen,' vertelt kapitein Borton zijn bemanning.
Wanneer het schip met een ruk in beweging komt, speurt de kapitein de horizon af en ontdekt land in de verte. Nu moeten ze dat alleen nog ongedeerd zien te bereiken.
'Geef het signaal dat alles veilig is. Voorlopig,' draagt hij een officier op.

'Laten we hierbeneden blijven,' stelt John voor. Hij ziet er uitgeput uit, en Norah voelt aan zijn voorhoofd om te zien of zijn koorts is teruggekeerd. Hij zal zich niet veel vaker die trap op en af kunnen hijsen.

De verpleegsters hebben het signaal gehoord dat het eind van het luchtalarm aanduidt, en ze keren onmiddellijk terug naar de recreatieruimte om verdere instructies in ontvangst te nemen. Gelukkig melden ze allemaal dat ze slechts lichte verwondingen onder de passagiers hebben vastgesteld, voornamelijk van rondvliegend versplinterd hout waar de kogels het schip hebben getroffen. Nu horen ze de motor ronken terwijl het schip recht naar de Straat Banka vaart. Van nu af aan zullen ze niet meer zigzaggen om mijnen te vermijden.

Het duurt niet lang voordat het luchtalarm weer begint te loeien en kreten van 'Naderend vliegtuig!' de oren bereiken van de passagiers die zich benedendeks bevinden.
Zij kunnen de toestellen niet zien aankomen, maar ze voelen het

effect van de eerste bom die in het water ontploft en het schip wild heen en weer laat deinen.

'Eén!' roept iemand.

Kapitein Borton maakt ontwijkende manoeuvres in een poging de bommen te ontwijken die op hen neerregenen. Het nieuws is rondgegaan dat er land in zicht is; nu is het tijd om te bidden om een wonder.

'Twee, drie... veertien, vijftien... zesentwintig, zevenentwintig.'

Norah, John en Ena horen andere passagiers de bommen tellen die om hen heen vallen; wonder boven wonder lijkt niet één ervan het schip te hebben geraakt.

'Achtentwintig, negenentwintig...'

Nu laat een explosie het schip hevig schokken. Passagiers worden in de lucht gesmeten, tegen de wanden, tegen elkaar. Er breekt paniek uit, en iedereen benedendeks haast zich naar de uitgangen om naar het dek te vluchten.

'Gaat het? Zijn jullie gewond?' roept John naar Norah en Ena.

'We zijn ongedeerd, maar we moeten naar het dek, het is hier niet veilig!' roept Norah terug.

'Gaan jullie twee maar alvast, ik volg jullie wel!' roept John.

'Help hem omhoog, Ena. Waar wij gaan, gaat hij,' zegt Norah echter resoluut. 'Dat is de afspraak.'

De vrouwen helpen John overeind en nemen hem tussen hen in.

Norah gaat voorop en wringt zich door de mensenmassa. Ze worden alle kanten op geduwd nu iedereen wanhopig probeert om het zinkende schip te verlaten.

'Vooruit, meisjes, we zien jullie boven,' zegt de hoofdzuster tegen de verpleegsters die nog in de recreatieruimte zijn.

Nesta begeeft zich met haar team naar de dichtstbijzijnde trap, richting het daglicht, klaar om het werk uit te voeren waar ze voor getraind zijn. Wanneer ze het dek bereikt, nadert er al weer een volgend vliegtuig dat als een bezetene zijn machinegeweren afvuurt. De kogels treffen passagiers die al gewond zijn en brengen nog meer schade toe aan de reddingsboten. Nesta draagt haar verpleegsters op om op hun plek te blijven tot het toestel weg is.

'Zoek naar mensen die je kunt helpen. Vooruit!' schreeuwt ze.

Norah klimt ook omhoog, John met zich meezeulend. Het gaat traag, nog trager door het meisje voor haar, dat moeite heeft de ene voet voor de andere te zetten. Zachtjes raakt Norah haar schouder aan.

'Je bent gewond,' vertelt ze haar. 'Ernstig gewond. Je rug...'

'Echt?' zegt het meisje, dat zich niet bewust is van haar verwondingen, haar met bloed doorweekte jurk.

Eindelijk wankelt het meisje het dek op, waar ze in elkaar zakt.

'Verpleegster! We hebben een verpleegster nodig!' roept Norah. Ze gaat naast het meisje zitten en legt haar hoofd voorzichtig op haar schoot.

Nesta is de eerste die haar bereikt. Ze zoekt de hartslag van het meisje en controleert haar ogen. 'Het spijt me, ze is dood,' zegt ze tegen Norah. 'We kunnen niets meer voor haar doen.'

'We moeten haar achterlaten, Norah. Het spijt me, lieverd, maar we moeten van dit schip af,' fluistert John. 'We zullen naar het vasteland moeten zwemmen.'

Opnieuw ondersteunen de twee vrouwen John terwijl ze zich in de mensenmassa voegen die wanhopig probeert de reddingsboten te bereiken.

Hoofdzusters Paschke en Drummond bevinden zich nog benedendeks; ze willen pas weggaan als ze zeker weten dat iedereen boven is, of onderweg. Terwijl de passagiers naar buiten schuifelen, hangt er een griezelige kalmte in de ruimte. Maar dan horen ze ineens de kreet van een vrouw.

'Stop! Blijf staan, allemaal!'

De wereld verkeert in chaos, het schip zinkt, de gewonden sterven, maar iedereen bevriest bij het horen van de scherpe stem.

'Mijn man heeft zijn bril laten vallen,' verkondigt de vrouw.

Hoe ernstig hun situatie ook is, beide hoofdzusters en veel van de passagiers beginnen te lachen voordat ze de trap verder beklimmen.

De oefeningen die de verpleegsters hebben uitgevoerd, komen nu van pas. Nesta's team, minus twee verpleegsters die het dek niet hebben bereikt, helpen vrouwen en kinderen in de reddingsboten. Boven het lawaai, de paniek, de kreten om hulp van gewonde en doodsbange passagiers uit geeft hoofdzuster Paschke instructies met haar heldere, geduldige stem. Als de reddingsboten vol zitten, klimmen kinderen via touwladders omlaag naar de zee, gevolgd door hun ouders.

'Ik ga eerst,' zegt Ena tegen Norah. 'Dan help jij John en volgen jullie me.'

Ze pakt een touw vast dat over de rand van het schip hangt. Het touw schuift door haar vingers terwijl ze omlaagglijdt tot ze in het water terechtkomt. John landt meteen naast haar. Hij heeft voor de vluggere route gekozen en is gesprongen. Door zijn reddingsvest komt hij naar de oppervlakte, en Ena steekt haar hand uit om hem vast te grijpen. Ze schreeuwt het uit wanneer haar vingers zich om zijn arm sluiten. Haar handpalmen zijn opengeschraapt en bloederig door het ruwe touw. Ze gebaart verwoed naar Norah en roept: 'Spring! Norah, niet het touw gebruiken, springen!'

Norah ziet Ena zwaaien, maar ze pakt het touw, klimt over de rand en glijdt omlaag.

John ziet de handen van Ena, en wanneer Norah het water bereikt, beseft hij hoeveel pijn ze moet hebben en probeert uit alle macht naar haar toe te zwemmen.

Maar ze hebben geen tijd om hun wonden te verzorgen, ze moeten weg zien te komen bij het zinkende schip. John wijst de hulp van de vrouwen van de hand. Hij weet dat hij er alleen voor staat en dat hij uit zijn allerlaatste beetje kracht moet putten om zichzelf in veiligheid te brengen.

Een naadloze stroom mannen, vrouwen en kinderen klimt in de reddingsboten of springt overboord, en Nesta ziet het aantal passagiers aan dek slinken. Vlak bij haar duwt een passagier een kleine jongen in de armen van een van de bemanningsleden.

'Hoofdzuster, hier, we hebben een reddingsboot voor jullie allebei.' Nesta kijkt toe terwijl hoofdzusters Paschke en Drummond in de laatste reddingsboot worden geholpen. Het schip maakt een plotselinge slingerbeweging, en ze vallen om. Giechelend om hun weinig damesachtige posities helpen ze elkaar weer overeind. Terwijl de bemanning de reddingsboot over de rand van het schip laat zakken, roept hoofdzuster Drummond naar de verpleegsters.

'Tijd om te gaan, meisjes! Verlaat het schip!' draagt ze hun op.

'We zien elkaar weer op de oever!' roept hoofdzuster Paschke.

Terwijl de reddingsboot uit het zicht verdwijnt, wendt Nesta zich naar de overgebleven verpleegsters.

'Jullie hoorden wat hoofdzuster Drummond zei, het is onze beurt. Jullie hebben het allemaal geweldig gedaan, dank je wel. Trek nu je schoenen uit, klem je reddingsvest onder je kin en spring.'

'Wat heeft het voor zin om mijn schoenen uit te trekken?' vraagt een verpleegster moedeloos. 'Ik kan niet zwemmen, dus ik kan net zo goed verdrinken met mijn schoenen aan.'

Nesta kijkt om zich heen en ziet een stuk van een deur los op het dek liggen.

'Niemand gaat verdrinken,' zegt ze tegen de angstige verpleegster. 'Help me met deze deur. Gooi hem over de rand. Als je bent geland, kun je je eraan vasthouden.'

Ze gooien de kapotte deur overboord. Nesta kijkt toe terwijl de verpleegster springt, aan de oppervlakte verschijnt en naar de planken krabbelt, waar ze zich stevig aan vastklampt.

Nesta kijkt nog een laatste keer om zich heen, schuift haar jurk omhoog, trekt haar schoenen en haar panty uit en schopt ze weg. Dan springt ze overboord.

Overal om hen heen in het water klinken kreten om hulp en om dierbaren. De smeekbedes vermengen zich met de symfonie van lawaai die het hevig krakende schip produceert.

Norah, Ena en John kijken achterom en zien vol afgrijzen hoe het schip kapseist. De boeg rijst op uit het water, met de propeller trots omhoog, voordat het geluidloos en soepel naar de diepte zinkt.

'Daar gaat ze,' zegt John zacht.

'O nee! Daar,' roept Ena plotseling.

Anderen in het water hebben ook het Japanse vliegtuig gezien dat recht op de dobberende passagiers afkomt. Om hen heen begint de zee te kolken wanneer kogels het water raken en soms een doelwit treffen. Te veel mensen die de sprong in het onbekende hebben overleefd, drijven nu levenloos op de golven. Hun gevecht is voorbij.

'Mama! Mama, waar ben je?'

Ena en Norah zien een meisje dat nog maar net oud genoeg is om naar school te gaan onder een golf verdwijnen. Ze vergeten de pijn aan hun beschadigde handen en zwemmen naar de plek waar het meisje is verdwenen. Wanneer een golf het jonge meisje weer terug naar de oppervlakte werpt, grijpt Ena haar vast en trekt haar tegen zich aan.

'Ik heb je. Ik heb je. Het komt goed met je,' mompelt ze.

'Houd haar vast, Ena!' roept Norah. 'We moeten terug naar John.'

'Waar is mijn mama? Ik kan haar niet vinden,' jammert het meisje. Ze krijgt water binnen en spuugt het kuchend uit.

'We vinden haar wel, dat beloof ik,' zegt Ena. 'Luister, houd je gewoon aan mij vast, en dan blijven we drijven. Hoe heet je?'

'June. Ik heet June. Mijn mama heet Dorothy. Ik ben vijf.'

'Hallo, June. Ik ben Ena, en dat is mijn grote zus, Norah. Wij zullen voor je zorgen tot we je mama hebben gevonden.'

Ena grijpt June om haar middel vast en peddelt langzaam met haar naar John, die naar hen toe komt gezwommen. De stroming sleept iedereen bij de plek waar het schip is gezonken vandaan, maar niet snel genoeg om te voorkomen dat sommigen worden overspoeld door de olie die uit de beschadigde tanks van het schip omhoogborrelt.

'Kan het nog erger worden?' roept John terwijl ze de olie van hun gezichten proberen te vegen. Zonder schoon water zijn hun pogingen zinloos. 'Laten we proberen het eiland te bereiken.'

'Het lijkt wel of we ervandaan drijven!' roept Norah terug.

'Dat komt door de stroming, die blijft ons naar de Straat duwen. Laten we een beetje uitrusten en onze krachten verzamelen, en dan zwemmen we zo hard als we kunnen naar het land.'

June klampt zich aan Ena vast en zo dobberen ze voort, zich overgevend aan de stroming die hen de verkeerde kant op brengt.

Nesta raakt het water hard en zinkt diep onder de golven. Ze laat haar reddingsvest los en gebruikt beide handen om naar de oppervlakte te zwemmen. Wanneer ze door het wateroppervlak breekt, hapt ze naar lucht en botst onmiddellijk tegen een drijvend lichaam. Haar instinct geeft haar in om naar tekenen van leven te zoeken, maar al snel beseft ze dat er geen hoop is voor de arme man.

Ze vangt hulpkreten op en zwemt naar de behoeftigen toe. Ze ziet verschillende verpleegsters die zich aan een drijvende plank vastklampen, maar ze roepen naar haar dat ze ongedeerd zijn. Schoppend met haar benen zwemt ze naar een reddingsboot die van haar wegdrijft. Wanneer ze door een golf wordt opgetild, herkent ze hoofdzusters Drummond en Paschke, samen met een aantal andere verpleegsters, van wie sommige gewond zijn. Een van haar collega's houdt twee kleine kinderen vast die hun armpjes om haar nek hebben geklemd. Aan de randen van de boot hangen wanhopige mannen en vrouwen. Nesta is opgelucht: haar vriendin Olive Paschke is veilig, en hoofdzuster Drummond is bij haar. Ze doen allemaal waar ze voor opgeleid zijn: zorgen voor de kwetsbaren.

Betty Jeffrey zwemt naar haar toe. 'Nesta, Nesta, ben je in orde?' roept ze.

'Betty, ja, en jij?'

'Ongedeerd. Ik probeer de anderen te vinden, volgens mij hebben we het niet allemaal gered,' zegt Betty met een schorre stem.

'Hier! Hier!'

De vrouwen draaien zich om en zien een groepje verpleegsters watertrappelen. Zonder iets te zeggen zwemmen beide vrouwen naar het groepje toe.

'Is iedereen in orde?' vraagt Nesta onmiddellijk. 'Zijn er gewonden?' De verpleegsters roepen in koor: 'Nee!' Maar Nesta ziet dat zuster Jean Ashton uit haar hoofd bloedt.

'Jean, ik zie de wond op je hoofd. Heeft een van jullie verwondingen die ik niet kan zien?' vraagt ze de jonge verpleegster.

Jean schudt haar hoofd. Niemand meldt serieuze verwondingen, afgezien van de blauwe plekken en de schaafwonden die worden schoongespoeld door het zoute water.

'Wat wil je dat we doen?' vraagt een verpleegster aan Nesta. Zelfs nu ze na een schipbreuk in het water dobberen zien ze haar nog als een meerdere.

De verpleegsters pakken elkaar vast en vormen een kringetje om te bespreken hoe ze de gewonden en de kwetsbaren kunnen helpen.

'Help waar je kunt, maar het veilig bereiken van land heeft prioriteit,' drukt Nesta hun op het hart.

'Laten we de kust zien te bereiken, dan kijken we daar verder. Hebben jullie de hoofdzusters gezien?'

'Ik heb ze gezien,' vertelt Betty de groep. 'Ze zitten samen in één reddingsboot, met een aantal andere verpleegsters en passagiers.'

'Ik heb ze ook heel even gezien,' zegt Nesta. 'Volgens mij hadden ze mij niet in de gaten.'

'Hoofdzuster Paschke leek heel tevreden met zichzelf,' zegt Betty. 'Het was zo raar om haar zo dicht bij het water te zien zonder dat ze in paniek raakte. Weet je nog, Nesta, dat ze in Malakka niet eens wilde pootjebaden?'

'Ik weet nog dat we er grapjes over maakten. Ze blijft ons er vast eeuwig aan herinneren dat ze een schipbreuk heeft overleefd.'

'Zullen we ons opsplitsen en de anderen gaan zoeken?' stelt Betty voor.

'Ja, probeer een van de planken vast te grijpen die langsdrijven. Ik zie jullie op de oever,' zegt Nesta, voordat ze zich laat meevoeren door de stroming.

'Er zijn mensen die de kust hebben bereikt, dus als zij het kunnen, kunnen wij het ook!' roept Norah tegen de anderen.

Norah, Ena, John en June voegen zich bij een groepje overlevenden dat probeert naar het eiland te zwemmen. Steeds wanneer ze worden opgetild door een golf, zien ze het liggen, maar het verdwijnt uit het zicht zodra ze weer in de oceaan ploffen. Goddank is het water warm, denkt Norah, kijkend naar haar echtgenoot. Hij mag niet onderkoeld raken.

De sterke stroming onder het wateroppervlak bemoeilijkt hun koers naar het eiland. Urenlang worstelen ze zich door de Straat Banka. June valt in slaap door uitputting of trauma. Ena houdt haar dicht tegen zich aan, en haar kleine hoofdje rust op haar schouder. De zon begint eindelijk onder te gaan na deze afschuwelijke dag, en het zicht op het water wordt slechter. Ze zijn nu dichter bij het eiland en zien vuurtjes branden op de oever.

Ze zien het vlot pas wanneer het langs hen heen is gedobberd. Een paar leden van het groepje zwemmen erachteraan, pakken het vast en slepen het terug, zodat de anderen zich eraan kunnen vastklampen.

Uitgeput helpen Norah en Ena elkaar om op het vlot te klimmen. Ze kruipen dicht tegen elkaar aan, opgeslokt door volledige duisternis. De anderen klimmen ook op het vlot, en de meesten zijn al snel in een diepe slaap verzonken.

Waltzing Matilda, waltzing Matilda
You'll come a-waltzing Matilda with me
And he sang as he stowed that jumbuck in his tucker bag
You'll come a-waltzing Matilda with me...

Als de nacht zijn intrede doet, is Nesta nog steeds alleen, maar ze beseft dat zingen enige troost brengt. De plank die ze een paar uur eerder heeft vastgepakt is haar thuis geworden. Omdat ze geen kracht meer heeft om te peddelen, is ze erop geklommen en heeft ze zich door de stroming laten meevoeren.

Liggend op haar rug kijkt ze naar de sterren aan de hemel, dezelfde sterren die haar familie en vrienden in Australië op dit moment misschien ook wel zien. Ze denkt aan de uitgestrekte hemel van haar geboorteplaats in het landelijke Victoria en stelt zich voor dat haar moeder en vader ook omhoogkijken. In gedachten stuurt ze hun een boodschap.

Ik zal het overleven en ik kom zo snel mogelijk naar jullie terug. Ik weet dat jullie niet wilden dat ik naar de oorlog zou gaan. Ik heb jullie leven niet makkelijk gemaakt, en dat spijt me. Als ik weer thuis ben, zal ik niet meer weggaan, dat beloof ik.

Ze denkt ook aan dokter Rick, die ze heeft ontmoet toen ze samen in Malakka waren gestationeerd om de geallieerde soldaten te verzorgen die, zo geloofden ze, het binnenvallende Japanse leger zouden tegenhouden. Ze herinnert zich de eerste keer nog dat Rick tegen haar sprak, de laatste keer dat hij tegen haar sprak, en ze vraagt zich af of hij veilig uit Malakka is weggekomen, en waar hij nu zou kunnen zijn...

Ze heeft Betty's nachtdienst overgenomen zodat haar vriendin een uitnodiging voor een etentje kon aannemen. Wanneer het bijna middernacht is, loopt Nesta door de ziekenzaal om zich ervan te verzekeren dat de mannen allemaal slapen en dat niemand ongemak ondervindt. Wanneer ze terugkeert naar haar bureau om haar bevindingen te noteren, krijgt ze gezelschap van de arts die deze nacht dienst heeft.

'*Alles in orde, zuster James?*' *vraagt hij.*

'*Ze slapen als baby's. Ik denk dat alle mannen op deze zaal morgen kunnen worden ontslagen,*' *antwoordt Nesta op gedempte toon. Ze wil de slapende soldaten niet wakker maken.*

'O ja? Neem je mijn werk nu over, zuster?'

Nesta beseft wat ze zojuist heeft gezegd, en ze staat beschaamd op. Met haar één meter zesenveertig reikt ze tot de schouder van de veel langere arts.

'Het spijt me, ik ging mijn boekje te buiten. Ik zal alle dossiers bijwerken zodat de ochtenddienst die kan lezen,' zegt ze.

'Geeft niet, je hebt vast gelijk. Zeker nu er zo gesnurkt wordt. Ik durf te wedden dat dokter Raymond het met je eens zal zijn. Ga zitten, je hoeft niet in de houding te staan.'

'Dank u, dokter Bailey,' mompelt Nesta terwijl ze gaat zitten.

'Ik heet Richard, maar mijn vrienden noemen me Rick. Zeg, ik heb nog nooit van de naam Nesta gehoord, mag ik vragen hoe je daaraan komt?'

Nesta lacht. 'Het is Welsh. Ik ben geboren in Wales en mijn ouders zijn naar Australië verhuisd toen ik nog klein was.'

'Aha, dat verklaart het. Ze hebben wel meer aparte namen in Wales, toch?'

'Ja, ze zijn graag anders. Niemand uit Wales wil voor een Engelsman worden aangezien.'

Rick schuift wat dossiers opzij en gaat op de rand van het bureau zitten. Hij kijkt de zaal rond en wendt zich dan weer tot haar.

'Zou het onbeleefd zijn om je te vragen wat je deed voordat je dienst nam in het leger?'

'In het kort, op mijn negende ben ik vanuit Wales naar Australië verhuisd, en ik woonde in Shepparton.'

'Dat ligt in het noorden van Victoria, toch?'

'Ja, boerenland, voornamelijk boomgaarden.'

'Ga verder.'

'Altijd geweten dat ik verpleegster wilde worden en opgeleid in het Royal Melbourne Hospital.'

'Werkte je daar voordat je hiernaartoe kwam?'

Nesta lacht. 'Nee, niet bepaald. Ik zat in Zuid-Afrika.'

'Wacht, waar? Dit moet ik horen. Wacht even, dan pak ik er nog een *stoel bij. Je hebt trouwens een prachtige lach, die hoor ik nu al weken. Volgens mij lach je meer dan ik iemand ooit heb horen doen.'*

Rick plaatst een stoel voor het bureau, gaat zitten en buigt zich geïnteresseerd naar voren.

'Zoals ik zei, ik zat in Zuid-Afrika.'
'Waarom?'
'Laat je me nu eens uitpraten?' vraagt Nesta met een ondeugende glimlach.
'Sorry, sorry. Ga verder.'
'Begrijp me niet verkeerd, ik vond het heerlijk om in het Royal Melbourne te werken, maar ik wilde meer doen. Ik wilde mijn vaardigheden gebruiken om patiënten te genezen, niet alleen om ze te verzorgen.'
'Aha, dus je wilde een dokter zijn.'
'Je zou me toch laten uitpraten?'
'Sorry.'
'Ik zag een kleine advertentie in de krant waarin ze verpleegsters zochten om in de goud- en diamantmijnen in Zuid-Afrika te werken. Ik had geen idee wat dat precies in zou houden, maar op dat moment was ik op zoek naar avontuur. Ik solliciteerde, werd aangenomen en vertrok. Ik werkte in een mijn in de omgeving van Johannesburg.'
'Was het erg?'
'Heel erg, op sommige dagen. Verwondingen door ongelukken, landverschuivingen, ingestorte mijnen, lijfstraffen. Ik kreeg te maken met verwondingen die ik niet eerder had gezien, en er was niet altijd een dokter beschikbaar.'
'Dus je deed wat je moest doen, en je nam je eigen beslissingen met betrekking tot, laten we zeggen, het ontslaan van patiënten.'
Nesta lacht weer. 'Zoiets. Ja. Nou, ik was er twee jaar, en toen zagen we op een dag, een zondag –'
'Wie waren de anderen?'
'O, er waren verpleegsters uit Engeland en Schotland en een paar uit Zuid-Afrika, maar die waren niet zo goed opgeleid als wij. Hoe dan ook, we zaten in de recreatiezaal te lunchen toen een van de Engelse

meisjes een krant pakte die daar lag en ons vertelde dat zowel Engeland als Australië in oorlog was. Je moet begrijpen dat het nieuws uit de buitenwereld ons daar nauwelijks bereikte. De meesten van ons misten dat ook niet, we wilden gewoon ons werk doen, een verschil maken waar we konden. Ik wist onmiddellijk dat ik naar huis moest gaan, dat het nu mijn taak was om mijn eigen mensen te helpen. Het duurde een paar maanden, maar uiteindelijk keerde ik terug naar Sydney en nam dienst. En nu ben ik hier. Net als jij.'

'Je bent nogal een avonturier, zuster Nesta James.'

'Bedankt voor het luisteren, ik heb mijn verhaal verder alleen aan de hoofdzuster verteld.'

'Je zou het ook aan anderen moeten vertellen. Ik durf te wedden dat je collega's het fascinerend zouden vinden. Goed, ik laat je je rondes weer hervatten. Je weet me te vinden als je me nodig hebt.'

'Goedenavond, dokter.'

'Rick, mijn vrienden noemen me Rick...'

Al dommelend ziet Nesta het strand pas wanneer de plank vastloopt op de ondergrond. Ze heeft geen idee hoelang ze in het water heeft gelegen, maar het moet midden in de nacht zijn; alleen de sterren bieden enig licht op deze maanloze avond. Ze heeft enorme dorst. Ze richt zich moeizaam op en kijkt langs het smalle strand naar de zwarte jungle. Dan laat ze zich van de plank rollen en kruipt op handen en voeten het strand op, waar ze in elkaar zakt op het zand. Een licht trekt haar aandacht, en als ze zich omdraait, ziet ze een vuurtoren die een zwaaiende lichtbundel over de zee werpt.

Beverig krabbelt ze overeind, richt zich op tot haar volle één meter zesenveertig en loopt naar het gebouw. Ze vindt de deur en klopt aan. Langzaam en krakend gaat hij open, en twee plaatselijke bewoners staren haar aan.

'Mag ik alsjeblieft binnenkomen?' vraagt ze in het Engels.

Aan hun verwarde gezichten ziet ze dat ze haar niet hebben begrepen. Ze duwt zachtjes tegen de deur, en ze stappen opzij. Nesta kijkt de kleine ruimte rond. Er staat een bed, een tafel met twee stoelen, en een werkbank die is volgestouwd met primitieve keukenspullen.

'Engels?' zegt ze.

'Een beetje,' antwoordt een van de mannen.

'Wonen jullie hier?'

De mannen wisselen een blik en zeggen iets in het Maleis tegen elkaar.

'Nederlandse man woonde hier, die is weg.'

'Water? Mag ik wat water, alsjeblieft?'

Voordat ze iets terug kunnen zeggen, vliegt de deur open en stormen er twee Japanse soldaten naar binnen. De Maleise mannen krimpen ineen. De soldaten, die niet hadden verwacht Nesta aan te treffen, richten hun geweren op haar buik, met maar een paar centimeter ertussen. Ze geeft geen krimp.

Een van de soldaten laat zijn geweer zakken en loopt langzaam om Nesta heen, haar van top tot teen opnemend. Nesta steekt haar rechterhand in de zak van haar uniform en voelt dat het geld, de honderd pond, er nog in zit. Het is nat maar intact. De soldaat merkt de beweging op en trekt haar hand met een ruk uit haar zak. Hij draait haar om, zodat ze met haar gezicht naar de muur staat, en dan stappen de soldaten kletsend en spottend naar achteren. Nesta ziet hen niet vertrekken, maar een van de Maleise mannen tikt op haar schouder, en ze draait zich om.

'Weg,' zegt de man. 'Jij ook weggaan.'

'Water, alsjeblieft.'

'Jij weggaan, nu weggaan.'

De mannen geven haar wat water, dat ze vlug opdrinkt voordat ze haar haastig de deur uit werken.

Ze verlaat de vuurtoren en loopt langzaam naar de scheidslijn tussen het strand en de jungle. Daar laat ze zich onder een grote boom op de grond zakken. Verscholen, in het donker, wacht ze tot de zon zal verschijnen en haar een nieuwe dag zal schenken.

'Ik krijg die olie er gewoon niet af,' klaagt Norah, wrijvend over haar huid.

Terwijl de zon aan de horizon verschijnt, proberen Norah, Ena, John en June samen met de anderen op het vlot een gemakkelijke positie te vinden. De kille ochtendlucht wordt al snel verwarmd door een schroeiend hete zon. Binnen de kortste keren zweten ze van de hitte. Om beurten laten ze zich in het koele water zakken, zonder de rand van het vlot los te laten. Ze hebben gruwelijke dorst.

'Misschien wacht er wel een warme douche of een bad op ons wanneer we land bereiken, met goede zeep en dikke handdoeken.' Ena weet er een grapje uit te persen, maar niemand lacht.

'Hoe gaat het met jullie handen?' vraagt John.

De zussen steken hun beschadigde handen uit voor inspectie.

'Lieve hemel, ik had geen idee dat jullie gewond waren,' zegt een van de vrouwen. 'Jullie hadden iets moeten zeggen.'

'Het komt wel goed als we eenmaal aan land zijn en hopelijk een paar van de verpleegsters vinden die aan boord waren,' zegt Ena.

Ze zien de zon langs het middelpunt van de hemel schuiven.

'We dobberen al meer dan vierentwintig uur op het water,' zegt een man. 'En we hebben geen druppel te drinken.'

Er daalt een stilte neer over de groep.

Ze horen de motor voordat ze de sloep naar zich toe zien komen. Omdat ze niet weten wie er aan boord is, laten verschillende mannen en vrouwen zich over de rand van het vlot in het water zakken.

De motor van de sloep wordt uitgezet en het vaartuig komt naast het deinende vlot liggen. Er zijn twee vliegeniers aan boord, de een is zo jong dat hij eruitziet als een kind, de ander is van Johns leeftijd.

'Hallo! Hallo! Wat geweldig dat we jullie vinden! We zijn van de RAF en we nemen jullie aan boord.'

Een paar van de vrouwen beginnen te huilen, de mannen steken hun handen uit om die van hun redders te schudden.

'Van welk schip komen jullie?'

'De Vyner Brooke.'

'Ach, het spijt me dat te horen. Geef het kleintje maar eerst aan,' zegt de oudere vliegenier. Hij wijst naar June, die zich nog steeds aan Ena vastklampt.

Ena probeert Junes armen los te maken van haar nek, maar het kleine meisje houdt haar alleen maar steviger vast en duwt haar gezicht in Ena's hals.

'Het is oké, June. Ik geef je alleen maar over aan de vriendelijke officier. Ik kom ook, maak je geen zorgen.'

'Kunnen we een beetje opschieten?' zegt een van de vrouwen terwijl ze probeert in de sloep te klimmen.

'Blijf op het vlot, *madam*, het kind gaat eerst,' zegt de vliegenier tegen haar.

June laat zich optillen en in de sloep zetten, en de anderen volgen vlug. De motor van de sloep begint te brommen en het vaartuig zet koers naar het land. Norah kijkt hun houten vlot na terwijl het uit het zicht verdwijnt. Het heeft hen van de zee gered, zijn taak zit erop.

'Water?' brengt John met schorre stem uit.

'Sorry,' zegt de vliegenier terwijl hij hem een veldfles geeft. 'Laat hem maar rondgaan.'

John neemt een slok, en de leden van de groep geven de veldfles haastig door, hun dorst ternauwernood lessend.

'Hebben jullie nog meer overlevenden gevonden?' vraagt John.

'Niet van de Vyner Brooke.'

'Waar brengen jullie ons naartoe?'

'We hebben weinig keus, vrees ik. Muntok is hier niet ver vandaan, we zullen jullie naar de pier brengen. Het spijt me dat ik dit moet zeggen, maar we zullen jullie overleveren aan de Japanners.'

Er klinken kreten van angst en boosheid uit de groep. Hoe kunnen deze mannen hen uitleveren aan de vijand, het leger dat hun schip heeft vernietigd en burgers vanuit de lucht heeft beschoten?

'Kunnen we niet met jullie mee? Jullie kunnen ons niet zomaar overleveren aan de Japanners,' zegt Norah vol afgrijzen.

'We zijn omsingeld. Als jullie met ons worden gevonden, zitten jullie écht in de problemen. Dit is het enige wat we kunnen doen, het spijt me, ik...'

De vliegenier hoeft zijn zin niet af te maken. De groep zwijgt. In elk geval schuilt er enige opluchting in de gedachte dat ze eindelijk aan het water zullen ontsnappen.

'Daar ligt de pier. We varen er snel naartoe. Stap alsjeblieft uit zodra we er zijn, zodat we direct weer weg kunnen.'

Wanneer ze een bocht in de Straat naderen, gaat de sloep langzamer varen. Ze kijken om zich heen en zien een lange pier die vanaf het land de zee in steekt.

'Vooruit, gaan!' roept de oudere vliegenier tegen zijn jonge collega, die de sloep bestuurt.

De overlevenden worden naar achteren geworpen op de bankjes wanneer de boot op volle snelheid naar voren schiet. Ze botsen met een klap tegen de pier, vlak naast een houten ladder waarlangs ze van boord kunnen klimmen.

'Vlug, vlug.' De oudere vliegenier wijst naar een jonge man. 'Jij gaat eerst, en dan stuur ik June achter je aan. Zo heet je toch, liefje?'

Het kleine meisje knikt.

'Help haar en dan de anderen als ik ze naar boven stuur. We moeten snel handelen.'

De man klimt vlug de ladder op, en June volgt hem, met trillende benen, maar met een moed en een vastberadenheid die je niet van zo'n jong meisje zou verwachten. Ena gaat als volgende, onhandig, met benen die aanvoelen als gelei na uren in het water te hebben gelegen. Steken van pijn gaan door haar geschaafde handen wanneer ze de treden vastgrijpt. Wanneer de laatste overlevenden zich langs de ladder omhoogwerken naar de pier, horen ze schreeuwende stemmen en snel naderende voetstappen.

'Gaan, gaan, gaan!' roept de vliegenier, terwijl hij de laatste overlevenden op de ladder duwt.

Wanneer de allerlaatste zijn handen op de onderste sport plaatst, start de vliegenier de motor. Een spervuur van kogels jaagt hen weg.

Staand op de pier staren Ena, Norah en John naar de Japanse soldaten die op hen afrennen, schietend op de vertrekkende RAF-mannen. Ze zien dat de pier achter de soldaten is bezaaid met andere overlevenden. Gezeten op hun koffers en op kistjes kijken ze vol afgrijzen toe, bevreesd dat de nieuwkomers op het punt staan doodgeschoten te worden. De sloep verdwijnt om de bocht. De Japanse soldaten draaien zich om en lopen weer weg, de overlevenden van de Vyner Brooke achterlatend, vol vertwijfeling over wat hun te wachten staat.

'Ik denk dat we hier maar gewoon moeten gaan zitten en wachten, zoals de anderen,' zegt John.

Hoofdstuk 3

Muntok, Nederlands-Indië
Februari 1942

'Is daar iemand?'
Zodra de zon de horizon had verlicht, was Nesta de jungle in getrokken, langzaam, stilletjes, op haar hoede, ineenkrimpend bij elk geluid. In de jungle klinken echter overal geluiden: het geritsel van vogels in de takken, de fluitende wind tussen de bomen, het aanhoudende getjirp van insecten. Maar nu hoort ze een menselijke stem, en dan kokhalzen en verstikt happen naar adem, opnieuw en opnieuw.

'Is daar iemand?'
Nesta laat zich op de grond vallen. Het komt van het strand. Op handen en knieën kruipt ze door de dichte begroeiing terug naar de rand van de jungle. Haar hart slaat zo snel en haar hoofd suist zo hevig dat het even duurt voordat tot haar doordringt wat ze ziet.

Er ligt iemand op het strand die kuchend en proestend overeind probeert te komen. Iemand die zo te zien net uit het water is gekomen. Een jonge vrouw, die het niet lukt om op te staan.

Nesta kijkt toe en wacht. De vrouw geeft het op en blijft doodstil liggen. Nesta's verpleegstersinstinct steekt de kop op, een instinct dat veel krachtiger is dan haar angst. Krachtiger dan haar afschuwelijke dorst en verlammende uitputting. Ze rent over het strand naar de overlevende. De vrouw ligt op haar zij, en haar kleren zijn doorweekt en besmeurd met een laagje dikke zwarte olie, die ook haar gezicht, haar en lichaam bedekt. Wanneer Nesta de vrouw voorzichtig op haar rug rolt, kijkt een paar heldere zwarte ogen naar haar op, en een klein glimlachje zegt: *Dank je wel.*

'We moeten weg van dit strand,' zegt Nesta, terwijl ze de glimlach kort beantwoordt. 'Hier kan iedereen ons vinden.'

De vrouw, die veel langer is dan de piepkleine verpleegster, laat zich door Nesta overeind trekken, en samen hobbelen ze terug naar de veiligheid van de jungle.

'Ben je gewond?' vraagt Nesta.

'Nee, maar volgens mij heb ik een heleboel zeewater ingeslikt.'

'Ga maar liggen. Je zult je zo dadelijk beter voelen.'

De vrouw lijkt maar al te blij dat ze weer kan gaan liggen.

'Ben je een verpleegster?' vraagt ze. 'Je lijkt op een van de verpleegsters die op de boot waren.'

'Ja, ik ben Nesta. Nesta James.'

'Phyllis Turnbridge. Australisch?'

'Ja. Engels?'

Phyllis knikt. 'Heb je nog anderen gevonden? Nog meer overlevenden?'

'Nee, maar ik weet zeker dat er nog meer zullen zijn. Waarschijnlijk zijn ze op een andere plek aangespoeld.'

'Wat moeten we doen?'

'Eerst een poosje rusten. Vlakbij is een vuurtoren, ik ben er al geweest, maar ik kreeg geen warm onthaal.'

'Japanse soldaten?'

'Volgens mij wonen er twee Maleise mannen, hoewel ik ook twee soldaten heb ontmoet.'

'Echt? En zij lieten je gaan?'

'Ze leken niet erg in me geïnteresseerd. De Maleise mannen zeiden dat ik weg moest gaan, dus ben ik hiernaartoe gekomen om te kijken en af te wachten.'

'Zullen we teruggaan? Ik heb dringend water nodig.'

'Kun je lopen?'

Bij wijze van antwoord komt Phyllis op wankele benen overeind, rekt zich uit en beweegt haar schouders op en neer. 'Laten we gaan.'

Langzaam lopen ze naar de vuurtoren. Onderweg kijken ze voortdurend om zich heen.

'Wat deed je in Singapore?' vraagt Nesta.

'Ik werk voor de Britse inlichtingendienst,' antwoordt Phyllis.

'Ben je een spion?'

'Nou, nee, administratie.'

Nesta is geïntrigeerd, maar ze besluit niet door te vragen.

De twee mannen zijn nog steeds in de vuurtoren, en de vrouwen wijzen smekend naar hun mond. Ze weten duidelijk te maken dat ze honger en dorst hebben, en de mannen geven hun met enige tegenzin ieder een kleine portie rijst en wat water.

'Kunnen niet blijven. Jullie moeten weg,' dringt een van de mannen aan.

'Waarnaartoe? Waar moeten we volgens jullie naartoe?' vraagt Phyllis, die iets van haar moed hervonden heeft.

'Muntok. Ga naar Muntok.'

De twee mannen loodsen de vrouwen de vuurtoren uit en wijzen hun een pad dat de jungle in loopt. 'Muntok.'

'Ik denk dat we naar Muntok gaan,' zegt Phyllis nuchter.

'Ik heb geen andere ideeën, en ik ga niet weer de zee op,' zegt Nesta.

Als ze het pad een poosje hebben bewandeld, stuiten Nesta en Phyllis op een klein groepje overlevenden van de Vyner Brooke, die verdwaasd en gedesoriënteerd bespreken welke kant ze op moeten. Voordat Nesta iets kan zeggen, slaakt een van de vrouwen een hoge kreet. De groep schrikt en kijkt wild om zich heen, op zoek naar een bedreiging. Dan zien ze het. Japanse soldaten komen met geheven bajonetten op hen af. Ze omcirkelen de overlevenden en gebaren met hun wapens welke kant ze op moeten lopen. De vrouwen hebben geen keus, en dus beginnen ze te lopen, en niet lang daarna gaan ze het dorp Muntok binnen.

De soldaten drijven hen door het dorp, dat weinig meer blijkt te zijn dan een kleine verzameling hutten, met straatventers die fruit en groente verkopen vanaf matjes op de grond. Er zijn moeders met kinderen, gezichten die door ramen turen, mannen die naar de overlevenden spugen om de Japanners het idee te geven dat ze hen steunen. Aan het eind van het dorp reikt een pier de zee in, en daar ontdekt Nesta honderden mannen, vrouwen en kinderen die in de felle zon zitten. Hier zijn nog meer soldaten, die de overlevenden bewaken. Ze zoekt wanhopig in de menigte naar een vertrouwd gezicht, een vertrouwd uniform, maar er zijn te veel mensen. Nesta, Phyllis en de anderen van hun kleine groepje worden een nabijgelegen gebouw binnengeleid. Een van de overlevenden vertaalt het bord boven de deur: dit is het douanehuis.

'Kunnen we gaan zitten, alsjeblieft, lieverd? Kunnen we allemaal gewoon gaan zitten?' vraagt John, en Norah ziet dat hij op het punt staat om flauw te vallen.

Norah, Ena, John en June staan in de brandende zon en proberen hun omgeving in zich op te nemen. Norah slaat de soldaten gade die vlak bij hen staan, wanhopig op zoek naar iets wat haar vertelt welk lot hun wacht. Dan pakt ze Johns hand en loodst hem naar de houten planken van de pier.

June kruipt tegen John aan. Gelukkig lijkt ze zich veilig te voelen bij alle drie haar redders. Ze gaan dicht bij elkaar zitten en proberen John en June tegen de zon te beschermen.

'Je ziet er verschrikkelijk uit,' zegt Norah tegen Ena, bij wijze van afleiding.

'En bedankt, Norah. Je zou jezelf eens moeten zien – pot, ketel, enzovoort,' reageert Ena. De twee zussen delen een geforceerde glim-

lach, ondanks de pijn in hun handen en de overweldigende dorst.
'Hoe krijgen we die olie van ons af?' vraagt Ena.
'Laten we proberen elkaar te helpen. Mijn handen werken niet, maar mijn voeten wel. John, mogen we je hemd hebben? Je overhemd mag je houden,' zegt Norah met een brutale grijns.

John begint zijn overhemd los te knopen, maar zijn handen trillen. Als June ziet hoeveel moeite het hem kost, duwt ze zijn vingers opzij en helpt ze hem zijn overhemd en zijn hemd uit te doen. Ze geeft het hemd aan Norah, en daarna helpt ze John zijn overhemd weer aan te trekken.

'Eens kijken, hoe pakken we dit aan?' zegt Norah peinzend. Ze bestudeert Ena en schuift de reep stof naar haar voeten.

Met het kledingstuk tussen haar tenen geklemd probeert ze de olie van Ena's armen te vegen. De zussen kronkelen en draaien en slagen erin om het grootste deel van de zwarte vegen op de armen en benen van de ander te verwijderen. Ze lachen zo luid dat de anderen op de pier het horen, en zij kijken geamuseerd toe. Maar wanneer Norah Ena's gezicht schoon probeert te vegen, rollen ze allebei bijna van de pier af. Wanneer ze zich hebben hersteld, neemt June het inmiddels zeer vieze zwarte hemd over van Ena en veegt voorzichtig de gezichten van beide zussen schoon. Als beloning omhelzen beide vrouwen haar.

De overlevenden om hen heen beleven plezier aan dit grappige moment. Lachend wijzen ze naar de komische pogingen van de zussen om zichzelf te wassen.

'Jullie handen moeten verzorgd worden,' zegt John, die hartelijk heeft meegelachen.

Norah is blij dat John opgevrolijkt lijkt te zijn door het idiote tafereel. Hij voelt zich vast beter, als hij het op kan brengen om te lachen om de absurditeit van hun handelingen in dit idyllische decor van weelderige jungle en felgekleurde tropische bloemen, tegen de achtergrond van de kalme blauwe zee en het witte zandstrand. Het voelt alsof ze zich in een schilderij bevinden.

'Hoe oud ik ook word, ik zal me dit moment altijd blijven herinneren. Dat de twee liefste vrouwen uit mijn leven me onder de meest afschuwelijke omstandigheden aan het lachen hebben gemaakt. Dank jullie wel, lieverds.'

Ena en Norah drukken allebei een kus op een van zijn wangen.

Als het hemd zo vol zit met olie dat ze het niet meer kunnen gebruiken, gaan Norah en Ena bij John en June zitten en bekijken de menselijke massa op de pier.

'Ik herken niemand hier,' zegt Norah. 'Maar ze hebben bagage bij zich, en schone kleren. Ze moeten haast wel van een ander schip komen.'

'Zal ik naar ze toe lopen en hier en daar een praatje aanknopen?' stelt Ena voor.

'Meisjes, doe alsjeblieft niets gevaarlijks,' smeekt John.

'Natuurlijk niet,' zegt Ena. 'Er zijn geen soldaten in de buurt – en de soldaten die verderop staan, letten nauwelijks op ons. Ik zal vlug zijn.'

Er arriveert een nieuwe groep soldaten, en Ena haast zich naar de dichtstbijzijnde groep gevangenen toe, die uit mannen, vrouwen en kinderen bestaat. Norah ziet dat ze kort met hen spreekt, en dan keert ze terug met het nieuws dat hun schip, de Mata Hari, is aangevallen en dat de passagiers in de sloepen van het schip zijn geladen en hiernaartoe zijn gebracht. Omringd door hun bezittingen zitten en liggen ze op de pier en staan nu en dan op om hun benen te strekken.

'Heeft een van hen een idee van wat er met ons gaat gebeuren?' vraagt Norah.

'Ze weten niet meer dan wij. We kunnen alleen maar afwachten.'

'John heeft medicijnen nodig,' zegt Norah. 'Ik maak me zo'n zorgen om hem.' Ze kijkt naar haar echtgenoot, die inmiddels ligt te slapen. Zijn hoofd rust op haar schoot en ze strijkt teder over zijn haar. 'Hij gloeit, en die felle zon maakt het allemaal nog veel erger.'

'Zal ik aan een van de soldaten vragen of we een hoed kunnen krijgen of zoiets?'

Voordat Norah antwoord kan geven, trekt June, die ook diep in slaap is, hun aandacht.

'Mama! Mama!' roept ze.

Ena neemt haar in haar armen, fluistert troostende woordjes en wiegt haar zachtjes heen en weer. Het kleine meisje wordt gedesoriënteerd wakker. Haar kreten veranderen al snel in snikken, en dan valt ze weer in slaap.

'Wat moeten we met haar doen?' vraagt Ena, de arm van het meisje strelend.

'Voor haar zorgen, van haar houden en hopen dat we haar moeder snel vinden.'

John verroert zich door de kreten van June, maar dat duurt niet lang.

'Ik weet niet of hij slaapt of bewusteloos is,' zegt Norah zacht.

Ena kijkt naar hem; zijn ademhaling is moeizaam maar regelmatig. 'Hij slaapt, maak je geen zorgen,' zegt ze.

De zussen zwijgen. De zon doet meedogenloze pogingen om hen levend te verbranden. Ze zien dat anderen op de pier hoeden en reservekleding hebben om hun huid en gezicht tegen de zon te beschermen. De onuitgesproken blikken die de zussen wisselen, bevestigen dat ze allebei dezelfde wanhoop voelen.

Norah pakt Ena's hand vast en gaat liggen om wat te doezelen. Binnen een paar minuten ontstaat er echter commotie, en ze schrikken wakker. Instinctief kijken beide zussen naar June en John, die allebei nog slapen. Schreeuwende Japanse soldaten benen de pier op en gebaren met hun bajonetten naar de overlevenden. De boodschap is duidelijk: sta op, het is tijd om te vertrekken. Norah en Ena, die zich aan het uiteinde van de pier bevinden, hebben de tijd om John en June voorzichtig wakker te maken en overeind te helpen. Terwijl anderen met hun bezittingen worstelen, kunnen zij ongehinderd lopen.

'Waar brengen ze ons naartoe?' vraagt Nesta zich hardop af.

Nesta en Phyllis worden het douanehuis uit geleid en gedwongen zich aan te sluiten bij de honderden mannen, vrouwen en kinderen die de pier verlaten.

'Het lijkt wel een bioscoop,' zegt Phyllis, wanneer ze bevel krijgen om bij een gebouw te blijven staan. Het ís een bioscoop, een gebouw met één verdieping dat is opgetrokken uit hout en ijzer. Binnen is er slechts één groot vertrek en een kleine projector.

'Blijf vlak bij me,' zegt Nesta. Ze pakt de hand van Phyllis, terwijl de overlevenden om hen heen elkaar verdringen om een plekje. 'Hé!' roept ze dan. Aan de andere kant van de ruimte heeft ze een aantal van haar collega's ontdekt. Ze vallen elkaar in de armen en beginnen verhalen over hun overleving uit te wisselen.

'Water!' roept Phyllis, wanneer de soldaten zich onder de overlevenden begeven en mokken met water en met rijst gevulde bananenbladeren beginnen uit te delen.

Het doet hun goed dat er gedurende de rest van die dag en de nacht meer overlevenden door de deuren worden geduwd. Vrienden en families die zijn gescheiden toen de Vyner Brooke zonk, vinden elkaar terug in emotionele taferelen die iedereen om hen heen ontroeren.

Norah, Ena, John en June hebben een plekje bij de muur weten te bemachtigen. Er is geen ruimte om te gaan liggen, maar in elk geval blijft de brandende zon hun bespaard.

Als de nacht valt en het vertrek donker wordt, kan Norah de andere gedaantes in de ruimte niet langer onderscheiden, maar ze hoort de baby's en kleine kinderen huilen van de honger. Het lijkt een hele tijd geleden dat ze een handjevol rijst hebben gekregen. Ze kan geen gemakkelijke positie vinden, en het lukt haar niet om het lawaai en de voortdurende beweging om haar heen buiten te sluiten. Wanneer ze eindelijk in slaap sukkelt, duurt het maar kort en droomt ze over Sally.

Als het eindelijk dag wordt, kijkt Norah in de gezichten van de overlevenden en ziet dat ze zich precies zo voelen als zij: dankbaar voor het feit dat ze nog leven. Als zij, John, Ena en June overeind krabbelen en hun pijnlijke ledematen strekken, vliegen de deuren open.

'Goddank,' zegt ze. 'We mogen hier eindelijk weg.'
'Naar buiten! Naar buiten!' roept een Japanse soldaat.
Er komen verschillende soldaten het vertrek binnen, die iedereen duwen en porren met hun wapens en hun vuisten. Norah en de anderen strompelen het gebouw uit. Eenmaal buiten draait Norah zich om en ziet de laatste overlevende het gebouw verlaten; er stroomt bloed over zijn gezicht van een klap op zijn hoofd, en zijn verontruste oudere vrouw ondersteunt hem. Terwijl ze gedwongen worden door het dorp te marcheren, vraagt Norah zich af wat de onbekende toekomst voor hen in petto heeft.

Hoofdstuk 4

Muntok, Nederlands-Indië
Februari – maart 1942

'Ena, wat moeten we doen? We mogen John niet kwijtraken. Zonder ons overleeft hij het niet,' fluistert Norah.

In de brandende zon hebben de uitgeputte gevangenen een compound bereikt die aandoet als een soort kazerne. Wanneer ze door de poort gaan, worden de mannen onmiddellijk van de vrouwen gescheiden.

'Misschien is het alleen maar voor de nacht. Alsjeblieft, Norah, blijf rustig tot we weten wat er gebeurt.' Ena is zo verstandig om haar zus te kalmeren, maar zelf is ze net zo ongerust.

Ze vermoeden dat de compound is gebouwd als huisvesting voor plaatselijke arbeiders van de inmiddels gesloten nabijgelegen tinmijn. Slaaphutten liggen rond een grote centrale open plek, waar een put de enige bron van water lijkt te zijn. Ze krijgen te horen dat een lange betonnen trog de plek is waar ze zich zullen wassen. Verschillende vrouwen scheppen al water over hun hoofd om af te koelen. Op het land achter de hutten bevinden zich de latrines – lange greppels die in de aarde zijn uitgegraven.

De vrouwen en kinderen, die veruit in de meerderheid zijn, krijgen te horen dat ze naar de hutten aan de linkerkant van het terrein moeten gaan. John wordt van Norah gescheiden en in een hut aan de andere kant geduwd. Norah geeft Ena een por, en samen met June lopen ze naar een hut die vrijwel tegenover die van John ligt. 'Waar moeten we slapen?' roept een vrouwenstem.

Aan de muren zijn betonnen platen bevestigd die aan planken doen denken.

'Daarop, denk ik,' roept een andere stem.

Ena en Norah zoeken een plekje voor zichzelf en voor June, en dan gaan ze kennismaken met de anderen. Er zijn verschillende moeders met kinderen. June vindt een meisje van haar leeftijd, en na een beetje aanmoediging gaat ze met haar spelen.

Een oudere vrouw stelt zich voor als Margaret Dryburgh en vertelt dat ze een achtergrond heeft als missielerares en dat ze ook getraind is als verpleegster.

'En ik ben gek op muziek,' vertelt ze de vrouwen die zich om haar heen verzamelen.

'Mijn zus Norah heeft aan de Royal Academy of Music gestudeerd, in Londen,' vertelt Ena.

Margaret gaat wat dichter bij de zussen staan. 'Wat leuk om je te ontmoeten. Je weet maar nooit, misschien zullen we op een dag samen over deze ervaring zingen.'

'Klinkt interessant, maar ik denk niet dat ik hier iets aan mijn muzikale achtergrond zal hebben,' zegt Norah, turend naar de donkere hoekjes van hun hut.

'Je weet maar nooit. Maar ik hoop dat je me een keer over je opleiding wilt vertellen.' Margaret wendt zich tot de grotere groep. 'Ik zie dat veel van jullie geen bezittingen meer hebben,' zegt ze, bij het zien van de met olie besmeurde vodden die sommige vrouwen dragen, en de keurige jurken van anderen. 'Hebben jullie alleen de kleren die jullie nu dragen?'

'En onze levens,' zegt Ena scherp.

'En jullie levens, je hebt helemaal gelijk, sorry als dat bot klonk.

Dames, we kunnen vast wel wat kleren en andere spulletjes vinden om te delen met de vrouwen die niets bij zich hebben. Wat vinden jullie?'

De vrouwen met koffers beginnen door hun bezettingen te rommelen en houden rokken, blouses en jurken omhoog.

'Zijn jullie zussen?' vraagt Margaret.

'Ja. Ik ben Norah, en dit is mijn zus Ena.'

'Jullie handen! Wat is er in vredesnaam met jullie handen gebeurd?'

'Toen we het schip moesten verlaten, waren we zo dom om het touw vast te houden terwijl we ons in de zee lieten glijden,' vertelt Ena. 'Ik weet niet waarom, maar het kwam niet bij me op dat mijn huid eraf geschraapt zou worden. En Norah deed hetzelfde.'

'Mag ik eens kijken?'

De zussen steken hun handen uit om ze te laten inspecteren. Margaret draait ze om zodat ze kan zien of er een infectie is ontstaan die zich naar de achterkant van hun handen heeft verspreid.

'Hoelang hebben jullie in het water gelegen?'

'Dat weet ik niet precies,' zegt Norah. 'Het was na de lunch...'

'Die we niet gehad hebben,' voegt Ena eraan toe.

'Die we niet gehad hebben, en volgens mij zijn we aan het eind van de volgende ochtend, of weer rond lunchtijd, opgepikt door een sloep en afgezet bij de pier,' besluit Norah.

'Ik verga van de honger,' zegt Ena.

'We krijgen vast snel iets te eten. Maar het zoute water was in elk geval goed voor jullie handen. Zo te zien zijn ze niet ontstoken, maar ik vrees wel dat het een poos zal duren eer ze helemaal genezen zijn. Ik zou jullie adviseren om ze tot die tijd niet te gebruiken.'

'Hoelang?' vraagt Ena.

'Onder normale omstandigheden, met medische verzorging, zou het weken kosten. De huid laat nog steeds los. Dat moet er allemaal af vallen voordat de huid eronder kan genezen. Er zullen littekens achterblijven, ben ik bang, maar gezien onze omstandigheden lijkt me dat het minste van onze problemen.'

Margaret zwijgt en kijkt om zich heen. 'Ik zou graag iets vinden wat ik als verband kan gebruiken, en dat zal dan elke dag verschoond moeten worden. In dit klimaat moet je je wonden schoon en droog houden. Als ze verbonden zijn, zal het verband jullie eraan herinneren dat je ze niet moet gebruiken. We zijn met genoeg om voor jullie en jullie dochter te zorgen –'

'O, ze is niet onze dochter. Gewoon een klein meisje dat we in de zee vonden. Ze is gescheiden geraakt van haar moeder, dus hebben wij voor haar gezorgd,' vertelt Ena.

'O, echt? Ze lijkt zo aan jullie te zijn gehecht dat ik dacht dat een van jullie haar moeder was.'

Ena kijkt naar Norah, die zich heeft afgewend. Ze omhelst haar. 'Het komt wel goed met Sally, Norah.'

'Het spijt me, heb ik iets verkeerds gezegd?' vraagt Margaret.

'Norah heeft een dochtertje, Sally, ze is acht,' vertelt Ena. 'Een paar dagen voordat wij vertrokken, is zij met onze andere zus en haar gezin aan boord gegaan van een ander schip.'

Norah denkt terug aan de pijnlijke beslissing om Sally bij hun vlucht naar Singapore vooruit te sturen. Zij en John waren herenigd in Singapore, en toen hadden ze Sally een tweede keer weggestuurd, in die wanhopige dagen waarin het eiland dat ze veilig hadden geacht plotseling in handen van de Japanners was gevallen.

Kuala Terengganu, Malakka, december 1941

Norah stopt kleren, boeken en poppen in hun koffers. Ze draait zich om en kijkt naar John, die bij het raam staat en aandachtig staart naar wat er dan ook in hun achtertuin gebeurt. Zodra ze de koffers heeft gesloten, loopt ze naar hem toe en legt haar arm troostend om zijn middel. Samen kijken ze naar Sally, die lage schaaltjes met water vult. Hun tuin grenst aan de jungle en al zijn gevaren.

'We moeten haar zo dadelijk naar binnen halen,' zegt Norah zacht. 'De tijgerwelpjes zullen zo komen, en hun moeder zal niet ver weg zijn.'

Maar ze blijven roerloos staan en kijken naar hun dochter, die zich ijverig van haar taak kwijt.

'Ik zou willen dat we niet hoefden weg te gaan,' begint Norah.

'Ik weet het,' zegt John, zonder zijn blik van Sally af te wenden. 'Ik weet het.'

'Het gaat zo snel.' Norahs ogen vullen zich met tranen. 'Ik ben er niet klaar voor,' fluistert ze.

Nu keert John zich naar haar toe en slaat zijn armen om haar heen.

'We zullen er nooit klaar voor zijn, liefste. Maar we kunnen hier niet blijven. De Japanners zijn vlakbij. Morgen zetten we haar op de bus, we gaan zelf te voet, en dan zien we haar terug in Kuala Lumpur. Dan gaan we met z'n allen naar Singapore, waar we veilig zullen zijn. Het komt goed, dat beloof ik je.'

Even blijven ze zo staan, in elkaars armen, elkaar de moed gevend om door te zetten.

Uiteindelijk maakt John zich los en keert zich weer naar het raam, dat hij openschuift.

'Sally! Sally, het is tijd om naar binnen te komen, liefje. De zon is al bijna onder. Je kunt de babytijgers samen met ons door het raam zien drinken.'

Sally zet het laatste schaaltje op de grond en tuurt naar de dichte begroeiing van de jungle, gespitst op beweging, welke beweging dan ook. Als ze niets ziet, kijkt ze omhoog naar haar ouders. 'Ik kom eraan.'

Genesteld in de armen van haar vader kijkt Sally toe terwijl vijf kleine tijgerwelpjes de veiligheid van de jungle verlaten en het gazon op rennen. Ze spelen, stoeien, vinden de schaaltjes met water en drinken er gretig van.

Het valt Norah op dat John onophoudelijk naar de moedertijger kijkt, die haar jongen vanuit het dichte gras in de gaten houdt. Haar blik laat de welpjes geen moment los, en Johns blik laat háár geen moment los.

Norah weet wat er in hem omgaat: dat ouders nooit van hun kinderen gescheiden zouden moeten worden, dat ze Sally koste wat kost moeten beschermen.

'Speel iets voor ons,' fluistert hij tegen haar.

Norah hoeft hem niet te vragen wat of waarom. Ze pakt haar viool, die nooit ver weg ligt. Ze kan haar tranen niet bedwingen wanneer de prachtige tonen van Brahms 'Wiegenlied' de slaperige Sally, die tegen haar vaders schouder leunt, tot rust brengen.

'Het gaat vast goed met haar. Kom, we gaan kijken wat we kunnen vinden om verband van te maken.' Margaret weet instinctief dat het Norah zal helpen als ze iets te doen hebben.

De stemming verbetert wanneer Margaret een petticoat en ondergoed uit haar koffer vist, samen met een paar gesteven blouses en rokken. Ze kiest een katoenen onderbroek uit en scheurt er met haar tanden repen stof af.

Nesta en de verpleegsters krijgen een hut voor zichzelf toegewezen. Voor het eerst zijn ze alleen, zonder te weten waar ze zijn of wie er vermist wordt. Vlug telt Nesta de hoofden.

'We zijn met z'n dertigen. Er zijn vijfenzestig verpleegsters aan boord van de Vyner Brooke gegaan. We moeten hopen en bidden dat de anderen zich bij ons zullen voegen wanneer zij worden gevonden. Kom op, meisjes, laten we samenwerken om iets van ons nieuwe huis te maken.'

'Zullen we het terrein gaan verkennen? We moeten water zien te vinden,' stelt iemand voor.

'We hebben toch niets om uit te pakken,' voegt een tweede eraan toe. 'Ik zou heel wat overhebben voor een nieuw uniform, zelfs eentje zonder petticoat.'

De verpleegsters van Nesta's afdeling barsten in lachen uit, en de anderen kijken verward.

'Wat is er zo grappig?' vraagt eentje.

'Vertel jij het ze, Jean,' zegt Nesta. 'Dat kun jij het beste.'

'Nou, het ging als volgt. Toen we in Malakka aankwamen, hadden we onze zware, hete uniformen van thuis bij ons. Die waren totaal niet geschikt voor de tropen. Dus regelde de hoofdzuster toestemming om een plaatselijke kleermaker uniformen voor ons te laten maken die meer geschikt zouden zijn voor het klimaat. Je weet wel, luchtiger. Gemaakt van katoen, met korte mouwen.'

'En?'

'O, ze waren prachtig, we waren er heel blij mee, tot...' De verpleegsters beginnen weer te lachen.

'Tot wat?'

'Het gebeurde een week of twee nadat we ze waren gaan dragen. We hadden al gemerkt dat de soldaten waar we voor zorgden ons tijdens de nachtdiensten steeds vroegen om naar hun bed te komen, terwijl dan bleek dat ze eigenlijk niets nodig hadden. We dachten dat ze gewoon gezelschap wilden, en we zochten er niets achter. Hoe dan ook, ik was op een nacht aan het werk toen de hoofdzuster langskwam. Ze droeg me onmiddellijk op om de ziekenzaal te verlaten en vertelde me dat de nachtlampen in de zaal door onze uniformen heen schenen. Je kon zo ons ondergoed zien.'

'En raad eens wie altijd aanbood om de nachtdienst voor haar rekening te nemen?' riep een andere verpleegster.

'Jij? Was jij dat, Nesta? O, lieve hemel, hoe voelde je je toen je het ontdekte?'

'O, als je onze zuster James eenmaal kent, zul je ontdekken dat ze overal om lacht,' klinkt het antwoord. 'Niemand lacht zoveel als zij.'

Wanneer de verpleegsters terugkeren van hun verkenning van het kamp, weet een aantal van hen te vertellen dat er een slaapzaal is die mogelijk als ziekenboeg gebruikt gaat worden. Er zijn al drie dokters geïnstalleerd, en de vrouwen hebben gevraagd of zij met hen mogen samenwerken. Bij het horen van dit nieuws haasten de anderen zich naar de leegstaande hut om zich aan de dokters voor te stellen. Met een energie die ze eigenlijk geen van allen bezitten gaan ze aan de slag met het gereedmaken van het gebouw.

'Ik zal de Japanse soldaten vragen of we wat bedden en dekens kunnen krijgen, en natuurlijk apparatuur en medicatie,' zegt een van de dokters.

'Zullen ze dat doen?' vraagt een verpleegster.

'Dat weten we pas als we het vragen. En dan weten we meteen hoe ze verwachten dat we in onze meest basale behoeften voorzien, medisch gezien.'

Wanneer ze deze informatie doorgeven aan de verpleegsters in hun hut, komt er een oudere vrouw binnen.

'Hallo, allemaal. Ik ben Margaret Dryburgh, en ik zit twee hutten verderop.'

Nesta stapt met uitgestoken hand naar voren.

'Fijn je te ontmoeten, Margaret. Ik ben Nesta, en wij zijn –'

'Australische verpleegsters, ja, ik weet het. Het nieuws heeft de ronde gedaan. Ik ben heel blij jullie te ontmoeten.'

'Ik wilde dat ik je iets kon aanbieden, maar zoals je ziet hebben we weinig in huis.'

Margaret glimlacht wrang. 'Dank je, dat is bij ons net zo. Maar misschien is er iets wat wij jullie kunnen geven.'

De verpleegsters wisselen onderling blikken.

'Ik zal het uitleggen. Ik weet dat jullie alleen de kleren hebben die jullie dragen. Ik zat op de Mata Hari en wij hebben het geluk gehad dat ons schip niet is vergaan. We mochten een paar karige bezittingen meenemen. Anderen in het kamp hebben een hele garderobe bij zich van kleren, schoenen en toiletspullen. Als ik jullie zo zie, durf ik wel te zeggen dat ik niets heb wat jullie zal passen of waar jullie iets aan zullen hebben. Maar veel van de andere vrouwen hebben extra spullen, en we zouden jullie graag allemaal een setje schone kleren aanbieden. Sommige militairen in het kamp hebben extra korte broeken en shirts. Dat zijn dan wel geen uniformen, maar ze zijn schoon en fris en niet doorweekt met zeewater.'

'Dank je wel, namens ons allemaal. Als we iets voor jullie kunnen doen, hoef je het maar te vragen,' zegt Nesta. Ze is te ontroerd om meer te zeggen.

'Iets zegt me dat jullie onze redding zullen zijn. Er zijn nu al vrouwen en kinderen die hulp nodig hebben. Kom, dan gaan we kleren voor jullie uitzoeken.'

Ze volgen Margaret naar haar hut, waar de bewoners allerlei kledingstukken op de betonnen 'bedden' hebben uitgestald.

'Dit is nog beter dan de damesafdeling van Grace Brothers,' roept een van de jongere verpleegsters.

'Wat is dat?' vraagt Margaret.

Er wordt nog meer gelachen. 'Dat is een kledingwarenhuis in Melbourne,' vertelt Nesta haar.

'Goed, dames, geniet van het shoppen, er is hier echter geen kassa waar je moet afrekenen.'

Langzaam lopen de verpleegsters langs de uitgespreide kledingstukken. Ze pakken er niet eentje op.

'O, kom op, laten we kijken hoe dit je staat,' roept een van de vrouwen. Ze pakt een jurk en houdt die voor het lichaam van een jonge verpleegster. Andere vrouwen doen hetzelfde, en al snel verandert de hut in een gezellig verkleedfeest.

Een van de Engelse vrouwen vertelt dat ze een naaisetje heeft gekregen van een vrouw uit een andere hut, waar Nederlandse geïnterneerden verblijven. Als het nodig is, kunnen ze iets verstellen.

'Zijn dat de vrouwen die we zagen toen we hier aankwamen?' vraagt een van de verpleegsters.

'Ja, ik heb gehoord dat hier veel Nederlandse gezinnen woonden,' vertelt Margaret. 'Ik weet niet wat er met de mannen is gebeurd, maar de vrouwen en kinderen zijn uit hun huizen gehaald en hiernaartoe gebracht.'

'Wonen ze hier?' vraagt Nesta. 'Permanent?'

'Hun echtgenoten runden waarschijnlijk de mijnen, dus ja, ze waren hier voordat de Japanners kwamen, en nu zijn ze net als wij krijgsgevangenen.'

Margaret slaat het vrolijke tafereel gade. Ze ziet dat Nesta een sarong heeft uitgekozen, en een witte korte marinebroek.

'Sorry, Nesta, mag ik je bij je voornaam noemen, of heb je liever dat we je "zuster" noemen?'

'Het is zuster James, maar Nesta is prima.'

'Dank je. Je zult merken dat sommige vrouwen mij Miss Dryburgh noemen in plaats van Margaret. Zij kennen me nog uit mijn vorige leven en weigeren me te tutoyeren.'

'Mag ik vragen wat je in Singapore deed?'

'Ik was missionaris en lerares. Ik ben al jaren weg uit Engeland: eerst China, toen Singapore. Maar genoeg over mij, er zijn hier twee vrouwen over wie ik graag je mening zou vragen. Ze hebben vreselijke schaafwonden opgelopen bij het verlaten van het schip.'

'Zaten ze op de Vyner Brooke?'

'Ja, en net als jij hebben ze alleen de kleren die ze aanhadden.'

'Wil je me naar ze toe brengen?'

De zussen houden jurken omhoog en inspecteren ze om te zien of ze zullen passen.

'Norah, Ena, dit is zuster James...'

'Nesta, alsjeblieft.'

'Jij bent een van de Australische verpleegsters,' zegt Norah. 'Je hebt ons op de kade geholpen met mijn man, en we zagen je aan boord. Jullie zongen een prachtig liedje toen we Singapore verlieten.'

'Natuurlijk, ik herinner me jullie.' Nesta kijkt om zich heen.

'John, mijn man, zit in een hut aan de overkant,' zegt Norah.

'Ik ben heel blij om dat te horen. Gaat het goed met hem, en mag ik vragen wat hem mankeert?'

'Hij heeft tyfus. Hij is in de jungle door een rat gebeten toen we te voet naar Kuala Lumpur vluchtten, zodat we Singapore konden bereiken. De wond is ontstoken geraakt, en hij werd ziek.'

'Er zijn hier een paar dokters, en we richten een kleine ziekenboeg in. Als je de kans krijgt, breng hem daar dan naartoe.'

'Dank je wel!' roept Norah dankbaar. 'O, en bedankt voor het zingen. Het was zo bizar om Singapore te zien afbranden en tegelijk jullie prachtige stemmen te horen.'
'Is "Waltzing Matilda" jullie volkslied?' vraagt Ena.
'Dat zouden een heleboel mensen graag willen, maar nee. We hebben hetzelfde volkslied als jullie. Mag ik jullie handen bekijken?'
Voorzichtig wikkelt Margaret het verband van Norahs handen. 'Ik ben opgeleid als verpleegster, maar het is lang geleden dat ik in een kliniek of ziekenhuis heb gewerkt,' vertelt ze Nesta.
Nesta inspecteert de rauwe, vochtige wonden op Norahs handen. Ze keert zich naar Ena toe. 'Zien jouw handen er hetzelfde uit?'
'Ja.'
'Laat het verband er dan maar omheen zitten. Gezien het feit dat we geen medicijnen of steriel verband hebben, vrees ik dat er niets anders op zit dan ze verbonden te houden en het verband zo vaak mogelijk te verschonen, tot de wonden beginnen te genezen. Daarna laten we het aan de frisse lucht over. Margaret, deze hut heeft ons verpleegsters niet nodig, ze boffen dat ze jou hebben.'
'Ik wilde graag weten wat je vond,' zegt Margaret.
'Ik vind dat jullie allebei onmiddellijk naar het dichtstbijzijnde ziekenhuis moeten worden gestuurd om behandeld te worden, maar dat gaat niet gebeuren. Ik weet zeker dat Margaret goed voor jullie zal zorgen, en als ik ooit iets voor jullie kan doen, laat het me dan alsjeblieft weten. Maar op dit moment weten we gewoon niet of we medicijnen of verbandmiddelen tot onze beschikking zullen krijgen.'

'Ik wil John opzoeken, ga je met me mee?' vraagt Norah haar zus. Nu Nesta is vertrokken, kan ze nog maar aan één ding denken.
'Ik weet niet of we in de hutten van de mannen mogen komen.'
'Ik ga het proberen. Ik moet hem zien.'
'Als jij gaat, ga ik met je mee,' stelt Ena haar zus gerust. 'June kan wel even hier blijven en met de andere kinderen spelen.'

Wanneer ze hun hut verlaten, blijven ze even staan om te kijken wie er in de buurt is, wie op hen let. Een paar mannen en vrouwen lopen heen en weer over het pad dat de mannenverblijven van die van de vrouwen scheidt. Er zijn geen soldaten te bekennen.

'Ik denk dat we gewoon brutaal over het terrein moeten lopen, alsof we alle recht hebben om hier te zijn,' oppert Ena.

Met hun hoofd omhoog en hun schouders naar achteren steken de twee vrouwen het pad over en gaan de hut in waar ze John eerder naar binnen geloodst hebben zien worden. Het duurt even tot hun ogen zich aan het donker hebben aangepast. Alle blikken in de ruimte keren zich naar hen, en dan stapt er een militair naar voren.

'Kan ik jullie helpen, dames?'

'We zijn op zoek naar mijn echtgenoot, John,' vertelt Norah. 'We zagen hem deze hut binnengaan.'

'Aha, John, ja. Kom maar met mij mee. Volgens mij ligt hij te slapen. We hebben hem schone kleren gegeven en geprobeerd om het hem gemakkelijk te maken. Hij is duidelijk niet in orde.'

Aan het eind van de hut knielen Norah en Ena naast een slapende John, die opgekruld op het koude, vochtige beton ligt. Norah legt haar hand op zijn voorhoofd, en hij verroert zich.

'Hallo, liefste,' zegt Norah. 'Hoe voel je je?'

John heeft moeite om overeind te komen, dus helpen de vrouwen hem zo goed mogelijk en gaan dan aan weerszijden naast hem zitten.

'Ik sliep,' zegt hij.

'Je had het nodig,' zegt Ena. 'Je moet beter worden, en slaap is de beste manier om dat te doen.'

'Je ziet eruit alsof je dienst hebt genomen,' zegt Norah.

John kijkt naar zijn shirt en zijn shorts. 'Ja, bij de Britse marine, zo te zien. Nou, gezien de hoeveelheid tijd die ik de afgelopen dagen op en in het water heb doorgebracht, denk ik dat ik wel in aanmerking kom.'

'Mooi dat je je gevoel voor humor nog hebt,' zegt Ena met een brede grijns. 'Ik zal jullie een poosje alleen laten.'

Terwijl Ena wegloopt, vermoedt Norah dat haar zus aan haar eigen fantastische echtgenoot denkt, Ken. Ze voelt diep met haar mee.
'Wat is er, lieverd?' vraagt John.
'Het moet moeilijk voor haar zijn om ons samen te zien. Ze vond het vreselijk om Ken achter te laten.'
'Ze heeft jou.'
'Dat is niet genoeg, John. Ken is er niet en ze weet niet waar hij is.'
'Hij is vast bij je ouders om voor ze te zorgen, zoals hij heeft beloofd.'
'Maar hoelang nog? En Sally?'
John vindt de kracht om zijn armen om Norah heen te slaan. Ze legt haar hoofd op zijn schouder.

Wanneer de zon ondergaat op hun eerste dag in het kamp, arriveren er Japanse bewakers die een paar grote potten met rijst en een kleine hoeveelheid tinnen bekers bij zich hebben.
'Dit is niet genoeg voedsel!' klinkt het steeds opnieuw terwijl de vrouwen bekers aannemen waarin een schep rijst zit. Als een vrouw het waagt om zich bij een bewaker te beklagen, krijgt ze een klap in het gezicht en zakt in elkaar.
Margaret Dryburgh loopt langs de rij met vrouwen en kinderen. 'Neem gewoon aan wat ze je geven en zeg niets,' herhaalt ze steeds.
'Verwachten ze dat we hierop léven?' vraagt een van de vrouwen.
'Dat weten we nog niet. Het is nog maar onze eerste dag, we zullen geduldig moeten zijn en zien wat morgen brengt.'
Een paar dagen later juichen de verpleegsters wanneer zusters Betty Jeffrey en Blanche Hempsted, die samen met hen op de Vyner Brooke zaten, in het kamp arriveren. Betty heeft vreselijke schaafwonden op haar handen, en beide vrouwen zitten onder de blauwe plekken.
'Kom maar met mij mee,' zegt Nesta tegen hen. 'We hebben een kleine ziekenboeg ingericht. Ik wil graag dat een van de dokters jullie onderzoekt.'
'Een ziekenboeg?' vraagt Blanche.

'Nou ja, dat klinkt wat grootser dan het is. Er is een hut die we willen ombouwen tot ziekenboeg als we bedden en voorraden kunnen krijgen. In de tussentijd noemen we het de ziekenboeg; in werkelijkheid is het de plek waar de drie dokters verblijven en waar we naartoe gaan als we hulp nodig hebben.'

'Wat voor spullen hebben we?'

'Niets. We koken het water dat we te pakken kunnen krijgen, wat niet veel is, en we hebben overbodige kleding aan repen gescheurd, voornamelijk petticoats. Niemand hier heeft een petticoat nodig, je kunt er prima verband van maken.'

Wanneer de handen van Betty zijn verbonden en hun andere wonden zijn behandeld, keren ze terug naar de hut van de verpleegsters, waar iedereen zich om hen heen verzamelt om te horen hoe ze het hebben overleefd.

'We zaten in een sloep die veel te vol zat,' begint Betty. 'We gingen om beurten in het water hangen, maar we kwamen nauwelijks vooruit. Wij tweeën en hoofdzuster Paschke hebben de hele nacht beurtelings geroeid. Als Blanche en ik niet roeiden, lagen we in het water.'

Betty zwijgt even en steekt haar verbonden hand uit naar Blanche. 'Ik zal nooit vergeten hoe zorgzaam Blanche tegenover iedereen was. Ze was echt geweldig,' vertelt ze de verpleegsters. 'Als ze niet roeide, lag ze in het water om de mensen in de gaten te houden die aan de sloep hingen en te zorgen dat ze regelmatig met anderen ruilden. Als mensen niet in de boot pasten, probeerde ze hen op te vrolijken en liet ze zien hoe ze het best konden peddelen om energie te sparen. Ze bleef maar zeggen dat het niet lang zou duren voordat we gered zouden worden.'

Blanche slaat haar armen om Betty heen en veegt de tranen weg die vrijelijk over het gezicht van haar vriendin stromen. De andere verpleegsters deppen hun eigen ogen droog.

'We zagen vuurtjes branden op de stranden,' vervolgt Betty. 'En we zagen rook van andere schepen, maar geen daarvan kwam bij ons in de buurt. Ik hield mezelf voor dat de Britse marine naar ons op zoek moest zijn en dat ze ons snel zouden vinden. Eentje kwam zelfs zo dichtbij dat we naar ze konden roepen, maar ze zagen ons niet. Steeds wanneer we in de buurt kwamen van het strand en ik dacht: nu gaan we echt aanspoelen, trok de stroming ons weer terug de zee op.'

'Hebben jullie nog iemand anders in het water gezien?' vraagt Nesta.

'Er dreef een scheepsofficier langs op een stuk wrakhout, en hij vertelde ons welke kant we op moesten om aan land te kunnen gaan,' vertelt Blanche. 'Hij wenste ons geluk terwijl hij meegevoerd werd door de stroming.'

'Uiteindelijk zagen we de vuurtoren, en we probeerden wanhopig om ernaartoe te peddelen,' vervolgt Betty. 'Maar de stroming was gewoon te sterk. Voor we het wisten werden we omringd door een aantal grote motorboten met Japanse soldaten erin. Ze omcirkelden ons, en eentje kwam heel dichtbij. Toen draaiden ze zich allemaal om en lieten ons achter. Toen we langs Muntok dreven, zagen en hoorden we geweren die werden afgevuurd. We beseften dat onze situatie hopeloos was, maar we probeerden de gesprekken levendig te houden. We hingen allebei in het water, ons vastklampend aan de sloep, toen we werden getroffen door een enorme golf die de sloep wegrukte. Ik hoorde de hoofdzuster nog naar ons roepen terwijl de sloep wegdreef, en... en nu zijn ze niet hier.'

Blanche neemt het over. 'We hadden moeite om bij elkaar te blijven in het water. We bleven naar elkaar zwaaien en deden ons uiterste best om elkaar in het zicht te houden. Na een poosje duwde de stroming mij een mangrovemoeras in. Ik klampte me vast aan een omgevallen boomstam, en uiteindelijk zag Betty me en kwam naar me toe. We waren allebei uitgeput. We sloegen onze armen om die dode boom heen en vielen in slaap. Toen we wakker werden, grapten we dat ze ons wel in het Australische zwemteam konden opnemen.'

'Lange afstanden, geen sprint,' voegt Betty eraan toe.

'Zeker weten. We hebben urenlang door het moeras gepeddeld en gezwommen, daardoor zijn we zo toegetakeld. Toen het eb werd, hebben we alles vastgegrepen wat we maar konden en gewacht tot het weer vloed werd, zodat we verder konden zwemmen. We zagen een paar krokodillen, wat doodeng was, maar uiteindelijk vonden we een rivier en die volgden we tot we vaste grond bereikten. We hebben een bed gemaakt van palmbladeren en geprobeerd om daar de nacht door te brengen.'

Betty neemt het weer over.

'De volgende dag vonden we een dorp, en daar gaven ze ons water en voedsel. Een Chinese man die goed Engels sprak bood aan om ons mee te nemen naar Java. Dat betekende dat we weer in een boot zouden moeten stappen, en dat wilden we niet meer. Hij vertelde ons toen dat hij had gehoord dat er flink wat witte mensen in Muntok waren die gevangen waren genomen door de Japanners. Toen kwam er een vrachtwagen, en voor we het wisten waren we omsingeld door Japanse soldaten. Ze dwongen ons om in de vrachtwagen te klimmen, en nu zijn we hier.'

Er valt een stilte. Geen van de vrouwen weet wat ze moet zeggen. Uiteindelijk verbreekt Nesta de ban.

'Ik denk dat jullie allebei moeten uitrusten.'

'Weet iemand wat er met de anderen is gebeurd?' vraagt Betty. 'Met de hoofdzuster?'

'Nee. Maar jullie hebben het gered, en jullie zijn veilig. Laten we hopen dat we ze allemaal snel terugzien,' zegt Nesta resoluut.

Later, wanneer ze hun middagrantsoen rijst eten, grijpt Nesta de gelegenheid aan om met de verpleegsters over het baden te spreken.

'Van nu af aan gaat niemand alleen, hoe graag je je ook wilt wassen. Ik wil niet dat de soldaten naar jullie gaan gluren.'

'Ik wilde het verband om mijn handen later gaan verschonen, en me dan tegelijk wassen,' zegt Betty.

'Dan ga ik met je mee,' zegt Nesta.

'Waarom ga je nu niet, nu iedereen aan het eten is,' stelt Blanche voor. 'Ik ga ook mee. Hopelijk zijn de soldaten nog druk met het uitdelen van rijst.'

Ze treffen maar één andere vrouw bij de trog. Betty trekt haar kleren uit en Nesta wikkelt voorzichtig haar verband los. Betty bijt op haar lip tegen de pijn als de huid van haar handen scheurt.

'Het ziet er goed uit, Betty,' verzekert Nesta haar. 'Geen tekenen van infectie, maar ik wil niet dat er water op komt. Wie weet wat voor bacteriën daarin zitten.'

Betty stapt in de trog en pakt onhandig een grote lepel. Ze schept vies water op en giet dat over haar schouders en haar rug.

Achter hen horen ze een twijgje knappen. Ze draaien zich om en zien twee Japanse bewakers die op een meter of twee afstand naar Betty kijken.

'Wegwezen! Maak dat je wegkomt, perverse hufters!' schreeuwt Nesta, terwijl ze op de mannen afrent.

De bewakers, die verbaasd zijn over de woede van het kleine vrouwtje, reiken naar hun geweren. Maar Nesta staat nu vlak voor hen, waardoor ze gedwongen worden om achteruit te lopen. Ze stapt dreigend naar voren, en uiteindelijk draaien ze zich om en gaan ervandoor.

Betty kleedt zich vlug aan, en de vrouwen vieren deze kleine overwinning met een omhelzing.

'Hoe kun je zo dapper zijn, Nesta?' vraagt Betty, verbijsterd over de moed van haar vriendin.

'Ik voelde me niet dapper, geloof me,' zegt Nesta ernstig. 'En jij zou precies hetzelfde hebben gedaan, dat weet je best. Van dichtbij zijn veel van die soldaten gewoon bange kleine jongetjes.'

'Bully is er! Bully is er!' klinkt het overal.

Nesta's dutje wordt verstoord door verrukte kreten. Ze zijn hier nu twee weken, en ze begon de hoop te verliezen dat ze ooit nog een andere verpleegster van de Vyner Brooke terug zou zien.

In een opgetogen chaos verdringen de verpleegsters zich rond zuster Vivian Bullwinkel om haar te omhelzen en haar met vragen te overstelpen. Waar heeft ze gezeten? Is alles goed met haar?

Vivian, op blote voeten en in een uniform dat besmeurd is met vuil en olie van de Vyner Brooke, wankelt, en Nesta vangt haar op.

'Vivian, ga zitten. Meisjes, houd een beetje afstand. O, je weet niet half hoe fijn ik het vind om je te zien.' Nesta knielt naast Vivian op de grond en geeft een kneepje in haar hand. 'Vertel ons alles.' Maar dan ziet ze Vivians voeten. 'O, mijn god, wat is er met je voeten gebeurd?'

'Ik weet het niet, Nesta. Lieve hemel, ik dacht niet dat ik jullie ooit nog terug zou zien,' stamelt Vivian. 'Wie is er nog meer?'

Overal klinkt 'ik' en met een brede glimlach kijkt Vivian naar ieder van de verpleegsters.

'Hoofdzuster Paschke?' vraagt ze dan. 'Is zij hier?'

Er valt een stilte.

'Nee, nog niet,' zegt Nesta. 'En hoofdzuster Drummond ook niet.'

'Dan ben jij dus de hoogste in rang, zuster James,' concludeert Vivian.

'Klopt, maar we houden hier niet echt een hiërarchie aan.'

Het valt Nesta op dat Vivian haar veldfles niet los heeft gelaten. Hij hangt aan een riempje om haar hals en ze houdt hem stevig tegen haar buik gedrukt.

'Ben je alleen, was een van de anderen bij je?' vraagt Nesta dringend.

Vivian kan geen woord uitbrengen. Niemand zegt iets. Alle vrouwen houden hoopvol hun adem in.

'Ze zijn allemaal dood,' fluistert Vivian.

'Hoe bedoel je? Hoe kunnen ze allemaal dood zijn?' vraagt een van de verpleegsters ontzet.

'Ik moet jullie iets vertellen, en ik weet niet hoe ik dat moet doen.' Vivian kijkt de anderen beurtelings aan en ziet de angst in hun ogen verschijnen.

'Laten we achterin gaan zitten, waar niemand ons kan afluisteren.' Nesta pakt Vivians arm en loodst haar naar het achterste deel van de hut, waar ze haar laat plaatsnemen op een betonnen plaat. De verpleegsters vormen een kring rond Vivian.

Alle ogen zijn op Bully gericht. De stilte wordt alleen doorbroken door het zachte snikken van de vrouwen om hun dode vriendinnen. Ze kruipen bij elkaar om elkaar te troosten, en Vivian begint te vertellen.

'We zaten nog op het schip toen hoofdzuster Paschke ons vertelde dat het tijd was om te gaan. Ik trok mijn schoenen uit en herinnerde me dat de hoofdzuster ons had verteld dat we ons reddingsvest bij het springen stevig onder onze kin moesten klemmen. Toen ik weer boven water kwam, was de boeg van het schip zo dichtbij dat ik hem had kunnen aanraken. Iemand schreeuwde dat ik ervandaan moest, en dus peddelde ik zo snel als ik kon de andere kant op. Ik vond een omgekeerde reddingsboot en greep het touw vast dat eraan hing. Al snel kwamen er anderen bij die zich aan verschillende delen van de boot vastklampten. Rosetta en Clarice kwamen er ook bij, en voordat we het wisten was het donker.' Ze zwijgt en veegt een traan weg.

De verpleegsters kijken elkaar aan. Ze weten dat Rosetta en Clarice niet in het kamp zijn.

Vivian vertelt verder. In gedachten dwaalt ze af en herleeft ze de gebeurtenissen.

Vivians verhaal
Radji Beach
Februari 1942

'*Volgens mij zie ik een licht. Daar, op het strand. Het is een vuur! Iemand heeft een vuurtje gestookt!*'
'*Waar, Bully? Ik zie het niet.*'
'*Achter je, Rosetta, je hoeft je alleen maar om te draaien. Kom op, iedereen. Peddelen. We gaan erop af.*'
'*Weet je het zeker? Ik zie het nog steeds niet.*'
Vivian draait Rosetta om. '*Daar. Zie je het nu?*'
'*Ik zie het,*' zegt Rosetta opgewonden. '*Kom op, Clarice.*'

Met hernieuwde energie begint de groep zo hard mogelijk naar het strand te zwemmen. Het licht van het vuur lokt hen naar zich toe.

'Bully! Volgens mij voel ik de bodem, ik voel zand onder mijn voeten. Kom op, meiden. Vanaf hier kunnen we lopen.'

Vivian pakt Rosetta's arm vast om haar het strand op te helpen, maar dan ziet ze de wonden op Rosetta's rug en schouder. Het uniform van haar vriendin is gescheurd, en in het licht van de sterren ziet ze het opengereten vlees eronder.

'Rosetta, je bent gewond! Laat me je onderzoeken.'

'Het gaat wel. Het gaat wel. Volgens mij ben ik door granaatscherven geraakt, ik kan mijn rechterarm niet goed bewegen.'

'Wacht even. Clarice! Clarice, waar ben je?'

'Ik ben hier, Bully. Hier.' Maar het is zo donker dat Vivian slechts een stem hoort.

'We kunnen het vuur niet zien, maar als je blijft praten, dan volgen we je stem.'

Rosetta en Vivian strompelen in de richting van Clarice, die met luide, heldere stem zingt, zonder te pauzeren.

'Daar ben je!' roept Vivian uit. 'Rosetta is gewond. Ben jij oké?'

Clarice is gestopt met zingen. Ze raakt even haar borst aan. 'Het doet hier een beetje pijn, en volgens mij heb ik een hoofdwond. En jij?'

'Wankele benen, maar geen verwondingen,' zegt Vivian.

'Rosetta?' vraagt Clarice, die ziet dat haar vriendin moeite heeft om overeind te blijven.

'Dames, gaat het wel?' roept een stem in het donker.

'Wie is dat?' vraagt Vivian.

'Ik ben het, Miller. Ik heb de anderen onderzocht, een paar lichte verwondingen, allemaal uitgeput. We zijn iets voorbij het vuur terechtgekomen dat we zagen, maar het zal niet veel schelen.'

'Jimmy! We zijn in orde.'

'Ben jij dat, zuster Bullwinkel?'

'Onder deze omstandigheden kun je me wel Vivian noemen, Jimmy. Wat moeten we doen?'

'Proberen het vuur te vinden! Het lijkt me slim als een paar van ons ernaartoe gaan en uitzoeken wie het aangestoken heeft.'
'Ga jij maar, Bully, dan blijf ik bij Rosetta,' zegt Clarice vastberaden.
'Weet je het zeker?'
'Toe maar, wij redden ons wel.'
Jimmy en Vivian vertrekken over het strand. Gelukkig is de hemel helder en het licht van de sterren fel genoeg om te voorkomen dat ze de zee weer in lopen.
'Ik hoop dat ze aan de andere kant van die bocht zijn,' zegt Jimmy hijgend. Het is zwaar lopen op het zand, en ze zijn al uitgeput.
'Kijk!' roept Vivian. 'Je hebt gelijk. Daar is het, een vuur, een baken. Hé, hier, hier!'
Een stem klinkt luid door het donker. 'Zuster Bullwinkel, ben jij dat?'
'Hoofdzuster Drummond! Ja, ja. Allemachtig, we hebben u gevonden.'
'Jongens, het is Bully. Bully is er.'
'Hoofdzuster, dit is Jimmy – Mr Miller – hij is een officier op het schip.'
'Wás een officier,' zegt Jimmy grijnzend. 'Hallo, hoofdzuster, verdraaid fijn om u te zien.'
'Insgelijks, Mr Miller. Zijn er geen anderen bij jullie?'
'Ja, een stukje verderop, voorbij de bocht in het strand.'
'Clarice en Rosetta zijn er ook, maar ze zijn gewond,' vertelt Vivian.
'Dan is het maar goed dat we in gezelschap zijn van een paar dokters. Kom, dan gaan we ze zoeken en onze meisjes halen.'
'Er zijn ook nog anderen. Ik heb ze niet kunnen onderzoeken, het is gewoon te donker.'
'Dan brengen we ze naar het licht.' Hoofdzuster Drummond keert zich naar een man van middelbare leeftijd toe die dicht bij het vuur zit. 'Dokter, we willen graag dat u een stukje met ons meeloopt naar een plek waar gewonde overlevenden zijn aangespoeld.'

'Ik ga nergens naartoe,' zegt de dokter bot. 'Als er gewonde overlevenden zijn, breng ze dan maar naar mij toe.'

'Maar dokter,' pleit Vivian, 'ze hebben direct hulp nodig, en ik weet niet zeker of ze kunnen lopen. Alstublieft, het is niet ver.'

Maar de dokter is koppig en onbeleefd. 'Hoofdzuster, vertel je ondergeschikte dat ik geen instructies aanneem van een verpleegster. Als jullie gewonden hebben, breng ze dan hiernaartoe. Ik verlaat de hoofdgroep niet.'

De hoofdzuster richt zich tot haar volle lengte op. 'En u noemt zichzelf een dokter? Ik ga mijn meisjes halen.'

Vivian, Jimmy en hoofdzuster Drummond draaien zich om en lopen weg over het strand. Ze zwijgen, alle drie ontsteld over het lompe gedrag van de dokter.

'Daar zijn ze,' zegt Vivian uiteindelijk wanneer hun kleine groepje in zicht komt. 'We komen eraan,' roept ze.

'Hoofdzuster, bent u dat, hoofdzuster?'

'Ja, zuster Halligan. Vooruit, kom naar het vuur, dan kunnen we overleggen.'

Langzaam loopt de nieuwe groep overlevenden naar het vuur. Rosetta hinkt zwaar, maar Clarice en Vivian ondersteunen haar tot ze een plekje voor haar vinden vlak bij de warmte.

'Zijn jullie in orde, zusters?'

'Ja, Jimmy, dank je,' zegt Clarice.

Alles bij elkaar zijn er zo'n tachtig overlevenden verzameld op het strand: mannen, vrouwen, kinderen en verpleegsters.

De hoofdzuster wijst naar een grote groep Britse militairen. 'Ik denk dat zij aan het plannen zijn wat we moeten doen wanneer de zon opkomt.'

Een voor een beginnen mensen te sluimeren. Ze hebben een schipbreuk overleefd, en de verraderlijke stroming. Voor heel even hebben ze veiligheid gevonden, en het duurt niet lang voordat overal zacht gesnurk klinkt.

'Word wakker! Word wakker, allemaal. We moeten overleggen.'

De hoofdzuster springt als eerste overeind. De zon komt op boven de zee. Het zal weer een snikhete dag worden. Dat is het enige waar ze zeker van kan zijn.

'En wie bent u?' vraagt ze.

'Goeiemorgen, hoofdzuster. Ik ben Bill Sedgeman. Ik was de eerste officier op de Vyner Brooke.' Hij keert zich naar de groep toe. 'Mag ik jullie aandacht, alsjeblieft? Het is duidelijk dat de Japanners op dit eiland aanwezig zijn, maar onze prioriteit is het vinden van voedsel en vers water. Ik heb vrijwilligers nodig, een klein groepje dat verder de jungle in wil trekken om te kijken wat we kunnen vinden.'

'Ik ga wel,' roept een stem.

'Ik ook,' zegt een volgende.

'Reken maar op mij.'

'Laten we gaan.'

'Dat zijn er vijf, dat is genoeg,' zegt de eerste officier. 'Als de rest van jullie op zoek gaat naar wat schaduw, komen we zo snel mogelijk terug.'

'Goed, zusters, laten we iedereen helpen die zich niet zelfstandig kan verplaatsen.'

Het daglicht heeft een intense hitte met zich meegebracht, en gedurende het volgende uur helpen de verpleegsters iedereen die te zwak of te gewond is om de schaduw van het enorme koele gebladerte op te zoeken. Nu kunnen ze niets anders doen dan wachten.

'Hoofdzuster, ze zijn terug, ze komen terug!'

Vivian vliegt de jungle uit en sprint het strand op. Dan blijft ze abrupt staan. 'O nee!' roept ze naar de groep. 'Er zijn Japanse soldaten bij. Mr Sedgeman praat met ze.'

'Dit zijn de mensen over wie ik jullie vertelde,' legt de eerste officier de Japanners uit. 'We geven ons over als krijgsgevangenen.'

'Wat zei hij?' Er klinkt verward gemompel in de groep.

De soldaten gaan tegenover de uitgeputte overlevenden staan en richten hun bajonetten op hen. Iedereen staat langzaam op. Ze krijgen bevel de jungle te verlaten.

'Wacht eens even, waar zijn jullie mee bezig?' vraagt de eerste officier verontwaardigd. 'Ik heb jullie zojuist verteld dat we ons overgeven. Die wapens zijn nergens voor nodig.'

De soldaten negeren hem en beginnen de mannen weg te trekken bij de vrouwen.

'Hoofdzuster, waarom doen ze dat?' vraagt Vivian.

'Probeer alsjeblieft allemaal kalm te blijven,' zegt de hoofdzuster, hoewel haar eigen stem onvast is.

'Ze halen ze weg!' roept Vivian wanneer de groep mannen wordt weggeleid. 'Jimmy!'

'Het geeft niet, Vivian,' roept Jimmy. 'Zorg goed voor jezelf, het was een genoegen je te leren kennen!'

Jimmy, de militairen en de andere mannen verdwijnen om de bocht van het strand. Wat volgt, zijn geluiden die Vivian nooit zal vergeten.

'NEE! NEE! O, MIJN GOD, NEE!'

'Vlug,' roept de hoofdzuster. 'Zusters, bedek de oren van de kinderen, ze mogen dit niet horen.'

Het geluid van de golven die zachtjes aanspoelen op het strand, het vogelgezang, het getjirp van insecten uit het dichte woud, alles wordt overstemd door het meedogenloze staccato van geweerschoten.

'Hoofdzuster! Ze vermoorden ze, ze vermoorden de mannen!' roept Vivian in paniek.

'Blijf dicht bij elkaar,' draagt de hoofdzuster hun op. 'We moeten precies doen wat ze zeggen.'

Uit de ontzette groep klinkt de stem van een verpleegster. 'Waarom gaan we er niet vandoor? Wie goed kan zwemmen, kan het water in gaan, en de anderen kunnen de jungle in vluchten. Op die manier kunnen er in elk geval een paar van ons ontsnappen.'

'Nee, zuster, we gaan nergens naartoe. Zie je dan niet dat er hier mensen zijn die ons nodig hebben? Ja, ze hebben de mannen waarschijnlijk vermoord, maar als we één ding geleerd zouden moeten hebben van onze training, is het dat we geen mensen in de steek laten die onze hulp nodig hebben. Waar hoop is, is leven. Ik wil dat jullie dat allemaal in gedachten houden.'

'Het spijt me, hoofdzuster,' brengt de verpleegster snikkend uit. 'Het spijt me.'

'We zijn allemaal bang, zuster, maar we zijn sámen bang.'

De soldaten keren terug en benen nu op de vrouwen af. Sommige van hen gebruiken bloederige lappen om hun bajonetten schoon te vegen. Ze gebaren dat iedereen naar de zee moet lopen door eerst naar de vrouwen en dan naar het water te wijzen.

'Oké, Vivian, jij en zuster Kerr helpen zusters Halligan en Wight overeind. Laten we precies doen wat ze ons opdragen,' zegt de hoofdzuster. 'Allemaal samen, meisjes, pak elkaars hand vast.'

Een voor een stappen de vrouwen in de zee. Ze hebben het zo verschrikkelijk heet dat het koele water heel even verlichting biedt.

'Zo'n prachtige dag, zo'n prachtige plek. Hoe kan hier zoiets afschuwelijks gebeuren?' Vivian worstelt om de realiteit van het oogverblindende landschap te verenigen met de meedogenloze aanval op de mannen. In gedachten ziet ze hen voor zich, dodelijk gewond, slechts een paar meter verderop.

Een afschuwelijke angst maakt zich meester van de vrouwen. De nachtmerrie is nog niet voorbij.

'O, moeder,' fluistert Vivian. 'Het spijt me zo dat jullie nooit zullen weten wat er met me is gebeurd. Ik houd van jullie, en in elk geval zal het fijn zijn om papa weer terug te zien.'

'Meisjes!' roept hoofdzuster Irene Drummond. 'Ik zal jullie allemaal in mijn hart dragen. Jullie hebben geen idee hoe trots ik op jullie ben.'

Voordat Vivian zich van het strand afwendt en al haar aandacht op de horizon richt, ziet ze dat het machinegeweer aan de rand van het water wordt opgesteld. Ze draait zich om; dit wil ze niet zien. Voor de tweede keer die ochtend doorboort geweervuur de vredige stilte op het eiland.

Langzaam komt Vivian bij. Eerst doet ze haar ogen open en ziet het stralende blauw boven haar, de helderwitte zon. Ze knippert met haar ogen, verblind door de schittering. Leef ik nog, vraagt ze zich vol ongeloof af. Ze ligt op haar rug in het ondiepe deel van het water.

Ze verroert zich niet, doodsbang dat de soldaten nog in de buurt zijn. Ze doet haar ogen dicht en probeert haar ademhaling te reguleren. Ze heeft pijn, ze weet dat ze geraakt is, maar op dit moment kan ze de bron van haar pijn niet vinden. Doe alsof je dood bent, houdt ze zichzelf voor.

Wanneer ze haar ogen weer opendoet – is ze in slaap gevallen? – staat de zon lager aan de hemel. Het is helemaal stil om haar heen en ze waagt het om haar hoofd op te tillen en naar het strand te kijken. Het is leeg.

Dan slaat de pijn in alle hevigheid toe. Ze is in haar zij en haar rug geraakt. Voorzichtig laat ze haar handen over haar lichaam glijden. Er zijn geen vitale organen geraakt, goddank, stelt ze zichzelf gerust. Wanneer ze haar hoofd nog een keer optilt om het water om haar heen af te speuren, ziet ze de dode lichamen van haar vriendinnen drijven. Het is een afschuwelijk moment, en ze vraagt zich af of ze ooit genoeg kracht zal vinden om deze begraafplaats te verlaten en zichzelf in veiligheid te brengen.

Langzaam, centimeter voor centimeter, richt ze zich op tot een zittende positie. Ze moet een plek vinden om zich te verstoppen. Weg van het strand.

De jungle!

Ze kruipt de zee uit, over het strand naar de schaduw van het bos. Haar dorst is afschuwelijk; ze kan nog maar aan weinig anders denken dan koel water dat door haar keel glijdt. Vanuit de beschutting van de bomen hoort ze Japanse stemmen. Ze krimpt ineen, maar al snel zijn ze weer verdwenen. Ze zal wachten, uitrusten en dan teruglopen naar de zee om te zien of er nog meer overlevenden zijn.

Ze luistert aandachtig, en dan hoort ze het, het borrelen van stromend water. Ze vergeet haar verwondingen, krabbelt overeind en strompelt naar het verse water. Wanneer ze het heeft bereikt, duwt ze haar hele gezicht in de kabbelende beek.

'Waar heb jij gezeten?' Een stem laat haar opschrikken uit haar mijmeringen.

Ze draait zich om en ziet een jonge man, duidelijk een Britse militair, die gewond aan de rand van de jungle ligt, met zijn lichaam half op het zand.

'Wie ben jij?' vraagt ze ontzet.

'Kingsley, soldaat Kingsley.'

'Je bent gewond.'

'Wat dacht je dan, zuster? Toen ze me niet om zeep hielpen door op ons te schieten, heeft een van de soldaten me doorboord met zijn bajonet. Twee keer. Toen ze weg waren, is het me gelukt om hiernaartoe te kruipen.'

Nu haar dorst gelest is staat Vivian op en loopt naar de jonge soldaat toe. 'Mag ik je onderzoeken?' vraagt ze vriendelijk.

'Daar zou ik je dankbaar voor zijn. Maar ben jij niet ook gewond?'

Vivian perst er een glimlach uit. Haar wonden doen pijn, maar nu heeft ze een patiënt.

'Ja. Maar laten we eerst kijken hoe het er met jou voor staat.'

'Hoe heet je?' vraagt de soldaat wanneer Vivian naast hem knielt.

'Vivian, Vivian Bullwinkel. Ik ben verpleegster in het Australische leger.'

Ze opent het bebloede jasje van de soldaat en schuift zijn shirt omhoog. Ze zucht. 'Die bajonetwonden... Ik ben bang dat die al beginnen te ontsteken. Je hebt echt een dokter nodig.'

'Nou, op dit moment heb ik alleen jou.' Soldaat Kingsley probeert te lachen, maar zijn lach gaat meteen over in een hoestbui.

Vivian legt haar hand op de zijne. 'Ik zal die wonden moeten verbinden, maar zoals je ziet heb ik niets wat we als verband kunnen gebruiken. Ik ga terug naar het strand om te kijken wat ik kan vinden.'

'Het strand?' roept hij uit. 'Ik denk niet dat dat verstandig is.'

'Nou, we kunnen hier niet blijven. Ik kom meteen terug, dat beloof ik.'

'In de jungle wemelt het nog van de Japanners. Kunnen we niet gewoon wachten?'

Maar Vivian is al opgekrabbeld en loopt naar het strand. Ze heeft een stekende pijn in haar zij, maar in elk geval bloedt de wond niet langer. Als ze er geen aandacht aan schenkt, kan ze doorgaan, steeds de ene voet voor de andere blijven zetten, blijven zorgen voor degenen die haar nodig hebben. Dit kan ze, ook al heeft ze verder geen idee wat ze moet doen.

Er zijn geen soldaten op het strand, er is zelfs helemaal niemand. Ze durft niet naar de zee te kijken. Als ze de lichamen van haar vriendinnen ziet drijven, stort ze misschien in.

Op de plek waar het strand aan de jungle grenst, vindt ze twee reddingsvesten en een veldfles voor water. Ze loopt een stukje de begroeiing in en trekt wat vezels van de kokosnootbomen. Zo moet het lukken, zegt ze tegen zichzelf, en ze keert terug naar haar patiënt.

Soldaat Kingsley ligt te slapen wanneer ze terugkeert, en hij verroert zich niet als ze zijn wonden verbindt met de enige materialen die ze heeft kunnen vinden. En dan, wanneer ze tevreden is over haar werk, gaat ze naast de soldaat liggen en valt in slaap.

Ze schrikt wakker, gedesoriënteerd, met een stekende pijn in haar zij. Haar eerste gedachte gaat echter uit naar de soldaat. Hij is wakker en slaat haar gade.

'Hoelang heb ik geslapen?' Langzaam, stijfjes, komt ze overeind.

'Niet lang genoeg, maar je had het duidelijk nodig.'

'Wat we nodig hebben, is voedsel, Kingsley. Ik ga kijken of ik iets kan vinden. Misschien is er een dorp in de buurt.'

'Wat als de dorpelingen je verraden?'

'Ik ben bereid dat risico te nemen,' zegt Vivian resoluut. Ze zal wel moeten, anders verhongeren ze hier in de jungle.

Ze vertrekt opnieuw, zwak, maar vastbesloten om iets mee terug te *brengen. Het is nog vroeg, en de zon heeft zijn verzengende hoge punt aan de hemel nog niet bereikt. Het lijkt haar logisch dat het dorp dat eerste officier Sedgeman had gevonden niet al te ver weg ligt. Waarschijnlijk niet meer dan een kilometer. Ze heeft nog geen vijfhonderd meter gelopen als een kookgeur haar neusgaten binnendringt, die haar vastberadenheid om door te gaan versterkt.*

Ze voelt tranen in haar ogen prikken wanneer ze de buitengrenzen van het dorp ziet. Tot haar verbazing besteedt niemand veel aandacht aan de gewonde, besmeurde, half uitgehongerde vrouw die het dorp in loopt. Maar ze heeft hun hulp nodig! Met een combinatie van de paar woordjes Maleis die ze kent en herhaalde gebaren naar haar mond en haar maag hoopt ze duidelijk te kunnen maken wat ze wil. En voor het geval de boodschap niet overkomt, zegt ze steeds opnieuw: 'Eten! Eten! Honger!'

Ze heeft geen idee wat ze zeggen, maar de oudere mannen van het dorp reageren boos en gebaren dat ze zich moet omdraaien en het dorp moet verlaten. Uiteindelijk rennen een paar vrouwen haar met pakketjes voedsel achterna terwijl ze terugloopt naar de jungle, en dat is haar redding.

'Kingsley! Word wakker. Ik heb iets te eten.' *De soldaat is weer in slaap gevallen. Vivian is bang dat zijn wonden ontstoken zijn. Maar wat kan ze doen?*

Langzaam opent hij zijn ogen en focust op Vivians gezicht. Dan gaat hij moeizaam rechtop zitten.

Vivian vouwt twee bananenbladeren open, waarin wat gekookte rijst en schijven ananas zitten. Als ze er zuinig mee omspringen, kunnen ze een paar dagen met dit karige rantsoen doen.

'Is alles in orde met je?' *vraagt Kingsley.*

Vivian veegt haar tranen weg voordat ze op haar eten vallen. Ze schudt haar hoofd.

'Ik ben niet in orde, Kingsley. Moet je ons zien. Moet je jezelf zien.' *Ze legt haar bananenblad neer en gebaart naar het strand.* 'Mijn hoofdzuster en mijn vriendinnen zijn vlak naast me doodgeschoten. In gedachten zie ik het steeds opnieuw gebeuren. We wisten allemaal dat we dood zouden gaan, en wat deden we? We schreeuwden niet, we renden niet weg – dat zou sowieso zinloos zijn geweest –, we keken alleen maar naar elkaar. Als we moesten sterven, zouden we in elk geval allemaal samen gaan. En toen...' Vivian onderdrukt een snik. 'De geweren...' Ze kijkt op naar de jonge soldaat en laat de tranen vrijelijk over haar wangen stromen. 'Waarom leef ik nog, Kingsley? Waarom ben ik gespaard?'

'Dat weet ik niet, zuster,' zegt hij zacht.

'Ik maak me serieus zorgen om je. Ik denk niet dat we hier nog veel langer kunnen blijven.'

'Wat wil je daarmee zeggen?'

'Dat we ons moeten overgeven. We moeten de Japanners zoeken en onze levens in hun handen leggen.'

'Dat kun je niet menen!'

Vivian beseft dat hij net als zij wordt gekweld door de herinnering aan de afslachting van zijn vrienden.

'We zijn maar met z'n tweeën, Kingsley. We moeten hopen dat ze ons alleen gevangen zullen nemen. We kunnen ze niet vertellen dat we de slachtpartij op het strand hebben overleefd, want dan vermoorden ze ons waarschijnlijk. Maar als we zeggen dat we schipbreuk hebben geleden, maken we misschien een kans. Het enige wat ik weet is dat we zeker dood zullen gaan als we hier blijven.'

'Ik kan nauwelijks lopen.'

'Ik zal een kruk maken voor je goede kant en je aan de andere kant ondersteunen.'

De knoop is doorgehakt.

'We vullen onze veldfles met water en dan vertrekken we morgenochtend vroeg,' zegt Vivian.

Wanneer Vivian zwijgt, vult het geluid van huilende vrouwen de hut. De verpleegsters zoeken troost bij elkaar, steunen elkaar in hun verdriet. Maar Nesta is bang dat Vivian haar laatste beetje kracht zal uitputten voordat ze hun heeft verteld wat er is gebeurd toen zij en de jonge soldaat op zoek gingen naar hulp. Ze moeten de rest van haar verhaal horen.

Vivian houdt haar waterfles nog altijd tegen haar buik gedrukt.

'De Japanners kwamen nadat we ons in het dorp hadden overgegeven. Ze fouilleerden ons op wapens, maar uiteraard vonden ze niets. We zijn urenlang ondervraagd, en toen kwam er een jeep die me hiernaartoe heeft gebracht.'

'Vivian,' begint Nesta, terwijl ze haar hand pakt. 'Ik kan me niet voorstellen hoe je je moet voelen... Na alles wat je hebt meegemaakt. Het is afschuwelijk. En je verwondingen, die moeten we onderzoeken.' Ze kijkt de ruimte rond en ontmoet de blikken van de andere verpleegsters. 'Maar eerst moeten we een eed afleggen, jij, ik, wij allemaal. Wat Vivian ons zojuist heeft verteld, mag nooit tegen wie dan ook worden herhaald.' Ze zwijgt even om zich ervan te verzekeren dat de woorden tot iedereen doordringen. 'Vivian is getuige geweest van een wrede misdaad, en als de Japanners weten dat ze het heeft overleefd, zullen ze haar vermoorden. En als ze vermoeden dat wij het weten, wacht ons hetzelfde lot. Eens?'

Er wordt hevig geknikt wanneer de realiteit van Nesta's woorden tot iedereen doordringt.

'Kom maar, zuster Bullwinkel,' zegt Nesta, iets opgewekter. 'Je moet gaan liggen, zodat we je wonden kunnen onderzoeken.' Ze steekt haar hand uit naar Vivian, die beverig overeind komt, nog steeds met de veldfles tegen haar buik gedrukt.

'Kunnen we haar niet beter naar de ziekenboeg brengen, zodat een van de dokters haar kan onderzoeken?' vraagt Jean.

'Dat kunnen we niet riskeren,' zegt Nesta. 'Niemand mag weten wat er is gebeurd, ook de dokters niet. We zorgen voor onze eigen mensen. Toch, Bully?'

'Dank je, zuster James, ik zou bij niemand in betere handen kunnen zijn dan bij jullie.'

Voorzichtig neemt Nesta de veldfles van haar over.

'Het is oké, Bully, hij heeft zijn doel gediend, je krijgt hem weer terug als we klaar zijn.'

Met tegenzin laat Vivian de fles los, en dan kunnen ze eindelijk de uitgangswond op haar buik bekijken.

De verpleegsters vormen een kringetje om haar heen.

Nesta verklaart dat de wond niet ontstoken is en netjes geneest. Ze verbindt hem met verband dat ze van een gescheurd marineshirt hebben gemaakt en verontschuldigt zich voor het feit dat ze Bully niets te eten kunnen geven. Hopelijk worden er snel nieuwe rantsoenen uitgedeeld.

'Het geeft niet, ze hebben Kingsley en mij iets te drinken en iets te eten gegeven toen ze ons in het dorp ondervroegen. Als jullie het niet erg vinden, zou ik graag wat slapen, al is het op beton. Ik ben eindelijk onder vrienden en ik voel me voor het eerst in lange tijd veilig.'

'Goed, meisjes, laten we naar buiten gaan, zodat Bully kan rusten,' draagt Nesta de anderen op.

Voordat ze vertrekken, geeft iedere vrouw Vivian een knuffel of een kus, of spreekt een paar opbeurende woorden.

Nesta blijft buiten de hut staan, diep in gedachten verzonken.

'Waar denk je aan, Nesta?' Jean is ook achtergebleven, al even geschokt door Vivians verhaal als de anderen.

'Dat we wél aan iemand anders moeten vertellen wat er is gebeurd, voor het geval...'

'Voor het geval we het niet overleven? Is dat wat je denkt?'

'Ja. Vivian is getuige geweest van de massamoord op ongewapende mensen. Dat is een ernstig en wreed misdrijf. Als de tijd daar is, moeten de daders verantwoordelijk worden gesteld, en dat zal niet gebeuren als Vivians verhaal niet wordt verteld.'

'Maar met wie zouden we dan moeten praten?'

'Dat weet ik nog niet, maar ik vind de juiste mensen wel.'

Die avond schudt een van de verpleegsters Vivian voorzichtig wakker. 'Kom met mij mee, er is iemand in de ziekenboeg die je wil spreken.' Bij de ingang van de ziekenhut wordt Bully opgewacht door een Britse verpleegster.

'Fijn dat je kon komen, zuster Bullwinkel, er is iemand hier die naar je vraagt. Ik ben bang dat hij stervende is,' vertelt de verpleegster haar.

Halverwege de hut blijft Vivian staan bij het bed van een patiënt die ze onmiddellijk herkent als Kingsley. Ze gaat naast hem zitten en pakt zijn hand.

'Ik ben hier, Kingsley, ik ben het, Vivian.'

Kingsley verroert zich en doet langzaam zijn ogen open. 'Zuster?'

'Ja, Kingsley, zuster Vivian.'

'Dank je wel... voor alles... Dank je wel,' stamelt hij.

'Is het tijd, Kingsley?' vraagt ze zacht. Zonder een echt ziekenhuis zal de jonge soldaat het nooit redden, dat weet ze.

'Ja,' zegt hij met een zucht.

'In dat geval, jij ook bedankt, Kingsley. Ik zal je nooit vergeten.'

'Je... moet... nu gaan,' zegt de jonge soldaat terwijl hij zijn ogen sluit. Vivian voelt een heel zwak kneepje in haar hand.

Ze verroert zich niet, tot de verpleegster terugkeert en Kingsleys hartslag zoekt.

'Hij is overleden,' zegt ze.

'Ik weet het,' zegt Vivian met een zucht. 'Hij is ongeveer twintig minuten geleden gestorven. Mag ik nog een poosje bij hem blijven zitten?'

'Natuurlijk. Maar niet te lang, je hebt je slaap nodig.'

'Laat hem met rust!' roept Norah. 'Zien jullie dan niet dat hij ziek is? We moeten bij elkaar blijven.'

De volgende ochtend krijgen de mannen, vrouwen en kinderen te horen dat ze naar een ander kamp zullen vertrekken. Ze worden naar de pier gebracht, en daar scheiden de Japanse soldaten opnieuw de mannen van de vrouwen. Norah kan het niet helpen, ze snauwt wanneer ze op John afkomen.

Ena pakt Norahs arm vast en trekt haar weg wanneer een van de soldaten zijn hand heft om haar te slaan. John wordt meegesleurd naar de mannengroep.

'Ena! Doe iets!' roept Norah. 'We moeten ze tegenhouden.'

'Norah, alsjeblieft. Maak het niet erger, dan reageren ze hun woede op hem af.'

'John!' roept Norah.

Haar man draait zich om. Langzaam heft hij zijn arm om naar haar te zwaaien. 'Zorg voor jezelf, liefste. Zorg voor jezelf, ik red me wel.' En dan zijn hij en de andere mannen verdwenen.

Snikkend zakt Norah op de grond. Vrouwen en kinderen lopen om haar heen, niemand zegt iets of doet iets om haar te helpen. Ze voelen allemaal dezelfde pijn.

Ena helpt Norah overeind. Norah weet dat ze in beweging moeten blijven, en ze voegen zich bij de grote groep vrouwen en kinderen die de pier op lopen. Ze weet niet langer voor wie de tranen die ze plengt zijn bedoeld: haar zus, haarzelf, haar man of haar geliefde dochter.

Hoofdstuk 5

Kamp 11, Irenelaan, Palembang, Zuid-Sumatra
Maart 1942 – oktober 1943

'Hoelang moeten we hier blijven?' jammert Jean.
'Jean, denk alsjeblieft aan iets anders,' smeekt Nesta.
Nesta voelt de uren verstrijken op de pier, ze voelt de zon die zo genadeloos op hen neerschijnt dat ze niet anders kunnen dan wegzinken in hopeloze overgave. Er is niets wat ze voor de anderen kan doen.
De volgende ochtend zitten ze er nog. Bij het krieken van de dag ziet Nesta een prachtige regenboog aan de hemel boven haar hoofd. Twee oude, vervallen vrachtschepen naderen de kade en gaan een stukje verderop voor anker. Wanneer verschillende kleine sloepen naar de pier varen, reageren de Japanse soldaten geagiteerd. Ze wringen zich door de menigte en trekken iedereen die nog zit ruw overeind.
'Nou ja, dan zijn we in elk geval uit de zon.' Nesta probeert de andere verpleegsters gerust te stellen, maar die zien er te uitgeput uit om te reageren.
Zodra de sloepen aanleggen bij de pier, worden er gevangenen naar voren geschoven, in de boten geladen en naar de vrachtschepen

gebracht. Dit gaat door tot de pier leeg is en de vrachtschepen de Musirivier op varen en langzaam hun weg zoeken door de jungle. Terwijl ze door het met olie bedekte water glijden kan Nesta haar ogen niet afhouden van de boegen van gedeeltelijk gezonken schepen die nog uit het water steken. Ze vraagt zich af wat voor verhalen die zouden kunnen vertellen.

Laat in de middag arriveren ze bij een haven: Palembang, Sumatra. De verzwakte menselijke vracht schuifelt van de schepen af en wordt naar een open plek aan het eind van de pier gebracht.

Opnieuw verstrijken er uren, maar Nesta en haar verpleegsters blijven rustig zitten. Ze weten dat ze een klap in het gezicht of een por met een bajonet riskeren als ze hun hoofd boven de balustrade zouden uitsteken. Net wanneer ze het gevoel hebben dat ze elk moment van hun stokje kunnen gaan, komt er een konvooi van vrachtwagens aanrijden waar ze in worden geladen. Ze rijden door dorpen, over stoffige wegen waar plaatselijke bewoners staan te joelen, zwaaiend met kleine vlaggetjes waarop een rode schijf staat met zonnestralen eromheen – de vlag van de rijzende zon.

'Boe, boe!' roept een van de verpleegsters.

'Boe, boe!' herhaalt een koor van moedige stemmen.

De bewoners langs de weg stoppen met joelen, verbijsterd over deze provocatie. Een paar verpleegsters steken hun tong uit en maken gebaren die ze op een ander moment vulgair zouden vinden. Japanse soldaten schreeuwen naar de vrachtwagenchauffeurs dat ze harder moeten rijden.

Het is al donker wanneer de vrachtwagens tot stilstand komen voor een gebouw dat duidelijk dienstdoet als school. Voor het eerst in bijna twee dagen krijgen ze iets te eten en te drinken, en daarna worden ze naar een klaslokaal gebracht om daar de nacht door te brengen. Het valt niet mee om te slapen; de bewakers staan erop dat alle lichten blijven branden, en de muggen zijn meedogenloos.

Later die avond verschijnt er een Britse militair bij de ingang van het lokaal. Een van de verpleegsters wijst Nesta op zijn komst, en zij haast zich naar hem toe.
'Hallo, ik ben zuster James.'
'Een genoegen om je te ontmoeten, zuster. Ik hoor dat je de bevelhebber wilt spreken.'
'Inderdaad. Kun je dat regelen?'
'Dat heb ik al gedaan. Ik heb hem net gesproken en hij heeft ermee ingestemd je morgen te ontmoeten. Klaarblijkelijk is er ook iets wat hij met jou wil bespreken.'

De volgende ochtend wordt de verpleegsters gevraagd om zich aan het uiteinde van de school te verzamelen. Ze hoeven niet lang te wachten voordat er een indrukwekkend ogende Britse officier nadert.
'Ik ben bevelhebber Modin, Charles Modin.'
Nesta stapt naar voren. '*Sir*, ik ben zuster Nesta James van de Australian Army Nursing Service.'
'Het spijt me dat we elkaar onder deze omstandigheden ontmoeten, zuster James.'
'Mij ook, sir.'
'Ik ben gisteravond op de hoogte gebracht van jullie komst. Ik heb direct de hoogste Japanse officier hier gesproken en hem gevraagd om de verpleegsters als militair personeel te behandelen en niet als burgers. Het maakt een verschil wanneer je onder de krijgsgevangenen valt in plaats van de geïnterneerden; het zou jullie een bepaalde mate van bescherming bieden, plus toegang tot het Rode Kruis.'
'Dank u, sir, we –'
'Zuster James, het spijt me, maar ze weigerden. Ik heb alles gedaan en gezegd wat ik kon om ze te overtuigen, maar ze hielden voet bij stuk.'
De moed zinkt de verpleegsters in de schoenen. De korte glimlachjes die ze hadden uitgewisseld vervagen, en opnieuw maakt wanhoop zich van hen meester.

'Kunnen wij niet met ze praten?' vraagt Nesta.

'Ze weigeren jullie te woord te staan, zuster. De Japanse mening over vrouwen is helaas... Nou ja, laten we het erop houden dat die afwijkt van de mijne, van de onze.'

Nesta kijkt naar haar verpleegsters. Ze voelt de woorden die op het puntje van hun tong liggen; alleen hun gedisciplineerde training voorkomt dat ze iets zeggen.

'Nogmaals, het spijt me. Het enige wat ik kan doen is jullie geluk wensen.'

'Ik weet niet hoeveel geluk we zullen hebben, maar we waarderen het dat u het hebt geprobeerd. Voordat u gaat, mag ik u eraan herinneren dat ik u ook om een gesprek heb gevraagd?'

'Dat is waar ook,' zegt de bevelhebber, en Nesta vraagt alle verpleegsters behalve Vivian en Jean om terug te keren naar hun klaslokaal.

'Sir, mag ik u zuster Jean Ashton en zuster Vivian Bullwinkel voorstellen? Vivian heeft u iets te vertellen.'

'Ik weet niet hoe ik kan helpen, maar ga je gang, zuster Bullwinkel.'

'We willen u niet vragen om iets te doen, we willen alleen dat u luistert.'

Vivian begint te vertellen over de slachtpartij op het strand, en terwijl ze haar verhaal doet, trekt de kleur weg uit het gezicht van de bevelhebber. Zijn strenge militaire houding maakt plaats voor gebogen schouders, maar hij zwijgt respectvol tot Vivian uitgesproken is.

'We weten niet wat er van ons zal worden, maar het is cruciaal dat iemand anders weet wat er op Radji Beach is gebeurd,' zegt Nesta grimmig.

'Dank je wel, zuster Bullwinkel. Wat jou, je collega's en de anderen op dat strand is overkomen, is een misdaad. Het doodschieten van ongewapende krijgsgevangenen is in strijd met de regels van dit vervloekte conflict. Ik kan je niet vertellen hoe erg ik het vind dat dat met jullie is gebeurd. Er zijn geen woorden voor. Maar je bent bijzonder moedig geweest, en het leger is je dankbaar voor je hulp aan soldaat Kingsley.' De ogen van de bevelhebber glinsteren. Hij legt een hand op Vivians schouder. 'Ik kan je niet vragen om me een lijst te geven van alle mensen die vermoord zijn; als die gevonden zou worden, zouden we hier geen van allen levend wegkomen.'

Nesta slaat Vivian gade terwijl de bevelhebber spreekt. Ze beeft zichtbaar; opnieuw heeft het vertellen van haar verhaal zijn tol geëist. Nesta legt een troostende arm om de schouders van haar aangedane vriendin en ondersteunt haar.

Bevelhebber Modin gaat voor Vivian staan, recht zijn schouders en salueert naar haar. Dan pakt hij haar hand.

'Ik heb in de Eerste Wereldoorlog gediend, en ik heb nu twee jaar in deze oorlog gevochten. Ik dacht dat ik het ergste van de mensheid had gezien en gehoord. Maar vandaag, zojuist, heb jij me laten zien dat menselijke wreedheid geen grenzen kent. Wat er op dat strand is gebeurd, zal niet vergeten worden. Ik zal een manier vinden om het bekend te maken, en het enige wat ik van jou vraag is dat je het aan niemand anders vertelt tot je weer veilig thuis bent.'

Vivian kan niets uitbrengen, maar ze knikt. De bevelhebber draait zich om en vertrekt.

'Goed gedaan, Bully,' fluistert Nesta. 'Dat was vast niet makkelijk, maar we zijn allemaal zo trots op je.'

'Kom op, Norah, je moet opstaan,' dringt Ena aan. Zij en haar zus zijn samen met een aantal andere vrouwen en kinderen ondergebracht in een van de kleinere klaslokalen.

'Wat heeft het voor zin?' mompelt Norah. Ze ligt op haar rug en staart naar het plafond. 'Sally is weg, John is weg. Mijn gezin...'

'Wat zin heeft, is dat je hem terugvindt, en dat kan alleen door op te staan en door te gaan.'

June gaat naast Norah liggen en kruipt tegen haar aan. 'Sta alsjeblieft op,' smeekt het kleine meisje. 'Ik heb zo'n honger, en we moeten naar buiten om te eten.'

'June heeft gelijk, Norah, buiten hebben ze voedsel klaargezet. Je weet net zo goed als ik dat we moeten eten wanneer we maar kunnen.'

Langzaam gaat Norah zitten en neemt Ena's uitgestoken hand aan. Ena trekt haar overeind en omhelst haar stevig. June slaat haar armpjes om de middels van beide zussen.

'Het spijt me, Ena,' zegt Norah met een zucht. 'Zeker omdat ik weet hoe bezorgd je bent om Ken. Ik denk alleen aan mezelf.'

'Mijn liefste zus, je hoeft nooit sorry tegen mij te zeggen. Ik zal er altijd voor je zijn, wanneer je me ook maar nodig hebt.'

'Ik ook,' zegt June, en de twee vrouwen strelen het haar van het meisje.

'Dank je wel, lief kind,' zegt Norah.

Terwijl de vrouwen en het kleine meisje dit kostbare moment van warmte delen, verschijnt Margaret Dryburgh.

'Dames, ik heb wat rijst voor jullie apart gehouden. Komen jullie?'

Margaret wacht hen bij de uitgang op en pakt Norahs hand. 'Ik kan me niet voorstellen hoe jij je op dit moment voelt, maar ik wil dat je weet dat ik er voor je ben.'

'Dank je,' zegt Norah, en ze voegt eraan toe: 'Is er nieuws?'

'Dat is er. Het schijnt dat we binnenkort weer vertrekken. Dit is maar een tijdelijke verblijfplaats.'

'Waar gaan we naartoe?' vraagt Ena.

'Het enige wat ze ons hebben verteld is dat we weggaan. Ik zou willen dat in elk geval een van hen een beetje Engels sprak, maar dit is het enige wat ik eruit kon opmaken.'

De volgende ochtend worden de vrouwen en kinderen in rijen opgesteld en van het terrein van de school gedreven. Nieuwsgierige blikken volgen hen door het dorp wanneer ze naar het platteland lopen. Uiteindelijk worden ze naar een klein dorp gebracht dat uit twee rijen huizen bestaat die tegenover elkaar aan een hoofdstraat liggen. De soldaten beginnen de gevangenen in groepen op te delen.

'Krijgen we echte huizen?' roept Nesta uit. Een soldaat komt naar de verpleegsters toe en telt ze, waarna hij een geweer op hen richt en gebaart dat ze zich in twee groepen moeten splitsen.

'Daar lijkt het wel op,' zegt Jean, 'maar het is jammer dat we niet allemaal bij elkaar kunnen blijven.'

Eén groep, aangevoerd door Nesta, gaat een huis binnen met nummer 24 op de voordeur, en Jean gaat de tweede groep voor naar het huis dat twee deuren verderop ligt. Voor hun komst moeten deze huizen bewoond zijn geweest door Nederlandse kolonisten, en het is duidelijk dat ze haastig zijn vertrokken. Hun bezittingen liggen overal. In de keuken vinden de verpleegsters een aantal blikken met Europees voedsel; in de slaapkamers hangen kinderkleren in de kasten. Er stijgen verrukte kreten op vanuit de huizen wanneer de vrouwen zeep en tandenborstels vinden in de badkamers en wanneer ze de lichten aandoen en ontdekken dat ze elektriciteit hebben. Omdat eten hun grootste behoefte is, geeft Jean haar verpleegsters opdracht om een vuurkuil voor het huis te graven waar ze kunnen koken.

Nesta verlaat haar huis en loopt naar dat van Jean, en samen kijken ze toe terwijl de vuurkuil vorm krijgt. Ze hopen dat ze iets méér zullen krijgen dan de paar blikken voedsel die ze in de keuken hebben gevonden om te bereiden.

'Zullen we allemaal bij elkaar komen als ze klaar zijn?' stelt Nesta voor. 'Ik zou graag bespreken hoe we onze vaardigheden het best kunnen inzetten gedurende de tijd dat we hier zijn.'

'Goed idee, ik zal mijn groep straks bij elkaar roepen en dan komen we naar jullie toe.'

Wanneer Nesta naar haar huis terugkeert, lijken de meisjes zich te hebben verzameld en haar op te wachten.

'Wat is er aan de hand?' vraagt Nesta, die de dwaze grijnzen op hun gezichten niet kan zien in de schemerige ruimte.

'We hebben iets voor je,' zegt Betty gniffelend.

'Wat dan?'

'Het staat in een van de slaapkamers. Het is een echt bed, en we willen allemaal dat jij het gebruikt.'

'Ha! Dat is heel lief van jullie, maar ik slaap met alle plezier op de grond. Een van jullie kan het bed nemen.'

'Nee, dat kan niet. Dit bed is voor jou, kom maar kijken.'

Nesta volgt hen naar de slaapkamer. De meisjes hebben een muur gevormd voor het 'bed', en stralend stappen ze opzij om een ledikantje te onthullen.

'Jij bent de enige van ons die erin past,' zegt Betty als alle meisjes in lachen uitbarsten.

Nesta onderzoekt het ledikantje en duwt op het stevige kleine matras. 'Hoe kom ik erin? Ik ga niet over de rand klimmen.'

'Dat kunnen we regelen,' zegt een van de verpleegsters, en zij en twee anderen beginnen de zijkant van het ledikant te verwijderen.

Nesta bekijkt het kleine bedje, en dan zwaait ze haar benen omhoog en gaat liggen. 'Perfect,' zegt ze. 'Ik neem het.'

De verpleegsters van nummer 26 verzamelen zich in nummer 24. Nesta roept de hele groep bij zich, en ze vormen een kringetje om haar heen.

'Jean en ik hebben besproken hoe we onszelf nuttig kunnen maken. We zullen uitzoeken of er faciliteiten zijn voor een ziekenboeg en onze hulp aanbieden, maar we denken vooral aan wijkverpleging. Jullie weten allemaal wat dat betekent. We zullen de andere huizen bezoeken en kleine zorgen bij de vrouwen opsporen voordat het grote problemen worden.'

Er wordt luid op de deur geklopt, en iedereen kijkt op. Als Jean de deur opendoet, komen er vier vrouwen binnen die ieder een grote mand met voedsel bij zich hebben.

'Welkom,' zegt een van de vrouwen met een zwaar Nederlands accent. 'Wij wonen in nummer 25, het huis tussen jullie in. We hopen dat deze kleine bijdrage jullie zal helpen om hier te wennen.'

De verpleegsters stappen opzij, en de vrouwen brengen de manden naar de keuken. 'Er zitten ook wat zeep en eenvoudige toiletspullen in,' roept een van hen.

'Hoelang zijn jullie hier al?' vraagt Nesta.

'We wonen hier, nou ja, in Palembang. Onze echtgenoten runden de mijnen, maar toen de Japanners binnenvielen, hebben ze hen weggehaald. Allemaal. Nu zijn wij er alleen nog, en een groep nonnen van de plaatselijke missiepost.'

'Mochten jullie je bezittingen meenemen?'

'Een deel – kleren, potten, pannen, borden, dat soort dingen. We hebben het redelijk goed voor elkaar, gezien de omstandigheden.'

'Woonden er mensen in dit huis voordat wij kwamen?'

De twee vrouwen kijken elkaar aan. Nesta vindt het moeilijk om hun uitdrukkingen te lezen.

'Ja, onze vrienden. We weten niet waarom zij zijn weggehaald en wij niet.'

Die avond eten de verpleegsters samen. Ze willen zo min mogelijk van elkaar gescheiden zijn. Alleen de verleiding van een plekje waar ze kunnen liggen maakt dat de helft van hen uiteindelijk terugkeert naar het andere huis.

Wanneer Nesta eindelijk in haar ledikant kruipt, bekent ze dat ze zich schuldig voelt over het feit dat zij een zacht matras heeft terwijl haar vriendinnen naast haar op de grond liggen.

'Maak je geen zorgen, hoor, wij hebben echt geen zin om ons lijf in dat piepkleine bedje te wringen. Het is helemaal voor jou!'

Zodra de verpleegsters zijn ondergebracht, worden alle anderen willekeurig in huizen geduwd, zonder rekening te houden met nationaliteit of familiebanden. Norah komt terecht in een huis vol onbekenden, maar zodra de soldaten weg zijn, gaan zij en de anderen op zoek naar hun dierbaren, zodat ze de indeling van de huizen kunnen aanpassen en bij hun vrienden kunnen zijn.

Wanneer ze eindelijk herenigd is met haar zus en het kleine meisje dat ze hebben gered, gaan ze in een hoekje van de kale maar benauwde kamer zitten.

'Hoelang blijven we hier?' fluistert June, terwijl ze tegen Ena aan kruipt.

'Dat weet ik niet, liefje. Hopelijk niet te lang. Hopelijk kunnen we allemaal snel naar huis.'

'Weten jullie waar mijn papa is?'

'Helaas niet. Ik hoop dat hij nog steeds in Singapore op zijn kleine meisje wacht.'

'Dat hoop ik ook.'

'Probeer wat te slapen, June. Morgenochtend gaan we op verkenning uit, kijken of we de kinderen kunnen vinden met wie je hebt gespeeld.'

Norah luistert aangedaan naar dit gesprek, en ze denkt aan Sally. Waar is ze, en belangrijker nog, is ze veilig?

Hoofdstuk 6

Kamp II, Irenelaan, Palembang
April 1942 – oktober 1943

'We hebben iets voor jullie.' Een van de Nederlandse nonnen, zuster Catharina, heeft Nesta op straat staande gehouden tijdens haar ronde door het kamp. Eerder die dag heeft Nesta de verpleegsters ingedeeld in tweetallen en een rooster opgesteld voor het bezoeken van hun buren. Het doel van deze bezoekjes is om vriendschappen te sluiten en kleine aandoeningen te behandelen. Ze beseffen dat gemeenschapszin essentieel zal zijn als ze hun gevangenschap willen overleven.

Zuster Catharina hoort bij de caritas die het plaatselijke ziekenhuis in Palembang runt. Hun leider is moeder Laurentia, vertelt ze Nesta.

De non reikt diep in de zakken van haar habijt en haalt drie rolletjes verband en wat pijnstillers tevoorschijn. Nesta is dolblij. Dit is beter dan bananen; nu heeft ze in elk geval wat hulpmiddelen om patiënten te verzorgen.

'We moeten voorzichtig zijn, en het is niet veel,' vertelt de non haar. 'Maar we zullen meebrengen wat we kunnen.'

'Goedemorgen. Ik ben Ah Fat, de tolk van luitenant Miachi, jullie kampcommandant.' Ah Fat is een korte, bebrilde man in burgerkleding, die de gewoonte heeft om zijn bril omhoog te schuiven terwijl hij praat.

Er zijn twee weken verstreken sinds hun aankomst en de vrouwen hebben een dagelijkse routine ontwikkeld om te overleven. Op een ochtend doet echter het nieuws de ronde dat ze zich de volgende dag op het middaguur moeten verzamelen. Verder krijgen ze geen informatie, hoewel de geruchtenmachine op volle toeren draait. Zouden ze worden vrijgelaten? Of opnieuw verplaatst? Maar helaas.

'Dokter McDowell is jullie geïnterneerdenkampleider,' vervolgt Ah Fat, gebarend naar een vrouw die vlakbij staat. 'Als jullie een probleem hebben, gaan jullie naar haar, en dan spreekt zij met mij en vertel ik het de commandant. Begrepen?'

Op het uniform van luitenant Miachi prijken kleurrijke insignes. Hij is klein van stuk, met een onberispelijke scheiding en een zelfverzekerde flair. Hij glimlacht naar de vrouwen.

De vrouwen zwijgen, en Ah Fat knikt om aan te geven dat Miachi verder kan gaan.

'Er zullen een paar veranderingen worden doorgevoerd,' vertaalt de tolk vervolgens voor de vrouwen. 'Als jullie het woord *tenko* horen, dan komen jullie naar buiten. Een van jullie telt alle anderen in jullie huis en dit aantal wordt bij ons gemeld. Begrepen?'

Niemand zegt iets. De commandant beent kordaat weg, en een andere soldaat stapt naar voren.

'Tenko!' schreeuwt hij.

De vrouwen kijken elkaar even aan, twijfelend over wat ze moeten doen.

'Tenko!' schreeuwt de man weer.

Dokter McDowell stapt naar voren. 'Dames, ik ben dokter McDowell,' zegt ze met een mild Schots accent. 'Wie de pech had dat ze een medische behandeling nodig had, heeft me al ontmoet. De rest van jullie zal ik vast ook leren kennen. Maar jullie hebben allemaal het commando gehoord, dus ik stel voor dat jullie nu terugkeren naar jullie huizen en gaan tellen, voordat er problemen ontstaan.'

Bij het woord 'problemen' dringt het bevel eindelijk door. Er breekt chaos uit wanneer de vrouwen zich terughaasten naar hun huizen.

Norah vindt Ena en June, en ze keren vlug terug naar huis en wachten buiten op de anderen. Margaret is de laatste. Ze slentert naar hen toe, duidelijk niet van zins om zich in het gareel te laten schreeuwen door de Japanners. 'Goed, wie wil die afschuwelijke tellingen uitvoeren?' vraagt ze.

Niemand zegt iets, tot Norah uiteindelijk naar voren stapt. 'Dat wil ik wel doen.'

De bewoners van nummer 24 worden wakker wanneer er op de deur geklopt wordt. Het is vroeg – nog donker. Nesta klimt uit haar ledikant en gaat met de anderen naar de deur om te kijken wie het is. Het zijn hun Nederlandse buren, de drie vrouwen die hun op de eerste dag iets te eten hebben gebracht.

'We komen afscheid nemen,' zegt een van hen.

'Waar gaan jullie naartoe?' vraagt Nesta.

'Dat weten we niet. Zoals gebruikelijk hebben we alleen opdracht gekregen om mee te nemen wat we kunnen dragen en klaar te staan om bij het ontbijt te vertrekken.'

'Wat erg. We zullen jullie vriendelijkheid nooit vergeten. We hadden ons geen betere buren kunnen wensen.'

'We hebben wat kleren in het huis achtergelaten, en wat andere spullen die jullie misschien kunnen gebruiken. Haal ze alsjeblieft op voor de soldaten alles weggooien.'

De verpleegsters omhelzen hun oude buren, en met betraande gezichten draaien de Nederlandse vrouwen zich om en vertrekken.

Terwijl de verpleegsters in nummer 24 het ontbijt klaarmaken, bespreken ze wie hun nieuwe buren zullen worden, en of het moreel verantwoord is om het huis leeg te halen voordat zij arriveren. Nesta zegt dat zij met Jean zal overleggen en een plan zal bedenken.

Voordat de verpleegsters verder kunnen gaan met hun dag, beent er een Japanse officier naar binnen. Hij wordt vergezeld door Ah Fat, de tolk van luitenant Miachi. Achter hem staan de verpleegsters van nummer 26.

'We kregen opdracht om hiernaartoe te komen, geen idee waarom,' fluistert Jean tegen Nesta.

Ah Fat begint voor de officier te vertalen. 'Jullie moeten verhuizen. Luitenant Miachi heeft twee nieuwe huizen voor jullie. Verderop. Maak je klaar. Vlug, vlug.'

Nesta ziet dat een aantal verpleegsters hun mond opendoen om te protesteren, maar ze schudt scherp haar hoofd, en de vrouwen slikken hun tegenwerpingen in. Ze mogen hun bezittingen meenemen, maar de huizen moeten schoon en netjes worden achtergelaten.

De leeggekomen huizen zullen worden ingericht als officiersclub, vertaalt Ah Fat verder voor de officier. Als de club eenmaal open is, zullen de verpleegsters worden ingezet als... gastvrouwen.

Niemand zegt iets wanneer de officier en de tolk vertrekken.

Zodra ze weg zijn, klinkt echter overal verontwaardigd protest.

'Dat doe ik niet!'

'Vergeet het maar!'

'Ik ga nog liever dood!'

Nesta en Jean slaan de verpleegsters gade terwijl ze hun woede ventileren.

'Meisjes, alsjeblieft, meisjes,' maant Nesta. 'Laten we allemaal kalmeren.'

'Nesta, wat je ook zegt, ik laat me niet betasten door een van die hufters,' roept een van de vrouwen.

'Er wordt niemand betast. Ik laat ze niet bij ons in de buurt komen, over mijn lijk. Maar op dit moment hebben we iets anders aan ons hoofd. De verhuizing.'

'Wat nemen we mee?' roept een verpleegster.

'Alles,' antwoordt Nesta grimmig. 'En ik bedoel echt álles.'

'Ook het fornuis?' vraagt Betty bij wijze van grapje.

'Ook het fornuis. En mijn bed, uiteraard.'

Terwijl de vrouwen alles inpakken wat ze kunnen, het fornuis loskoppelen en Nesta's ledikant van zijn plek halen, verschijnt Margaret met Norah en Ena.

'We hoorden het nieuws, dus we komen jullie helpen,' vertelt Norah.

'Wat fijn!' zegt Nesta. 'Drie extra paar handen kunnen we goed gebruiken.'

Margaret duwt de deur wijd open. 'We zijn met meer dan drie!'

Buiten de huizen van de verpleegsters staan tientallen vrouwen, klaar om te helpen.

'Ik heb een plan,' kondigt Margaret aan.

'We zijn een en al oor,' zegt Nesta grijnzend.

'We vormen een menselijke keten van nummer 26 naar dit huis, en dan een tweede van hier naar jullie nieuwe huizen. Dat zal een heleboel heen en weer lopen schelen.'

'Geweldig idee,' zegt Betty. De verpleegsters vrolijken op van de vriendelijkheid en de steun van de vrijwilligers.

Nesta wendt zich weer tot haar meisjes. 'Toen ik "alles" zei, dames, bedoelde ik "alles". Als het niet vastzit aan het gebouw, dan nemen we het mee.'

'Ik weet niet of het me lukt om het fornuis of het ledikant door te geven,' zegt Betty met een brede grijns.

'Maak je geen zorgen. Die bewaren we voor het laatst en dan dragen we ze samen.'

Het duurt niet lang voordat de eerste pan wordt doorgegeven en de menselijke keten in werking wordt gesteld.

Ze zien een bliksemschicht, horen een donderklap, en dan komt er een tropische stortbui omlaag die de vrouwen doorweekt. Niemand verlaat echter de keten. Wanneer ze langs het huis van de Nederlandse nonnen komen, haast zuster Catharina zich naar buiten om te vragen wat er gebeurt. Binnen een paar minuten heeft ze vijfentwintig nonnen verzameld, onder wie hun moeder-overste, om te helpen bij de verhuizing. Ze zoeken een plekje in de rij, zonder zich er iets van aan te trekken dat hun zware habijten de regen opzuigen.

Zuster Catharina is in korte tijd de lieveling van de vrouwen en de kinderen geworden. Ze is begin twintig, en al haar energie en nieuwsgierigheid zijn erop gericht om anderen te helpen. Op dit moment beperkt ze zich niet tot een positie in de keten, maar haast ze zich op en neer om te helpen met de zwaardere voorwerpen. Kinderen rennen om hen heen en jagen elkaar achterna tussen de vrijwilligers. Kleine handjes worden omhooggestoken om voorwerpen door te geven. Hier en daar klinkt gezang, grapjes over een nieuwe carrière als verhuizers. Daardoor gaat het werk veel sneller, en binnen de kortste keren bevatten de nieuwe huizen alles wat de verpleegsters nodig zullen hebben. De vrouwen en de nonnen wensen hun het beste en keren dan terug naar hun eigen onderkomen, hun doorweekte kleren uitwringend.

In de loop van de volgende dagen nemen de verpleegsters een kijkje bij hun oude huizen om hun vriendinnen verslag uit te brengen over de vorderingen van de plaatselijke arbeiders. Er worden bedden, banken en zelfs een piano binnengedragen bij de 'officiersclub'.

Terwijl het werk nog gaande is, krijgt Nesta bezoek van twee Engelse mannen, Mr Tunn en Mr Stephenson. Zij zijn ook geïnterneerden en worden vastgehouden in de plaatselijke gevangenis, samen met verscheidene andere Engelse mannen die hier voor de invasie woonden en werkten. Er is hun gevraagd om met de verpleegsters te spreken.

'Haal Jean en de anderen,' draagt Nesta Vivian op. 'We moeten dit allemaal horen.'

Wanneer iedereen aanwezig is, begint Mr Tunn te praten.

'Het spijt me, dames, maar we zijn gekomen om bevelen van onze Japanse overheersers over te brengen.' Hij wacht op een reactie, maar die komt niet. Dan vervolgt hij: 'Ze eisen dat vijf van jullie vanavond aanwezig zijn in hun club.' Hij zwijgt weer. Opnieuw geen reactie. 'Het spijt me vreselijk, ze dreigen met akelige gevolgen als jullie niet gehoorzamen. Als het helpt, Mr Stephenson en ik doen ieder in een van de huizen dienst als barman, en we kunnen een oogje in het zeil houden.'

'Dat helpt niet,' klinkt een luide stem uit het midden van de groep verpleegsters.

'Zusters, als jullie vanavond niet komen, dan dreigen ze geïnterneerden terecht te stellen.' Mr Tunn haalt een stukje papier uit de zak van zijn broek. 'Dit zijn de namen die ze hebben geselecteerd.' Hij leest vijf namen voor, waaronder die van Nesta.

Mr Stephenson heeft al die tijd naar de grond gestaard. Nesta ziet dat hij zijn vuisten balt in een poging zijn woede te beheersen.

'Dank jullie wel, heren. We weten de weg,' zegt Nesta tegen hen.

Zodra de twee mannen zijn vertrokken, stelt Jean voor dat ze naar de tuin achter het huis gaan om te bespreken wat ze moeten doen.

'Zal ik om te beginnen zeggen wat volgens mij de gemene deler is onder de vrouwen die ze hebben gekozen?' zegt Jean.

Alle hoofden draaien zich naar de vijf verpleegsters die op de lijst staan.

'Dat we de mooisten zijn?' zegt een van hen, zonder zelfs maar te proberen haar glimlach te onderdrukken.

'Dat natuurlijk ook, maar ik dacht meer aan jullie lengte en haarkleur. Geen van jullie is langer dan één meter vijftig, en jullie hebben allemaal donker haar.'

'Hé, ik ben één meter vijfenvijftig, één meter zestig als je me een fatsoenlijk paar hakken geeft,' verkondigt een ander.

'Ik zie wat je bedoelt. We zijn te *petite* om ze fysiek te intimideren. En kennelijk houden ze niet van blondines,' zegt Nesta.

'Jullie zouden een vijfling kunnen zijn,' zegt Vivian.

Iedereen weet er een lachje uit te persen. De spanning neemt af, maar het probleem is nog niet opgelost.

'Ze hebben maar om vijf vrouwen gevraagd,' zegt een andere verpleegster. 'Maar wat als we met z'n allen gaan? Je weet wel, onder het motto "met meer sta je sterker". Kijken wat ze dan doen.'

Een paar seconden zegt niemand iets, maar dan beginnen ze onderling te mompelen. Ze zullen allemaal gaan, ze zullen glimlachen en vriendelijk zijn, als lijm aan elkaar plakken en de Japanners uitdagen om hen weg te sturen.

'Of,' gaat de verpleegster verder, terwijl ze een handvol aarde pakt en die over haar gezicht en haar hals wrijft, 'we maken onszelf zo vies en zo onaantrekkelijk mogelijk.'

'Met modderige blote voeten en gescheurde kleren,' doet Betty een duit in het zakje.

'We gaan ervoor. Zorg allemaal dat je er op je slechtst uitziet, en dan verzamelen we ons hier bij zonsondergang,' zegt Jean resoluut. 'We zullen die kerels eens laten zien met wie ze te maken hebben.'

Wanneer de zon begint onder te gaan, komen de verpleegsters bij elkaar en gaan ze aan de slag met het scheuren van hun jurken en het besmeuren van blote stukken huid.

'Eh... We hebben een probleem,' zegt Jean. 'Doe eens een stap naar voren, Pat?'

Iedereen kijkt om zich heen, op zoek naar de verpleegster die Pat heet.

'Wat heb ik gedaan?'

'Je hebt de pech dat je er beeldschoon uit blijft zien, hoe hard je ook je best doet om jezelf lelijk te maken,' zegt Jean tegen haar.

'Welnee. Ik ben net zo afzichtelijk als de rest van jullie.'

'Nou, nee,' zegt Nesta.

'Wacht even.' Pat pakt een handjevol aarde en smeert dat in haar schouderlange haar. 'Kijk maar.'

'Helaas, nu zie je er zo mogelijk nóg mooier uit,' zegt Vivian.

'Sorry, Pat,' zegt Nesta lachend. 'Volgens mij is er niets wat je kunt doen om je schoonheid te verbergen. Ik wil dat jij achterblijft.'

'En alle lol mislopen?' klaagt Pat.

'Maak je geen zorgen, we zullen je er alles over vertellen. En ik zal een paar anderen achterlaten om je gezelschap te houden. Goed, wie is er niet in geslaagd om er weerzinwekkend genoeg uit te zien?'

Verschillende anderen laten zich met tegenzin overhalen om samen met Pat achter te blijven. Daarna inspecteren de verpleegsters hun vriendinnen nog eens goed en smeren hier wat extra modder en steken daar wat extra takjes in het haar. Wanneer ze allemaal tevreden zijn over hun verschijning, marcheren ze trots door de straat. Verschillende vrouwen, onder wie Norah, Ena en Margaret, komen hun huizen uit om hen aan te moedigen. Nieuwsgierige ogen turen door ramen; het nieuws heeft de ronde gedaan.

Wanneer ze voor hun oude huis staan, dat nu is omgebouwd tot officiersclub, wisselen de verpleegsters blikken.

'Zijn jullie er klaar voor?' vraagt Nesta.

'Ja, ja, ja!' roepen ze.

De Japanse officier die opendoet, kijkt verbijsterd bij het zien van de grijnzende, met vuil besmeurde verpleegsters. Voordat hij kan reageren, wringt Nesta zich langs hem heen naar binnen, op de voet gevolgd door de andere verpleegsters. Binnen gaan ze dicht bij elkaar staan. De aanwezige officieren staren met open mond naar hen. Uiteindelijk stottert een Japanse officier in gebrekkig Engels: 'W-Willen jullie iets drinken?'

'Nee, dank je,' antwoorden de verpleegsters in koor.

'Wat drinken Australische vrouwen graag op zaterdagavond?' De officier geeft niet op.

'Melk,' antwoordt Jean.

De officier vertaalt deze opmerking voor zijn collega's.

Voordat iemand nog iets kan zeggen, verschijnt Mr Stephenson met een dienblad met glazen frisdrank. Hij deelt ze uit. 'Ga zo door, meiden. Jullie zien er weerzinwekkend uit.'

Nadat de Japanners een poosje met elkaar hebben overlegd, spreekt de Engelssprekende officier hen weer aan. 'Waarom zijn jullie zo smerig? Jullie moeten poeder op je gezicht doen, lippenstift op je lippen. Als jullie dat niet hebben, zullen we jullie naar Palembang brengen om het te kopen.'

'Nee, dank je,' zegt Nesta glimlachend. 'Verpleegsters hoeven geen make-up te dragen.'

Er volgt een lange stilte. Mr Stephenson keert terug met een schaal crackers en pinda's. Het verzet van de verpleegsters brokkelt af, en ze grijpen het voedsel en proppen het in hun mond. De Japanse mannen blijven hen zwijgend aanstaren.

Nu ze iets hebben gegeten, ontspannen de vrouwen. Ze negeren hun gastheren en beginnen onderling te kletsen. Na een poosje beginnen ook de mannen met elkaar te praten.

Het duurt niet lang voordat zowel de verpleegsters als de Japanse soldaten het zat zijn.

De Engelssprekende officier wendt zich tot de vrouwen. 'Nu gaan jullie allemaal weg. Er mogen er maar vijf blijven.'

'We gaan allemaal weg, of we blijven allemaal,' zegt Nesta resoluut.

De officier verheft zijn stem en herhaalt zijn verklaring. Hij doet niet langer moeite om zijn ongenoegen te verbergen.

De verpleegsters gaan dicht bij elkaar staan; ze kunnen hun angst niet meer verbloemen.

'Schiet op!' schreeuwt een officier.

Vijf verpleegsters maken zich los uit het groepje en stappen naar voren.

Nesta loodst de overgebleven verpleegsters naar buiten. Zelf vertrekt ze als laatste, en vlak voor ze door de deur stapt, draait ze zich om naar de vijf vrijwilligsters, die geruststellend naar haar glimlachen.

Mr Stephenson komt naar Nesta toe. 'Ik zal op ze letten.'

Wanneer Nesta zich buiten bij de andere vrouwen voegt, is Betty laaiend. 'Wat moeten we doen? We kunnen ze niet zomaar achterlaten.'

'Dat gaan we ook niet doen,' zegt Nesta vastberaden. 'Kom op. Laten we aan de overkant gaan staan. Als we ook maar iets horen wat ons niet bevalt, gaan we naar binnen. Eens?'

De verpleegsters zoeken een plekje achter de struiken langs de straat. Ze staren gefixeerd naar de deur, zonder iets te zeggen. Het duurt niet lang voordat de deur opengaat en er vijf Japanse officieren verschijnen die ieder een arm van een van de verpleegsters vasthouden.

'Ze nemen ze mee naar hun eigen hutten,' fluistert Jean.

Voordat Nesta kan reageren, begint een van de verpleegsters hevig te hoesten, en ze klapt dubbel alsof ze op het punt staat om over te geven. De anderen volgen haar voorbeeld en kuchen, kokhalzen en proesten in de gezichten van de Japanners.

De officieren duwen de meisjes onmiddellijk weg, grijpen naar hun zakdoeken en houden die voor hun mond en neus. Het hoesten wordt heviger, en al snel zijn alle vijf de officieren naar binnen gevlucht.

De vrouwen die zich in de bosjes hebben verstopt, komen tevoorschijn en rennen naar hun vriendinnen toe, niet in staat om hun lach te onderdrukken. Ze doen het toneelspel van de anderen na, en al snel staat iedereen te hoesten en te kokhalzen.

'Laten we naar huis gaan,' zegt Jean ten slotte.

De volgende ochtend wil geen van de verpleegsters haar ronde lopen; ze zijn doodsbang dat de Japanners hen zullen straffen voor hun gedrag van de vorige avond. Het is echter al middag wanneer de Engelssprekende Japanse officier het huis van Nesta binnenstapt. Ze staat op en loopt naar hem toe.

'Vanavond stuur je vier meisjes naar de club. Ze moeten schoon en netjes zijn. Acht uur.'

Hij wacht niet op een antwoord, maar vertrekt even vlug als hij is gearriveerd.

'Ga naar de buren en vertel het de anderen,' zegt Nesta tegen Betty.

Opnieuw hebben de verpleegsters zich in de achtertuin verzameld en praten ze zachtjes met elkaar.

'Meisjes.' Jean roept hen tot de orde. 'We moeten dit als groep bespreken.'

'Wat valt er te bespreken? We gaan niet. Toch?' zegt eentje.

'En daar zijn we het allemaal over eens?' vraagt Nesta.

Iedereen stemt in.

'Wat zullen we doen?' Jean wendt zich tot Nesta. 'Zeggen dat we niet komen, of domweg niet komen opdagen?'

'Ik denk dat we het beste een bericht kunnen sturen. Ik zal dokter McDowell vragen of zij het wil doen.'

Die nacht valt het niet mee om de slaap te vatten. De dokter was het helemaal met hen eens toen Nesta vertelde wat ze hadden besloten, en ze was meer dan bereid om de boodschap door te geven. Er heeft die avond niemand op hun deur gebonsd, wat Nesta als een goed teken opvat. Wanneer ze de volgende dag geen voedsel krijgen, wordt echter duidelijk dat de strafmaatregelen zijn begonnen.

'Geen eten voor jullie. Jullie weten wat je moet doen,' roept een soldaat die voor hun huis gaat staan voordat hij de rantsoenen naar de andere huizen brengt.

Hun buren zijn naar buiten gekomen om hun eigen voedsel op te halen.

'Wie ze iets te eten geeft, wordt gestraft. Geen eten voor de verpleegsters!'

Later die middag klopt dokter McDowell bij Nesta op de deur.

'Hallo, dokter. We hoopten al van u te horen.' Nesta nodigt haar uit om binnen te komen.

'O, zuster, ik weet niet wat ik moet zeggen.'

'Vertel ons gewoon wat er is gebeurd.'

'Het spijt me zo, echt, maar ze legden mijn eisen en dreigementen ijskoud naast zich neer.' Dokter McDowell lijkt oprecht overstuur. 'Ik kreeg het bevel om Miachi's kantoor te verlaten, met het dreigement dat hij de ziekenboeg zou sluiten als ik niet onmiddellijk weg zou gaan.'

'Wat wil je zeggen?'

'Ik weet niet wat ik jullie moet aanraden, ik weet niet hoe ik jullie kan helpen. Maar begrijp alsjeblieft dat ik niet zeg dat jullie naar ze toe moeten gaan. Dat moeten jullie niet doen. Blijf weg, blijf ze uitdagen.'

'Het geeft niet.' Nesta legt een hand op haar arm. 'Bedankt dat je het hebt geprobeerd.'

'Bedank me alsjeblieft niet, ik kan jullie niet helpen. Ik voel me zo nutteloos, en zo woedend, en ik weet niet wat ik met die woede moet.'

'Dit zou een goed moment zijn voor een stevige borrel, als we die hadden,' zegt Betty. 'Maar ik kan je niet eens ontsmettingsalcohol aanbieden.'

De dokter glimlacht triest. Haar krullen hangen slap door de hitte. 'Jullie zijn allemaal heel moedig,' fluistert ze, en dan vertrekt ze.

De verpleegsters kijken elkaar aan, vastberaden, maar bevreesd voor wat de volgende dag zal brengen.

Wanneer de voedselkar de volgende ochtend nadert, herhaalt de officier zijn bevelen. 'Geen eten voor de verpleegsters.' Dan wijst hij naar Nesta. 'Jij, meekomen.'

Wanneer Nesta aanstalten maakt om hem te volgen, grijpt Jean haar arm vast.

'Wat doe je? Je kunt niet met hem meegaan!'

'Ik heb geen keus. We willen toch weten wat ze te zeggen hebben?'
Wanneer ze wegloopt, draait ze zich met een brede glimlach om. 'Als ik niet terugkom, vecht dan niet over mijn ledikant.'
'Dat is niet grappig,' roept Jean terug.

Nu staat ze voor luitenant Miachi en Ah Fat. De kampcommandant loopt om zijn bureau heen en gaat vlak voor Nesta staan. Hij torent boven haar uit. Dan zegt hij een paar woorden, die Ah Fat vlug vertaalt.

'Jullie hebben bevel gekregen om meisjes te leveren voor onze officieren, maar ze komen niet.'

Nesta zegt niets.

'Het is jullie plicht om te doen wat je wordt opgedragen,' vertelt Ah Fat haar. 'Jullie moeten onze hoffelijke officieren dienen.'

'Jullie officieren dienen?' Nesta kan haar walging nauwelijks onderdrukken. 'Met alle respect, dat gaat niet gebeuren. We zijn verpleegsters!' De commandant mag dan vlak voor haar staan, maar ze weigert zijn blik te ontmoeten.

'Jullie beledigen onze keizer en het Japanse leger,' zegt Ah Fat. 'We zullen dit niet tolereren!'

'Ik wil iemand van het Rode Kruis spreken,' zegt Nesta, haar moed bijeenrapend.

Ah Fat hoeft deze woorden niet te vertalen, Miachi weet maar al te goed wat het Rode Kruis is. Hij blaft nog een paar woorden.

'Jullie Rode Kruis is hier ver vandaan. Ze hebben überhaupt geen macht, en jullie zullen de bevelen van luitenant Miachi gehoorzamen,' vertaalt Ah Fat.

'Dat zullen we niet.'

'Dan zullen jullie sterven. Ben je bereid om te sterven, zuster?'

'Ja, dat heb ik liever.'

Nesta, die nog steeds met gebogen hoofd staat, ziet niet dat Miachi zijn hand heft. De klap is zo hard dat ze wankelt.

'Het geeft niet. Het is maar een klap.'

De verpleegsters uit beide huizen hebben vol spanning op Nesta's terugkeer gewacht. Nesta beeft, maar ze voelt zich opmerkelijk kalm wanneer ze door de voordeur stapt.

'Maar je gezicht,' zegt Jean. 'Hij heeft je geslagen.'

Nesta wil niet bij het geweld stilstaan en gaat verder.

'Ze staan erop dat vier van ons vanavond naar hun club gaan.'

'Wat heb je gezegd?' vraagt Betty.

'Over mijn lijk.'

'Dat meen je niet,' zegt Vivian.

'Jawel, en ik meende het. Ik ben heel duidelijk tegen hem geweest; ik sterf liever dan dat ik toegeef.'

De volgende dag neemt geen van de verpleegsters nog de moeite om naar buiten te gaan wanneer de voedselkar wordt verwacht. Het valt ze dan ook niet op dat de kar helemaal niet komt.

Die middag kloppen Norah en Margaret bij hen op de deur. Margaret ziet meteen Nesta's rode en gezwollen gezicht, met de zichtbare afdruk van een hand. 'Lieve hemel! Gaat het wel?'

'Jawel,' zegt Nesta. 'Nog wel.'

'Ongelooflijk wat ze van jullie vragen,' zegt Norah ontzet. 'Wat kunnen we doen?'

'Niets. Niemand kan iets doen. Ze zullen proberen ons uit te hongeren, en dan... Nou ja, zoals ik Miachi heb verteld, ik sterf liever dan dat we ons aan hen overgeven.'

Nesta ziet de bezorgde blik die Norah en Margaret met elkaar wisselen.

'Wat is er?'

'Dat kan ik niet zeggen,' antwoordt Norah, bijtend op haar lip.

'Vertel het me gewoon, Norah,' dringt Nesta aan.

'Ik ben bang dat jullie niet de enigen zijn die ze uithongeren,' zegt Margaret.

'Hoe bedoel je?'

'Niemand in het kamp krijgt meer te eten. Het ziet ernaar uit dat we allemaal worden uitgehongerd tot –'

'Tot we toegeven en ze geven wat ze willen,' onderbreekt Betty haar.

'Ik ben bang van wel, en we zijn gekomen om jullie te vertellen dat het dan maar zo moet zijn, als het niet anders kan,' zegt Margaret. 'We kunnen alleen maar hopen dat ze de kinderen geen voedsel ontzeggen. Zo onmenselijk zullen ze toch niet zijn?'

'Ik weet niet wat ik moet zeggen.' Nesta is duidelijk geraakt. 'Het is nooit bij me opgekomen dat ze de rest van jullie zouden straffen.' Ze wendt zich tot haar verpleegsters. 'Ik denk dat we moeten praten.'

'Nee!' zegt Norah resoluut. 'Er is niets om over te praten. Er is goed en er is fout, en in deze omstandigheden is er geen twijfel mogelijk. Ik heb de moeder-overste ook gesproken, en ze heeft me gevraagd jullie te laten weten dat zij en haar nonnen ook achter jullie staan.'

'Haar exacte woorden waren: "Verenigd houden we stand, verdeeld gaan we ten onder; we zullen samen ten onder gaan, verenigd",' zegt Margaret.

Een aantal van de verpleegsters begint te snuffen. Norah omhelst Nesta stevig.

'Dank je wel. Bedank alsjeblieft iedereen namens ons,' zegt Nesta, voordat ze haar vriendinnen naar de deur begeleidt.

Als Margaret en Norah zijn vertrokken, neemt Vivian het woord. 'Allemaal. Naar buiten.'

Deze keer gaan ze in een klein kringetje achter het huis zitten en pakken elkaars hand vast.

'Suggesties?' vraagt Nesta.

'We mogen niet toestaan dat de kinderen gestraft worden.' De eerste mening wordt gegeven en toegejuicht. 'Zij krijgen sowieso al veel te weinig te eten.'

'Ik kan niet geloven dat ze dit doen. Het is één ding om ons te straffen, maar hoe kúnnen ze? Waar halen ze het lef vandaan?' zegt

Betty woedend. 'Er moet iets zijn wat we kunnen doen.'

Nesta en Jean geven alle verpleegsters de gelegenheid om hun gedachten te uiten. Ze tieren, veel van hen huilen, maar één verklaring blijft terugkeren: 'Ik ga nog liever dood.'

'Is dat een optie?' vraagt Jean, en iedereen zwijgt.

'Is wat een optie?' vraagt Vivian.

'Nou ja, als wij er niet meer zijn, kunnen ze de anderen niet straffen,' zegt Nesta.

'Je bedoelt als we allemaal dood zijn?'

Nog steeds zegt niemand iets. Nesta kijkt de kring rond en peilt de stemming onder de vrouwen. Zij voelt het ook, ze voelt het randje van de afgrond waarop ze balanceren. Maar zijn ze werkelijk bereid voor deze zaak te sterven?

'Ik doe mee,' zegt Betty ten slotte.

'Wacht eens even...' begint Nesta.

'Ik ook.'

'En ik.'

'Kom maar op.'

Er stijgt een koor van instemmende stemmen op.

Terwijl ze allemaal toezeggen hun leven op te geven, voelt Nesta zich trotser dan ooit. Ze heeft geen tranen meer geplengd sinds de Vyner Brooke is gebombardeerd, maar nu huilt ze.

En dan draaien alle hoofden zich om als één verpleegster opstaat en aankondigt: 'Jullie hoeven niet te sterven. Ik doe het wel.'

Er valt een korte stilte, en dan zegt Vivian heel zacht: 'Wat wil je doen?'

'Naar hun club gaan. Me overleveren. Wat het ook is dat ze willen.'

'Nee! Dat kun je niet doen, dat mag je niet doen,' zegt Betty, die ook opspringt.

Een tweede verpleegster staat op. 'Ik ga met je mee.' Alle blikken schieten naar de nieuwe vrijwilligster.

'Ik ook. En ga zitten, Betty,' zegt een derde.

'Reken mij maar als nummer vier.' Een volgende verpleegster staat op en steekt haar handen uit naar de andere vrijwilligsters.

Iedereen is nu overeind gekomen en protesteert tegen het aanbod van de vrouwen om zich op te offeren voor het kamp. Nesta en Jean geven hun heel even de ruimte en roepen iedereen dan tot de orde.

'Begrijpen jullie waar jullie je voor aanbieden?' vraagt Jean.

De vier vrouwen kijken elkaar aan. 'Dat begrijpen we,' zegt een van hen.

'Waarom dan?'

'Ik kijk naar jullie allemaal; jullie zijn jong, jullie zullen hier weggaan, verliefd worden, trouwen, kinderen krijgen. Dat is niet iets wat ik ooit voor mezelf heb overwogen.'

'Je bent maar drie jaar ouder dan ik,' zegt Vivian.

De verpleegster lacht. 'Maar drie jaar, hè? Vivian, laat ons dit alsjeblieft doen, niet alleen voor jullie, maar ook voor de andere vrouwen en kinderen. Ik sta achter mijn besluit.'

Urenlang verdedigen de vier verpleegsters hun voornemens tegen de bezwaren van de rest van de groep, en uiteindelijk wordt hun grote offer met een bezwaard gemoed geaccepteerd.

'Betty, wil je iets voor ons doen?' vraagt Nesta.

'Wat je maar wilt.'

'Wil je vlug naar Margaret lopen en een bijbel halen?'

'Waarom?' vraagt Betty verbaasd.

'Ik wil dat we allemaal zweren dat we nooit aan iemand vertellen wat we vandaag hebben afgesproken. De namen van...' Nesta's stem hapert wanneer ze de namen van de vier vrouwen opnoemt. '...zullen tot onze sterfdag ons geheim blijven.'

Betty rent het huis uit om de bijbel te halen en botst bijna tegen zuster Catharina op, die net op hun deur wil kloppen.

'Sorry, sorry,' roept ze buiten adem.

'Zuster Betty, ik kwam jullie net opzoeken. We moeten praten over wat de Japanners van jullie vragen.'

'Oké, maar niet nu, zuster, ik heb haast.'

'Waar ga je naartoe?'

'Ik heb een bijbel nodig, ik wilde die van Miss Dryburgh lenen.'

'Kom dan maar met mij mee,' zegt de non, terwijl ze haar arm pakt. 'Als er één ding is waar wij genoeg van hebben, dan zijn het bijbels.'

Haastig lopen ze naar het huis van zuster Catharina. Op de keukentafel ligt een stapel bijbels, en de non pakt er eentje en geeft die aan Betty. 'Houd hem maar.'

Als Betty terugkeert, ziet ze dat alle verpleegsters naar binnen zijn gegaan. De deuren en ramen zijn gesloten.

Jean neemt de bijbel van Betty over, houdt hem omhoog en begint.

'Ik zweer dat niemand ooit iets te horen zal krijgen over de besluiten die we vandaag hebben genomen, het offer dat de vier vrijwilligsters brengen. We zullen de namen van de vier meenemen in het graf. Dat zweer ik.'

Betty loopt de kamer rond en geeft de bijbel om beurten aan de verpleegsters, die hun rechterhand op het heilige boek leggen en herhalen: 'Dat zweer ik.'

Nadat Nesta heeft gezworen, neemt ze de bijbel over van Jean en bladert erin.

'Betty, waar heb je deze bijbel vandaan?'

'O, ik kwam zuster Catharina tegen, en zij bood aan om me er eentje te geven.'

'Wist je dat het een Nederlandse bijbel is?' vraagt Nesta.

De sombere stemming in de kamer wordt iets lichter, en ten slotte stelt iemand de vraag die in ieders hoofd omgaat. 'Telt het nog als je hebt gezworen op woorden die je niet kunt lezen?'

'Het is een bijbel,' zegt Betty. 'Het is verdorie een bijbel! Wat maakt het uit in welke taal hij is geschreven?'

'Helemaal niets, Betty,' zegt Nesta, en ze omhelst haar.

De volgende ochtend brengt Nesta verslag uit van haar bezoek aan dokter McDowell.

'Ze heeft beloofd om een boodschap over te brengen aan de hoofdarts in het nabijgelegen mannenkamp, en we hopen dat hij iemand met een hogere rang kan vertellen wat er hier gebeurt.'

Met een bezwaard gemoed ziet Nesta de vier vrijwilligsters elke avond naar de officiersclub vertrekken. Maar zelfs wanneer ze veilig terugkeren, voelt ze nauwelijks opluchting.

Hoeveel kunnen ze nog verdragen?

Hoofdstuk 7

Kamp 11, Irenelaan, Palembang
April 1942 – oktober 1943

'We gebruiken de garage van nummer 9, die we nu The Shed noemen, om elke zondag een kerkdienst te houden,' vertelt Margaret Dryburgh de verpleegsters. Ze doet de ronde door het kamp om iedereen te laten weten dat er spirituele troost voorhanden is, mochten ze daar behoefte aan hebben.

'Dank je, Margaret,' zegt Nesta. 'Een zegen kunnen we wel gebruiken.'

De volgende zondag wonen de verpleegsters de dienst bij. Het is voor het eerst dat Nesta de prachtige zangstemmen van het kleine koor van Margaret, Norah en Ena hoort. Ze ziet ook voor het eerst het muzikale talent dat geheim moet worden gehouden. Ze zouden vast worden gestraft voor iets waar ze zoveel plezier aan ontlenen. Heel even vergeet Nesta waar ze is en wat haar verpleegsters hebben opgeofferd, en verliest ze zich in de muziek.

'We hebben een plaatsvervangende kampleider nodig,' kondigt dokter McDowell aan wanneer de vrouwen zich op de centrale open plek van het kamp verzamelen. 'Ik ben te druk met het ziekenhuis om het allemaal in mijn eentje te doen.'

'Mrs Hinch!' roept een stem uit de groep.

'Ja, Mrs Hinch!' roept een tweede, en een derde. Al snel scandeert de hele groep de naam van Mrs Hinch.

'Dat lijkt me een goede keus,' zegt dokter McDowell. 'Ze is het toonbeeld van diplomatie, en nog charmant ook.' Iedereen lacht.

'Het zou me een eer zijn,' zegt Mrs Hinch met een glimlach.

'Wat maakt haar zo anders dan de andere Engelse dames?' vraagt Nesta zich hardop af wanneer zij en Jean teruglopen naar hun hut. 'Ze is heel grappig, en...' Ze dwaalt af, vol bewondering over het zelfvertrouwen van Mrs Hinch, haar waardigheid onder deze ellendige omstandigheden.

'Nou ja, om te beginnen is ze niet Engels,' zegt Jean lachend.

'Hoe bedoel je? Ze is geen aussie!'

'Ze is Amerikaans, Nesta. Ze is getrouwd met een Engelsman en ze heeft jarenlang in Singapore gewoond, omringd door Engelsen. Geloof het of niet, maar ze heeft zelfs een Britse koninklijke onderscheiding gekregen, voor haar werk bij de YWCA. Ze mag dan iets van het Engelse accent hebben overgenomen, maar niet de stijfheid van het volk.'

'Hoe weet je dat allemaal?'

'Ik heb een paar keer thee met haar gedronken toen ik een van de dames in haar huis behandelde.'

Nesta schudt haar hoofd en glimlacht. 'Niet iemand met wie ik graag overhoop zou liggen! Het is goed om te weten dat ze aan onze kant staat. Ik vraag me af wat haar voornaam is?'

Jean lacht opnieuw. 'Zelfs als ik dat wist, zou ik die nooit durven gebruiken tenzij ze me daar toestemming voor gaf. Zie je het voor je?'

Nesta lacht ook, en heel even voelen ze zich gesterkt door de aanwezigheid van twee onwrikbare, capabele vrouwen als kampleiders.

'Ze is echt een dijk van een vrouw,' zegt Norah op een middag tegen Ena, wanneer ze samen met de kleine June op weg zijn naar het huis

van Mrs Hinch voor een commissieoverleg. 'Vind je ook niet?'
'Nou en of.'
Meteen na haar benoeming is Mrs Hinch begonnen commissies in te stellen en in elk huis een aanvoerder aan te wijzen om de dagelijkse gang van zaken in het kamp goed te laten verlopen. Het biedt troost om druk te zijn, om orde aan te brengen in een omgeving waar je verder geen controle over hebt.

'Ze heeft ons allemaal een werkrooster gegeven, en nu gaan de nonnen lesgeven aan de kinderen. Ik weet niet waar ze de energie vandaan haalt.'

Wanneer ze hun bestemming bereiken, treffen ze een huis vol opgewekt geklets en een vrolijke stemming.

'Haar energie is aanstekelijk, hè?' zegt Ena.

'Ik begin het ook al te voelen,' zegt Norah, en ze geeft Ena een kneepje in haar arm. 'Jij ook, liefste zus, ik zie het aan je gezicht.'

'Ik heb een vrijwilliger nodig voor de amusementscommissie,' zegt Mrs Hinch, nadat ze de vergadering heeft geopend.

'Dat doe ik wel,' biedt Margaret aan.

'Ik vind dat jij het hoofd van die commissie moet zijn,' zegt Norah, en iedereen knikt instemmend.

Veel van de vrouwen in het kamp die Margarets kerkdiensten niet bezoeken, delen wel haar passie voor zingen. Norah en Ena bezoeken de dienst regelmatig en hebben twee van de mooiste zangstemmen van alle geïnterneerden. En waar geen van de vrouwen op heeft gerekend, is de dagelijkse verveling die de eentonigheid van het kampleven met zich meebrengt. Wat kan er beter zijn dan het inzetten van hun talenten? En dus heeft Mrs Hinch op de voor haar typerende resolute manier besloten dat er een amusementscommissie moet komen.

'Goed, wat zouden jullie graag doen?' vraagt Margaret de vrouwen.

Meteen klinken er allerlei suggesties, van koren tot concerten.

'Ik vind al jullie ideeën geweldig, en afhankelijk van hoelang we hier zijn, zou het moeten lukken om iedereen tevreden te stellen.

Maar mag ik voorstellen dat we met iets heel anders beginnen, iets waar we niet voor hoeven te repeteren, maar waar jullie toch allemaal een bijdrage aan kunnen leveren?'
'Wat heb je in gedachten?' vraagt Norah.
'Ik vind dat we een krant moeten beginnen,' kondigt Margaret aan. 'Iets wat we samenstellen en onder alle geïnterneerden verspreiden. In een van de huizen staat een typemachine met wat papier. We kunnen niet alleen nieuws delen, maar bijvoorbeeld ook aandacht schenken aan verjaardagen.'
'We zijn met zoveel, kunnen we niet een krant doen én een concert?' stelt Norah voor.
'Jazeker,' zegt Margaret. 'En Norah en Ena, jullie moeten zitting nemen in de muziekcommissie. Jullie kennis en jullie prachtige stemmen moeten worden gehoord.'
'En ik, mag ik ook zingen?' vraagt June, van Ena naar Margaret kijkend.
'Natuurlijk, kleintje,' zegt Margaret. 'We zullen een speciale rol zoeken voor jou.'
Op de weg terug naar huis rent June voor hen uit om met haar vriendinnen te spelen.
'Ik maak me zorgen om June,' zegt Ena.
'Echt? Volgens mij gaat het prima met haar.' Norah slaat het meisje gade terwijl ze tikkertje doet met haar vriendinnen.
'Ze heeft al een paar weken niets over haar moeder gezegd,' vertelt Ena. 'Eerst vroeg ze me wel tien keer per dag of ik dacht dat haar moeder snel zou komen, maar eerder vandaag noemde ze mij "mama".'
'Wat heb je gezegd?'
'Niets.' Ena kijkt aangedaan. 'Ik wist niet wat ik moest zeggen. Ik heb haar maar gewoon omhelsd.'
Norah voelt mee met Ena en de kleine June. Hun band is zo sterk geworden, maar het kan heel goed zo zijn dat Junes moeder nog leeft, dat ze haar dochter mist en hunkert naar nieuws over haar. Het beeld

van Sally verschijnt in haar gedachten, en ze voelt een brok in haar keel. Maar die onderdrukt ze, haar zus heeft haar advies nodig. 'Wil je dat ik iets tegen haar zeg?'

'Zoals wat?'

'Ik weet het niet, misschien iets als: "Tante Ena en ik zijn zo blij dat je mee wilt doen met het concert. Als jij weet wat voor liedje je mama en papa mooi vinden, kunnen we dat met z'n allen voor hen zingen."'

Ena knikt. 'Dus je denkt dat de boodschap tot haar zal doordringen als je mij als tante en haar ouders in één zin noemt?'

'Kwaad kan het niet, en ik zal je zo vaak als ik kan tante Ena noemen.' Norah geeft een kneepje in Ena's arm.

Ena slaat haar armen om haar zus heen. 'Ik wist wel dat jij er iets op zou vinden.'

Een week later verschijnt de eerste editie van de *Camp Chronicle*. Ze besluiten om maar twee exemplaren te maken; er is niet genoeg papier voor meer, zeker niet als ze hiermee door willen gaan. De krant zal worden doorgegeven van huis op huis, en op de eerste van de achttien bladzijden staat een verzoek om bijdragen en ideeën. Een van de vrouwen heeft haar tekenvaardigheden aangesproken om een mooi logo te ontwerpen: de naam van de krant, omringd door prikkeldraad.

In hun huis houdt Margaret een van de twee kersverse exemplaren omhoog en bladert erdoorheen. Ze leest een aantal van de koppen hardop voor.

'"Soep van vissenkoppen – een recept". Mmm, klinkt verrukkelijk. Het enige wat we nodig hebben zijn vissenkoppen. "Het Nederlandse jeugdzorgsysteem". Aha, ik zie dat dit deel één van een driedelige reeks is. O, en ik vraag me af wie er op het idee van een roddelrubriek is gekomen?'

Margaret kijkt naar de vrouwen uit het krantencomité. Ze glimlachen, en alle blikken gaan naar Betty.

'Ik had het kunnen weten,' zegt Margaret. 'De titel verraadt je,

"Miss Know-All's Diary". Ik voorzie dat deze rubriek almaar langer zal worden.'
'Je hebt de kop op de voorpagina niet voorgelezen,' zegt Norah.
Margaret bladert terug naar de voorpagina.
'"Bij de zondagsdienst zal het koor een speciale hymne uitvoeren".' Margaret kijkt stralend naar de vrouwen. 'Dank jullie wel dat jullie dat genoemd hebben. Het zal een bijzonder moment zijn wanneer we de hymne voor het eerst zingen. Ik mag de woorden dan geschreven hebben, maar die zullen een nieuwe betekenis krijgen dankzij de prachtige muziek die Norah gecomponeerd heeft. Dank je wel, lieve vriendin.'
'Het was een voorrecht om jouw woorden op muziek te mogen zetten, woorden die zondag naar de hemel zullen stijgen en die ons allemaal kracht en hoop zullen geven. En ik weet hoe we het stuk moeten noemen.' Norah grijnst breed. '"The Captive's Hymn"!'
In koor herhalen de vrouwen: '"The Captive's Hymn".'

'Hebben jullie gezien hoeveel mensen er zijn?' vraagt een nerveuze Norah de andere koorleden wanneer ze de vrouwen en kinderen lang voor aanvang van de dienst naar The Shed ziet stromen. Al snel is de kleine ruimte helemaal vol en verspreiden de mensen zich over het bescheiden gazon en de straat.
'Jazeker,' zegt Betty. 'Ik moest me langs iedereen heen wringen om binnen te komen.'
'Het is net of we in St Paul's Cathedral gaan zingen,' grapt iemand anders, en iedereen begint te lachen.
'Dit is wel de allerlaatste plek die aan St Paul's doet denken. Waar zijn onze gebrandschilderde ramen?' zegt Norah met een knipoog.
'Je hebt geen duizend jaar oude stenen en gebrandschilderd glas nodig om één te zijn met de Heer,' zegt Margaret.
'Als ik mocht kiezen tussen zingen in St Paul's of hier met jullie, zou ik dat laatste kiezen,' zegt Betty.
'Kom op, dames, het is tijd,' zegt Margaret. 'Ik zal mijn openings-

preek kort houden, tenslotte zijn al die mensen niet gekomen om mij een eindeloos verhaal te horen afsteken. Ze zijn voor jullie gekomen. Dank jullie wel voor het geschenk dat jullie mij en alle anderen in het kamp zo dadelijk zullen geven.'

De menigte wijkt uiteen wanneer het koor naar de kleine lege plek achter in de ruimte loopt, waar omgekeerde kisten en kratten een weinig stabiel podium vormen waar de vrouwen op kunnen balanceren. Eerder die dag hebben Norah en Mrs Hinch stoelen uit alle huizen verzameld om drie rijen met zitplaatsen te maken. De moeder-overste en zuster Catharina vullen samen met de nonnen de eerste rij, afgezien van de middelste stoel, die voor Mrs Hinch bestemd is. Zij wijst ondertussen mensen hun plaatsen en maant de kinderen om te stoppen met duwen en trekken en op de grond te gaan zitten. Niemand trekt haar autoriteit in twijfel.

Wanneer Mrs Hinch naar Margaret en het koor loopt, zwijgt het publiek en stoppen de kinderen buiten met rondrennen. Norah, Ena en de andere koorleden vormen een halve cirkel achter Margaret. Ze houden elkaars hand vast. Niemand ziet dat June achter Norah en Ena het podium op glipt en zich tussen hen in wringt. De zussen glimlachen naar elkaar terwijl June oogcontact met haar tantes mijdt. Ze wil niet weggestuurd worden.

Mrs Hinch neemt haar plek op de voorste rij in; voor nu zit haar werk erop.

'Ik ben niet zo dwaas om te denken dat jullie allemaal zijn gekomen om mij over de Heer te horen spreken,' begint Margaret met een brede glimlach. 'Ik wil jullie allemaal hartelijk bedanken dat jullie vandaag zijn gekomen om dit geweldige koor mijn nederige woorden te horen zingen, op de prachtige muziek van de getalenteerde Norah Chambers. We brengen voor jullie "The Captive's Hymn".'

Ze draait zich naar het koor toe en heft haar rechterhand. Wanneer ze die langzaam laat zakken, ademt het hele koor diep in en begint te zingen.

Father in captivity
We would lift our prayer to Thee,
Keep us ever in Thy Love.
Grant that daily we may prove
Those who place their trust in Thee,
More than conquerors may be.

De intensiteit en de kracht van hun stemmen nemen toe terwijl ze de overige vier coupletten zingen. Tot ver buiten The Shed klinkt zacht gesnik, op het gazon en in de straat erachter.

Wanneer de laatste tonen hebben geklonken, laat Margaret haar rechterhand zakken en buigt haar hoofd. Wanneer ze eindelijk opkijkt naar het koor, laat ze haar tranen zonder gêne over haar wangen stromen. De leden van het koor gaan dicht om haar heen staan en ze huilen samen. De betekenis van de woorden, van de muziek die ze zojuist hebben gemaakt, heeft ieder van hen diep geraakt. Om beurten legt Margaret haar vingers op de wangen van alle vrouwen. Ten slotte keert ze zich weer naar de aanwezigen toe.

'Namens ons allemaal, bedankt, bedankt uit de grond van ons hart. Ik denk niet dat ik vandaag nog iets anders hoef te zeggen. Dank jullie wel.'

Het duurt zeker een uur tot het koor The Shed heeft verlaten. Vrouwen omhelzen de koorleden, zoeken troost bij hen, proberen woorden te vinden om uit te drukken wat het voor hen heeft betekend om hier vandaag te zijn.

Margaret reageert bescheiden op opmerkingen als: 'Ik geloof niet in God, maar vandaag hebben jullie me hoop gegeven, vertrouwen in mezelf en in ons allemaal.' Woorden van deze strekking worden steeds weer herhaald.

Terwijl ze de omhelzingen en de warme woorden van de laatste aanwezigen in ontvangst neemt, ziet Margaret drie Japanse soldaten aan de overkant van de straat staan. Ze staart naar hen, hen uitdagend om in te grijpen. Norah en Ena, met June nog tussen hen in,

gaan bij Margaret staan. Een van de soldaten knikt naar de vrouwen, en dan maken ze zich alle drie uit de voeten.
'Hebben ze daar al die tijd gestaan?' vraagt Margaret.
'Ja,' zegt de vrouw naast haar. 'Ik zag er zelfs eentje een traan wegvegen.'

Nesta droogt haar eigen tranen en kijkt naar de andere verpleegsters, die allemaal openlijk huilen. Jean trekt haar aandacht en knikt in de richting van de vier verpleegsters die zich als 'gastvrouwen' hebben opgeofferd om de anderen te redden. Nesta slaat hen gade terwijl ze elkaar stilletjes snikkend omhelzen en troosten.
Jean wringt zich tussen de anderen door naar Nesta.
'Ik weet niet hoeveel langer ik dit nog kan verdragen,' fluistert ze.

Hoofdstuk 8

Kamp II, Irenelaan, Palembang
April 1942 – oktober 1943

'Lieve hemel, hoe moeten we hieruit kiezen?'
Al sinds de aankondiging van de *Camp Chronicle* stromen de bijdragen binnen, en de vrouwen hebben zich in een van de huizen verzameld om alles te sorteren.

'Ik bedoel, moet je dit zien.' Een vrijwilliger houdt tientallen stukken papier omhoog met haastig gekrabbelde artikelen, boekrecensies, puzzels, verhalen voor kinderen en recepten.

Een andere vrijwilliger leest voor: '"Honderd manieren om rijst te koken". Er staat honderd manieren, maar ze beschrijft er maar drie!'

Het artikel leidt tot een levendig gesprek over voedsel, en de redacteurs wisselen vrolijke herinneringen uit aan maaltijden, kerstdiners en zondagse lunches. Als ze eenmaal over eten beginnen te praten, kunnen ze er gek genoeg niet mee stoppen, ondanks de voortdurende knagende honger in hun maag.

Maar het is Betty, de redacteur die 'Miss Know-All's Diary' samenstelt, die de meeste bijdrages ontvangt.

'Nou, deze mogen we nooit in de krant zetten van de Japanners.' Betty leest een verslag dat een van de overlevenden over haar reis naar het kamp heeft geschreven. 'We zullen creatief moeten zijn.' Ze heeft een kleine schittering in haar ogen. 'We zullen de lezers moeten hélpen om tussen de regels te lezen,' zegt ze. 'Ik had nooit gedacht dat ik een krant zou willen uitgeven, maar dit is echt leuk.'

'Het klinkt raar,' valt Jean haar bij, 'maar de afgelopen paar weken voelt het echt anders om hier te zijn.'

'Vind ik ook,' beaamt Betty. 'Ik bedoel, ons enige probleem is waar we papier vandaan moeten halen.'

'O, we hebben een heleboel losse stukken papier gevonden bij het vuilnis achter het administratiegebouw,' vertelt Jean haar.

'Dus nu hebben we een krant en een toneelgezelschap en een koor,' zegt Betty. 'Ik bedoel, kunnen jullie geloven dat we The Shed naar ons huis moesten verplaatsen omdat het publiek er niet meer in paste?'

Jean wijst naar een piano in de hoek van hun woonkamer. 'En dan hebben we die nog.'

Opgewonden bereiden de verpleegsters zich voor op hun optredens. Wat begon als een eenmalig concert is inmiddels uitgebreid tot een reeks, omdat zowel de artiesten als het publiek er intens van genieten.

Nesta slaat hun groeiende enthousiasme gade. 'Meisjes, hebben jullie heel even?' Alle blikken gaan naar haar.

'Wat Margaret, Norah, Ena en de anderen ons hebben gegeven, is zonder twijfel een groot geschenk. Het heeft ons geholpen om even te vergeten waar we zijn en te genieten van de muziek, maar ik ben bang dat we ons laten meeslepen. We mogen nooit vergeten dat we zijn overgeleverd aan de Japanners, die ons keer op keer hebben laten zien dat zij de controle hebben over elk aspect van ons leven. Tot nog toe hebben ze de concerten toegestaan, maar houd alsjeblieft in gedachten dat dat op elk moment kan veranderen.'

'Wat Nesta zegt, en ik ben het helemaal met haar eens, is dat we op onze hoede moeten zijn voor onze overheersers,' voegt Jean eraan toe. 'Dus laten we ze geen reden geven om een eind te maken aan de concerten.'

'Ik wil de pret niet bederven, ik wil alleen dat jullie veilig zijn. Vooruit, aan de slag, en geniet ervan,' zegt Nesta met een brede glimlach.

'Heb je gezien hoeveel mensen er zijn?' vraagt Norah ademloos. 'Dit is ons grootste publiek ooit! We zullen heel hard moeten zingen, willen ze ons buiten horen.'

'Nou ja, daar zijn we goed in,' zegt Ena met een knipoog.

De zaterdagavondvoorstelling is een doorslaand succes en de grootste tot nog toe, met het koor, entertainers, dansers, komische sketches en voordrachten. Het gonst in het huis en daarbuiten, en wie de pech heeft geen plekje binnen te kunnen bemachtigen, doet mee met het gezang in de straat.

'Wat een avond!' zegt Margaret wanneer het erop zit. 'Ik heb lange tijd niet meer zo gelachen, en jullie volgens mij ook niet. Ik wil de geweldige artiesten bedanken die ons vanavond hebben vermaakt, en ik wil het publiek bedanken omdat jullie zijn gekomen en deel hebben uitgemaakt van deze bijzondere avond. Die zal ons de rest van ons leven bijblijven. Het lijkt me passend dat we de avond afsluiten met "God Save the King", "Land of Hope and Glory" en het Nederlandse volkslied.'

Het applaus is lang en welgemeend terwijl elk van de volksliederen de zwoele avondlucht in wordt gebruld.

Als de laatste tonen zijn verstomd, valt er een korte stilte onder de menigte. En dan beginnen de vrouwen met hun voeten te stampen, in hun handen te klappen en anderen in het publiek te omhelzen. Ze zullen zich deze avond voor altijd herinneren.

'Of ik nu lang leef of kort,' fluistert Nesta in zichzelf. 'Laat het alsjeblieft lang zijn.'

Hoofdstuk 9

Kamp II, Irenelaan, Palembang
April 1942 – oktober 1943

'Je hebt zo'n verschil gemaakt voor de geïnterneerden, dat weet je toch?' zegt Nesta tegen Norah.
'Ik hoop het,' zegt Norah. 'Ik heb stiekem meegeluisterd in het kamp terwijl ze "The Captive's Hymn" oefenden. Het is prachtig.'
Ze heeft de afgelopen week doorgebracht met het zoeken naar losse vellen papier waarop ze zowel de bladmuziek als de tekst van de hymne kon uitschrijven. De exemplaren heeft ze vervolgens uitgedeeld onder de vrouwen.
'Norah, een paar dagen geleden heb ik de verpleegsters gesproken over de concerten.'
'En?'
'Ik heb ze eraan herinnerd hoe vlug de Japanners kunnen omslaan, en dat we niet automatisch op hun goedkeuring kunnen rekenen. Ik ben bang dat iemand iets zal zeggen – of zingen – waar ze aanstoot aan nemen.'
'Hm, ik denk dat je gelijk hebt. Ik moet zeggen dat ik er een beetje aan gewend ben geraakt om soldaten in het publiek te zien, en het verbaast me inderdaad wel dat we ermee door mogen gaan. Het lijkt

me goed als ik ook met iedereen spreek en ze eraan herinner om voorzichtig te zijn.'

Ze neemt afscheid van Nesta. Ze zal met de anderen praten, maar op dit moment heeft ze iets anders aan haar hoofd, iets wat zo belangrijk is dat ze het niet langer voor zich kan houden.

'Wat is er, Norah, is er iets aan de hand?' Margaret verlaat het huis net wanneer Norah aankomt.

'Is Ena binnen?' vraagt Norah.

'Ja. Zoek je haar?'

'Jullie allebei.'

Margaret gaat weer naar binnen, en even later komt ze terug met Ena.

'Wat is er aan de hand?' vraagt Ena, en bezorgd legt ze een hand op de schouder van haar zus.

'Ik heb een idee en dat moet ik hardop uitspreken. Ik wil weten of jullie denken dat het krankzinnig is.' Norah struikelt bijna over haar woorden.

'Jij bent nooit krankzinnig, lieve zus. Zeg het maar gewoon,' dringt Ena aan.

'Er ontbreekt iets bij onze concerten.'

'Wat dan?' vragen Ena en Margaret tegelijk.

'Een orkest, we hebben geen orkest.'

Er valt een korte, stomverbaasde stilte.

'Bedoel je dat we de Japanners moeten vragen of ze ons instrumenten willen geven?' vraagt Margaret uiteindelijk. 'Ik denk niet dat ze dat zullen doen.' Ze moet lachen om het absurde idee.

'Dat zou geweldig zijn, maar nee, dat zie ik ook niet voor me. Dus heb ik iets anders bedacht.'

'Vertel op,' zegt Ena, die zich afvraagt of haar zus stiekem niet toch een beetje krankzinnig is geworden.

'Ik wil een orkest vormen. Een orkest van stemmen. Stemmen die ik in instrumenten kan veranderen.'

Opnieuw zwijgen Margaret en Ena, en de twee wisselen verbijsterde blikken.

'Nou, wat vinden jullie ervan?' vraagt Norah ongeduldig.

'Lieverd, ik heb nog nooit zo'n briljante, begaafde musicus ontmoet als jij,' zegt Margaret. 'Het was geniaal, zoals je mijn woorden vleugels hebt gegeven met je ontroerende muziek. Ik moet toegeven dat ik niet weet hoe je het voor elkaar zult krijgen, maar als je het wilt proberen, dan sta ik vierkant achter je.'

'Ze zal het niet alleen proberen, Margaret, ze zal het dóén. Er is niets wat mijn briljante zus niet kan. Als zij zegt dat ze een orkest van stemmen zal samenstellen, dan zal haar dat lukken.'

'Jullie vinden het niet dwaas?' vraagt Norah bezorgd.

'Misschien een beetje maf,' zegt Ena met een grijns. 'Maar ik kan niet wachten om jouw orkest te horen. Dat klinkt toch geweldig?'

Op dat moment komt June het huis uit rennen.

'Tante Ena, huil je? Gaat het wel?'

Ena knielt en omhelst het kleine meisje.

'Een paar tranen van vreugde, June. De beste tranen die er zijn.'

'Nesta, wat is er? Is er iets gebeurd?' vraagt Margaret de verpleegster wanneer ze samen op straat staan in afwachting van de nieuwste voorstelling. De zon is ondergegaan en de schaarse straatverlichting in het kamp begint te gloeien. Er hangt een opgewonden sfeer rond de 'concertzaal'. Artiesten hebben zich buiten het huis verzameld en kwetteren nerveus over hun optreden. Voor een aantal van hen is het de eerste keer dat ze voor een publiek zullen zingen, dansen of acteren.

'Heb je het niet gezien?' vraagt Nesta met grote ogen. 'We hebben bezoek.'

'Bezoek?' vraagt Margaret. 'Goed of slecht?'

'Slecht, denk ik.'

'Vertel me alsjeblieft wat er gaande is.'

'Daarnet liepen er zes soldaten, onder wie Miachi en Ah Fat, het huis binnen en joegen de vrouwen van de eerste rij weg, zodat zij daar konden zitten.'

De andere vrouwen zijn er ook bij komen staan en luisteren aandachtig.

'Misschien willen zij ook vermaakt worden,' zegt Margaret uiteindelijk. 'En als dat is wat ze willen, laten we ze dan maar vermaken.' Maar ze klinkt niet overtuigd.

Het is doodstil wanneer de artiesten het huis binnengaan. Het publiek is geschrokken van de aanwezigheid van de Japanners. Ze hebben geen idee of de avond zal eindigen in een feestje of een pak rammel.

Margaret stapt op het geïmproviseerde podium en buigt naar de soldaten op de voorste rij.

'Vanavond hebben we gasten, welkom,' zegt ze. 'Laten we de avond beginnen met het eerste lied op jullie programma.'

Het koor begint 'The Captive's Hymn' te zingen, en het publiek valt hen aarzelend bij. Wanneer de laatste woorden zijn gezongen, applaudisseert iedereen, en de Japanse officiers doen beleefd mee.

En zo kabbelt de avond voort. Het publiek vergeet de Japanners op de voorste rij en lacht, zingt en klapt voor de prachtige dansvoorstelling en de poëzievoordrachten. De officiers klappen voor elke act; ze lachen zelfs wanneer de vrouwen lachen. Het is duidelijk dat ze zich vermaken.

Wanneer het voorbij is en het applaus is weggestorven, stapt Margaret weer naar voren.

'Iedereen bedankt, en in het bijzonder onze gasten,' zegt ze met een diepe buiging. 'En nu zullen we zoals gebruikelijk afsluiten met onze nationale volksliederen.'

'God Save the King' wordt vol animo gezongen, en het Wilhelmus volgt met dezelfde overgave. De stemmen klinken nog gepassioneerder wanneer iedereen 'Land of Hope and Glory' zingt. Als de laatste tonen zijn weggestorven, staan de Japanse officiers op en applaudisseren enthousiast.

'Nog een keer, nog een keer!' roept Miachi.

'Pardon?' vraagt Margaret, terwijl ze naar de commandant toe stapt.

'Zingen. Nog een keer zingen, alsjeblieft,' zegt hij.

'Welk lied?'

Miachi mompelt een paar woorden tegen Ah Fat.

'De commandant wil het laatste lied nog een keer horen. Hij vond het prachtig. Zing het alsjeblieft nog een keer.'

Er valt een stilte; alle blikken zijn op Margaret gericht.

'Dames, luitenant Miachi heeft gevraagd of we ons laatste lied nog een keer willen zingen. Hij vindt het mooi. Zijn jullie er klaar voor?'

De Japanse officiers blijven staan terwijl de vrouwen trots het lied zingen dat ze inmiddels beschouwen als het 'kampvolkslied'. De officiers applaudisseren al voordat het lied is afgerond.

Miachi loopt naar Margaret toe. 'Dank je wel,' vertaalt Ah Fat. 'Hoogst vermakelijk, we zijn er volgende zaterdagavond weer bij.'

De vrouwen gaan opzij om de vertrekkende soldaten door te laten en buigen wanneer ze hen passeren. Tot hun verbijstering glimlachen de officiers.

'Dat was onverwacht,' merkt Norah op.

Margaret en Norah zijn achtergebleven in Nesta's huis nadat alle anderen zijn vertrokken.

'Onverwacht, zeker, maar ook gunstig,' zegt Margaret. 'Het betekent dat we door kunnen gaan, ze hebben er duidelijk plezier aan beleefd. Ik wist niet hoe ik moest kijken toen Miachi om een toegift vroeg.'

'Het kan zijn dat ik een probleem heb,' bekent Betty met een schaapachtige uitdrukking.

'Een probleem?' vraagt Nesta.

'Nou ja, het zit zo. Ik heb met een paar van de meisjes samengewerkt.' Ze kijkt om zich heen naar de andere betrokkenen, die allemaal proberen niet te lachen. 'Ik... Nee, wé hebben een nieuwe versie van een bekend lied geschreven en gerepeteerd. Het zou kunnen dat de tekst de Japanners niet zal bevallen.'

'Ik weet wel zeker dat de tekst de Japanners niet zal bevallen,' voegt een van de verpleegsters eraan toe. 'En Ah Fat vertaalt natuurlijk alles wat we zingen.'

'Wil ik weten hoe die tekst luidt?' vraagt Nesta.

'Nee, nee,' zegt Betty. 'Onder de omstandigheden denk ik dat we beter wat aanpassingen kunnen doen.'

'Nou, ik weet welk lied jullie hebben opgegeven voor het programma, en ik vertrouw erop dat jullie niets doen of zeggen waar de officiers aanstoot aan kunnen nemen,' zegt Margaret.

'Mogen we de tekst van tevoren zien?' vraagt Norah. 'Misschien is het verstandig als iedereen die bij het volgende concert optreedt ons eerst de act laat beoordelen.'

'Ik ben bang dat ik het met je eens ben,' zegt Margaret. 'Ik heb een hekel aan censuur, maar we kunnen geen risico nemen.'

Wanneer de verpleegsters weer alleen zijn, valt het Nesta op dat de vier 'gastvrouwen' apart zitten van de anderen. Er zijn twee weken verstreken sinds ze zijn begonnen met hun bezoekjes aan de officiersclub.

'O nee!' Nesta wendt zich tot Jean. 'Hoe moet het voor hen voelen om hun verkrachters in hun huis te zien? Ik moet iets doen. Ik moet met ze praten.'

'Laten we dat in de tuin doen,' zegt Jean. 'Ik zal ze mee naar buiten nemen.'

De zes vrouwen lopen naar het uiteinde van de tuin. Om te beginnen verontschuldigt Nesta zich voor het feit dat ze niet direct had beseft hoe pijnlijk het voor de vier moest zijn dat de Japanse soldaten het concert bijwoonden.

'Jullie konden toch niet weten dat ze zouden komen?' vraagt een van hen.

'Nee, maar het is een serieus probleem en we moeten er iets aan doen.'

'Volgende week kunnen jullie in ons huis blijven en de hele voorstelling overslaan,' stelt Jean voor.

'Mooi niet,' zegt een van de vier. 'Hebben ze ons nog niet genoeg afgepakt? Het is ook óns concert. Maar ik wil niet voor ze optreden.'

Die nacht kan Nesta de slaap maar moeilijk vatten. Ze voelt zich schuldig over de pijn van de vier verpleegsters die een offer hebben gebracht dat geen enkele vrouw ooit zou mogen brengen. De twijfel aan haar vermogen om een goede leider voor haar collega's te zijn, die haar vriendinnen en haar familie zijn geworden, knaagt aan haar. Niets in haar opleiding heeft haar op deze rol voorbereid.

Hoofdstuk 10

Kamp II, Irenelaan, Palembang
April 1942 – oktober 1943

'Hoe verlopen de repetities?' vraagt Nesta aan Norah. De twee vrouwen lopen door het kamp en slaan de spelende kinderen gade.
'Ik heb Betty's tekst gecensureerd,' zegt Norah. 'Maar verder zitten we wel goed, volgens mij. Ena heeft de andere acts doorgenomen, en laten we zeggen dat er een paar aanpassingen zijn gedaan.'
'Zing jij deze zaterdag, June?' vraagt Nesta.
'Nee, niet deze week. O, kijk, daar heb je Bonnie!'
'Wie is Bonnie?'
'Een zwerfhond waar June en een paar andere kinderen vriendschap mee hebben gesloten,' legt Ena uit.
'Bonnie! Bonnie, hier, meisje,' roept June.
Er lopen geregeld honden rond in het kamp, en net als de vrouwen en kinderen zijn ze uitgehongerd. Kinderen sluiten vriendschap met hen door hun karige rantsoenen te delen. Moeders slaan maaltijden over zodat ze hun kinderen hun portie kunnen geven. De glimlach op het gezicht van hun zoon of dochter weegt zwaarder dan de zorg om de mogelijke ziektes die de dieren bij zich dragen. Soms zie je jonge meisjes voor de honden zingen; de jongens doen wat jongens

doen wanneer ze een huisdier hebben: ze werpen takken die de honden terugbrengen. De Japanse soldaten negeren hen doorgaans, en de kinderen leren vlug welke soldaten ze moeten ontlopen en wanneer ze de honden moeten weglokken bij de bedreiging van een bajonet.

June en twee van haar vriendinnen hebben een eigen zwerfhond, die ze stiekem voeren en knuffelen.

Tijdens haar wandeling met Norah en Ena heeft June de hele tijd uitgekeken naar haar vriendin, Bonnie.

De hond reageert op haar naam en keert zich naar hen toe, maar dan schrikt ze van de aanblik van een soldaat die schreeuwend en met geheven geweer op haar afbeent. Achter de hond staat een andere soldaat, die zich niet verroert.

'Néé!' roept Ena. Ze werpt zich op June, en als ze de grond raken, klinkt er een schot.

Wanneer Nesta en Norah zich omdraaien, zien ze de hond wegschieten, maar de soldaat erachter zakt op de grond en grijpt naar zijn borst. June gilt, en Ena houdt haar dicht tegen zich aan. Nesta rent naar de getroffen bewaker.

'Breng haar terug naar huis,' zegt Norah tegen Ena, terwijl ze June geruststelt door te zeggen: 'Alles is goed met Bonnie. Ze is weggerend.'

Ena trekt June overeind, slaat haar armen om haar heen en loodst haar haastig mee.

Norah kijkt naar de soldaat die het schot heeft afgevuurd; nu is hij degene die aan de grond genageld staat. Dan rent ze naar Nesta en de gewonde man, terwijl er nog meer soldaten de straat in stromen. Sommigen van hen lopen naar de gewonde soldaat, anderen naar de schutter, die nog steeds probeert te bevatten wat hij heeft gedaan.

'Hoe is het met hem?' vraagt Norah, knielend naast Nesta.

'Hij is dood.'

Soldaten grijpen Nesta vast en trekken aan haar. Maar Norah pakt haar arm, en haastig lopen de twee vrouwen weg en waarschuwen iedereen die naar buiten is gekomen dat ze weer naar binnen moeten gaan. Dit is een waarschuwing, denkt Norah, zich meer bewust dan ooit van het gevaar waar ze in verkeren. Een waarschuwing en een les: ze kunnen allemaal zomaar het leven laten door een slecht gemikte kogel, zonder dat er iemand voor zal worden gestraft.

Tot Nesta's genoegen is het concert de volgende zaterdag een succes. Ze voelt diepe minachting voor Miachi en zijn soldaten, die vanaf de voorste rij luid voor elk optreden klappen, en ze voelt dat haar hart zich samentrekt.

Haar vier vrijwilligsters staan apart van de rest, in de deuropening naar de keuken, waar ze van de avond kunnen genieten zonder dat hun verkrachters hen opmerken. Met een traan van dankbaarheid ziet ze hen luidkeels een toegift van 'Land of Hope and Glory' zingen.

Hoofdstuk 11

Kamp 11, Irenelaan, Palembang
April 1942 – oktober 1943

'Ik wilde dat ze een beetje op zouden schieten, de spanning wordt me te veel,' fluistert Betty tegen de andere verpleegsters.

'Sst, Betty, ik wil niet dat je in de problemen raakt door te praten,' zegt Nesta tegen haar.

'Iedereen praat,' werpt Vivian tegen.

'Doe het dan zachtjes. Ik ben gewoon nerveus. Ik heb geen idee wat er gaat komen.'

'Dat zijn toch geen soldaten, daar bij het administratieblok?' vraagt Jean.

'Zo te zien zijn het Javanen. En ze hebben geen geweren, alleen pistolen,' zegt Betty.

De opwinding van de vorige avond had de dag erna nog nagegonsd onder de vrouwen, tot Mrs Hinch had aangekondigd dat ze zich op het middaguur moesten verzamelen voor een aankondiging. Er doen allerlei geruchten de ronde. Het is moeilijk om niet op vrijheid te hopen.

Ruim voor het opgegeven tijdstip stellen de vrouwen zich in rijen op bij het administratieblok aan het eind van de straat.

Er daalt een stilte neer over het kamp wanneer de deur van het gebouw opengaat. Miachi beent naar buiten, op de voet gevolgd door Ah Fat en omringd door jonge mannen in simpele, onopgesmukte uniformen. Hij blijft voor de vrouwen staan.

Iemand zet een omgekeerde krat voor hem neer, en hij stapt erop en begint te praten. Ah Fat vertaalt luid, om de verklaring van de commandant te overstemmen. De vrouwen die vooraan staan, vangen er genoeg van op om de vertaling door te geven naar achteren.

'De eerzame, moedige Japanse soldaten zijn ten strijde getrokken, en we worden nu bewaakt door de plaatselijke politie. We moeten ze behandelen alsof het Japanners zijn. Twijfel er niet aan dat ze slecht gedrag zullen bestraffen.'

Alle verpleegsters verzamelen zich in Nesta's woonkamer. Het geroezemoes verstomt wanneer Nesta hen tot de orde roept.

'Nou, was dat niet het beste nieuws dat we in een hele tijd gehad hebben?' vraagt Nesta.

Een koor van stemmen stijgt op: 'O ja!' En: 'Het beste nieuws ooit.'

'Er zijn vier vrouwen onder ons voor wie het nog veel meer betekent.'

Vier verpleegsters kijken elkaar aan en vegen hun tranen weg terwijl hun collega's hen omhelzen en warme woorden spreken.

'Wij – en ik bedoel niet alleen degenen die hier nu zijn, maar iedere vrouw en ieder kind in dit kamp – zijn jullie iets verschuldigd wat we jullie nooit zullen kunnen terugbetalen,' vervolgt Jean. 'Als we iets voor jullie kunnen doen, wat dan ook, hoeven jullie het alleen maar te vragen.'

'Dank je wel. We weten niet hoe we ons de komende weken en maanden zullen voelen, maar het is fijn te weten dat we met jullie kunnen praten als we daar behoefte aan hebben.'

'En dat jullie onze namen meenemen in het graf,' voegt een van de drie anderen eraan toe.

Stuk voor stuk roepen de verpleegsters: 'In het graf.'

Ze worden onderbroken door iemand die op de deur klopt. Mrs Hinch stapt naar binnen.
'En, was dat geen geweldig nieuws?' vraagt ze stralend.
'Kon niet beter,' beaamt Nesta.
'Ik kom voor jou, Nesta. Dokter McDowell en ik hebben met Miachi gesproken en ze heeft nieuws voor je.'
'Dank je, Mrs Hinch. Ik ga meteen.'

'Het spijt me dat het zo lang heeft geduurd voordat je verpleegsters werden bevrijd, Nesta,' zegt dokter McDowell zodra Nesta haar kleine raamloze 'kantoor' in het geïmproviseerde ziekenhuis binnen is gestapt. 'Ik had je dit eerder moeten vertellen, maar ik wil je laten weten dat ik gisteren een reactie heb gekregen van de dokter in het mannenkamp. Hij heeft bevelhebber Modin gesproken, en die was laaiend over datgene wat er van jouw verpleegsters is gevraagd. Het schijnt dat hij naar buiten is gestormd om de Japanse generaal op te zoeken en protest bij hem aan te tekenen. Klaarblijkelijk heeft hij tegen de generaal gezegd: "Dit verdient een rode kaart." Zie je het voor je? Ik weet niet of de Japanse generaal hem begreep, en het doet er ook niet meer toe nu ze weg zijn, maar je verpleegsters zijn veilig. Zelfs als ze terugkomen.'
'Je hebt geen idee hoe opgelucht we allemaal zijn,' zegt Nesta.
'Het spijt me vreselijk dat het is gebeurd, en dat het zo lang duurde voordat we er een eind aan konden maken. Ik heb diepe bewondering voor jullie allemaal.'
Nesta haast zich terug om verslag uit te brengen van het gesprek. Iedereen moet lachen om de opmerking van de bevelhebber over de rode kaart.
'Ik zou andere woorden hebben gebruikt,' zegt Betty.
'Wat zou jij hebben gezegd?' vraagt Vivian.
'Ik zou hebben gedreigd met zware lichamelijke schade, en ik zou ze precies hebben verteld op welke plek ik die zou toebrengen.'

Wanneer ze op een avond na de repetitie naar huis lopen, steekt Norah haar arm door die van Ena.

'Wat is er?' vraagt Ena haar.

'Ik wil gewoon dicht bij je zijn.'

'Oké, maar je zit ook ergens mee.'

'Wat ken je me toch goed. Ik weet zeker dat jij over hetzelfde piekert.'

'Ken en John?'

'Ja. Denk je dat het goed gaat met John? Ik denk dat ik het zou voelen als dat niet zo was. Dat hoop ik in elk geval.'

'Natuurlijk zou je dat voelen. Net zo goed als ik het zou weten als er iets met Ken was gebeurd.'

'Maar hij was zo ziek toen we hem achterlieten. Zo ziek dat hij een ziekenhuis nodig had.'

'Je weet hoe sterk John is, en hij heeft zoveel om voor te leven, jou en...'

'Sally. Ik weet zeker dat zij veilig is bij Barbara. Maar ik mis haar verschrikkelijk. Sally zou degene moeten zijn die bij ons is, niet June.'

Ena blijft staan en draait zich naar Norah toe.

'O, het spijt me, Ena. Zo bedoelde ik het niet, ik bedoelde niet dat we ons niet over June moeten ontfermen. Zij geeft ons iemand om van te houden en voor te zorgen.'

'Ik weet wat je bedoelde. Het trof me gewoon hoe moeilijk het voor jou moet zijn om mij de hele tijd met haar te zien. Maar Norah, ik ben blij dat Sally niet hier bij ons is, we willen toch niet dat ze zo'n leven leidt? We willen ook niet dat June dit leven leidt. We zouden hier geen van allen moeten zijn.'

'Je hebt gelijk, June zou hier zeker niet moeten zijn. En het is aan ons om voor haar te zorgen tot ze kan terugkeren naar haar vader, en hopelijk ook haar moeder.'

Ze weten allebei dat de kans klein is dat Junes moeder de schipbreuk van de Vyner Brooke heeft overleefd. Norah zwijgt even, en dan wordt haar blik naar de overkant van de straat getrokken. 'Hallo, Nesta,' roept ze. 'Aan het wandelen?'

'Ja! Ik had wat tijd voor mezelf nodig. Wat kijken jullie ernstig, is alles in orde?'

'Jawel, we hadden het alleen over de mannen in ons leven en hoezeer we ze missen,' antwoordt Norah.

'John en Ken, toch?'

Ena knikt. 'En jij? Heb jij een speciale man in je leven?'

Nesta glimlacht. 'Nee, niet echt.'

'Aha, die glimlach vertelt me dat er wel degelijk iemand is. Wil je ons over hem vertellen?' vraagt Norah met een hartelijke glimlach.

'Hij is niet de speciale man in mijn leven, onze relatie is nooit echt van de grond gekomen. Maar hij is iemand wiens gezelschap ik op prijs stelde, en, nou ja, wie weet, als het anders was gelopen, als we niet uit Malakka hadden hoeven vluchten...' Nesta's stem sterft weg.

Wat heb je in het kamp aan 'wie weet'?

'Mogen we weten hoe hij heet? Als je het hardop zegt, geeft dat je misschien iets om je aan vast te houden.'

'Dokter.... Eh... Rick. Hij heet Richard, maar iedereen noemt hem Rick.'

'En hij is dus dokter?'

'Inderdaad. We hadden vaak samen nachtdienst, en je weet hoe het gaat, dan hadden we uren waarin we weinig anders te doen hadden dan bij elkaar zitten en praten.'

'Kijk eens naar de sterren, Nesta,' zegt Ena.

Alle drie de vrouwen kijken omhoog.

'We leven allemaal onder dezelfde hemel, en wie weet? Misschien kijkt John wel ergens omhoog en denkt hij aan Norah, misschien denkt Rick ergens aan jou, en Ken aan mij,' zegt Ena peinzend.

Een paar minuten lang staren de drie vrouwen naar de stralende zuidelijke sterren boven hun hoofd.

'Weet je wat?' zegt Ena.

'Nou?' zegt Norah.

'Ik ga in de tuin zitten en dan ga ik in het licht van de vollemaan een brief aan Ken schrijven. Vandaag is onze trouwdag, weet je.'

'O, mijn liefste zus,' zegt Norah meelevend. 'Sorry dat ik het ben vergeten.'

'Geeft niet. Let jij op June?'

'Natuurlijk, neem alle tijd die je nodig hebt.'

De volgende ochtend vindt Norah een stuk papier naast Ena's slaapmatje. Ze leest de eerste regel, en dan vouwt ze het papier op en schuift het onder het kussen van haar zus.

Mijn liefste Ken, heeft Ena geschreven. *Op deze dag, acht jaar geleden, zijn we getrouwd...*

'Kijk eens wat ik heb gevonden,' fluistert Betty tegen een paar van de verpleegsters. Ze zitten samen buiten.

'Een stuk hout,' zegt Vivian niet-begrijpend.

'Ik vroeg me af of we misschien samen een cadeau voor Nesta zouden kunnen maken.'

'Wil je Nesta een stuk hout geven?'

'Nee, ik wil iets máken van dit stuk hout.'

'Wat dan?' vraagt Jean.

Norah slaat de verpleegsters gade en glimlacht om hun liefde voor hun leidster. Nu hun eerste kerst in het kamp nadert – er zijn al plannen voor een concert – zijn ze overeengekomen dat iedere vrouw en ieder kind een klein cadeautje moet krijgen. Degenen die met koffers vol nutteloze bezittingen zijn gearriveerd, zoals formele baljaponnen, leveren die in om er jurken van te laten maken. Zijden zakdoeken worden opzijgelegd als kostbare geschenken. Norah en Ena hebben een speciaal plannetje voor June.

'Toen we in Malakka woonden,' vervolgt Betty, 'gingen de meesten van ons op onze vrije dagen naar het strand. Maar Nesta speelde vaak mahjong met een groepje patiënten en dokters. Is het een idee om een set mahjongstenen voor haar te maken?'

'Ik vind het geweldig, maar hoe pakken we dat aan?' vraagt Vivian.

'We hebben niets om het hout mee te snijden.'

'We hebben toch keukenmessen? En dit hout is vrij zacht, het komt van een van de dakspanten die omlaag zijn gekomen. Een poosje geleden heb ik twee oude metalen vijlen gevonden. Die kunnen we gebruiken om de stenen glad te maken, en de Nederlandse nonnen willen ons vast wel wat verf uit het klaslokaal lenen om de tekens erop te schilderen.'

'Weet jij hoe die tekens eruitzien?'

'Natuurlijk. Wat vinden jullie ervan?'

'Ik vind het een fantastisch plan,' zegt Vivian tot Betty's opluchting enthousiast. 'We zullen een rooster maken voor het werk, maar we moeten het geheimhouden. Het moet echt een verrassing voor haar zijn.'

Er wordt elke dag gerepeteerd voor het kerstconcert, maar op een ochtend wordt de repetitie onderbroken door een aantal Nederlandse vrouwen die naar binnen stormen.

'Engelse mannen... Engelse mannen achter ons huis,' roept een van de vrouwen ademloos.

'Waar heb je het over?' vraagt Norah, terwijl de koorleden zich om haar heen verzamelen.

'Ze spraken Engels! We zagen ze door de bomen achter ons huis lopen.'

'Breng ons er alsjeblieft meteen naartoe,' zegt Norah. Ze lopen met z'n allen naar buiten en haasten zich naar de huizen waar de Nederlandse vrouwen wonen. Ze gaan het eerste huis binnen en stromen via de voordeur, de woonkamer en de keuken naar de achtertuin.

'We zijn hier!' roept Norah. 'We zijn hier en we zijn Engels! Is daar iemand?'

Ze turen door de dichte jungle die aan de achtertuinen grenst. Ze zien niemand.

Plotseling klinkt er een luide stem in Cockneydialect.

'Morgen zelfde tijd, *lassies!*'

Er volgen boze Japanse stemmen, en de vrouwen haasten zich weer naar binnen.

Het nieuws over de ontmoeting verspreidt zich vlug, en iedereen dromt samen in het huis van de Nederlandse geïnterneerden. De vrouwen speculeren er lustig op los, tot Mrs Hinch, kalm en resoluut als altijd, naar voren stapt en haar handen omhoogsteekt.

'Dames, dames, alsjeblieft. We kunnen niet allemaal tegelijk praten. Waarom laten we de vrouwen die erbij waren ons niet vertellen wat er is gebeurd?'

Een van de Nederlandse vrouwen stapt naar voren.

'Ik was buiten en ik hoorde iets tussen de bomen,' vertelt ze, een beetje ongemakkelijk door haar gebrekkige Engels. 'Eerst dacht ik dat het een dier was, en ik stond op het punt om naar binnen te rennen toen ik een stem hoorde, een man die in het Engels sprak, en toen een tweede man die iets terugzei. Ik ging wat dichterbij staan, en tussen de bomen zag ik een heleboel mannen lopen met schoppen. Er waren ook Japanse soldaten bij die tegen hen schreeuwden. Ze liepen achter ons huis langs en verdwenen toen weer in de jungle. Toen ben ik naar Norah gerend om het haar te vertellen.'

'Wat is er toen gebeurd?' vraagt Mrs Hinch.

'Dat kan ik vertellen,' zegt Margaret, naar voren stappend. 'Ik was er niet als eerste, jullie snappen allemaal vast dat ik niet zo snel kan rennen als de jongere meiden. Ik zag niemand, maar we riepen naar hen, en een van hen riep terug.'

'Wat zei hij?' roept een stem.

'Hij zei: "Morgen zelfde tijd, lassies",' antwoordt Norah. 'We moeten morgen teruggaan, kijken of we ze kunnen spreken.'

'Luister,' begint Margaret op waarschuwende toon. 'Ik weet dat jullie er allemaal bij willen zijn, maar ik moet jullie waarschuwen dat deze mannen worden bewaakt door Japanse soldaten. We mogen hun leven niet in gevaar brengen.'

'Misschien een groepje van vijf of zes vrouwen?' stelt Mrs Hinch voor. 'Hopelijk kunnen we zachtjes een paar woorden met ze wisselen wanneer ze ons passeren.'

'En wie bepaalt welke vrouwen dat moeten zijn?' roept een andere stem.

'Ik.' Mrs Hinch spreekt met een autoriteit die niemand in twijfel durft te trekken. 'Ik beloof je dat we het de rest meteen zullen laten weten als het ons lukt om contact met ze te leggen. Jullie mogen gerust terugkomen en aan de voorkant van het huis wachten.'

Norah, die tussen de groep vrouwen geklemd staat, grijpt Ena's arm vast. 'Denk je dat John erbij is? O, mijn god, Ena, zou hij hier kunnen zijn, aan de andere kant van het hek?'

'Ik weet het niet. We kunnen het alleen maar hopen, en we zullen er snel achter komen.'

De volgende dag verzamelt iedereen zich bij het huis van de Nederlandse vrouwen. Mrs Hinch heeft een handjevol vrouwen uitgekozen, onder wie Norah, om de gevangenen aan te spreken. Margaret zal hen aanvoeren. De rest wacht buiten het huis tot de vrouwen terugkeren.

Norah is blij dat de mannen zich in de verkoelende schaduw van de bomen bevinden, gezien de verzengende hitte.

Binnen een halfuur zijn ze weer binnen. Margaret stapt naar voren om verslag uit te brengen.

'We hebben ze gezien!' begint ze. 'Ze marcheerden met tientallen tussen de bomen door. Er liep een Japanse soldaat voorop, dus we hebben een poosje gewacht voordat we naar ze riepen. De man die reageerde was een Engelsman, die ons vertelde dat er ook Nederlanders in hun groep zitten.'

'Ze worden vastgehouden in een gevangenis, en ze moeten elke dag werken aan een kamp een paar kilometer verderop, waar ze binnenkort naartoe zullen verhuizen,' voegt Norah eraan toe. Verwachtingsvolle gezichten kijken stralend naar haar op, alsof ze hun het nieuws van hun vrijheid brengt. 'Ze zijn er al een poos mee bezig, en het kamp is bijna klaar,' vervolgt ze. 'Ze hebben ons geen namen gegeven, het was sowieso te riskant voor ons om te lang met ze te praten. Maar ik zie geen reden waarom we niet elke dag kunnen teruggaan.'

'Dank je wel, Norah,' zegt Mrs Hinch. 'We zijn er nog niet achter hoe laat ze 's middags terugkeren, maar we zouden om beurten in de achtertuin de wacht kunnen houden.'

De volgende ochtend verzamelen Norah en de vrouwen zich weer voor het Nederlandse huis. Op een ordelijke manier stromen ze naar binnen en de achtertuin in, waar ze zwijgend afwachten. De verpleegsters blijven achteraan staan; er zal niemand onder de mannelijke gevangenen zijn die zij kennen, maar ze willen er toch graag bij zijn. Ze bidden dat hun vaders, broers en geliefden veilig thuis zijn in Australië. Opnieuw denkt Nesta aan Rick, en ze vraagt zich af hoe het zou voelen als ze de kans had om hem plotseling terug te zien.

De stilte wordt eindelijk verbroken door het geluid van knerpende voetstappen in het bos. Wanneer de rij in het zicht komt, met een Japanse soldaat voorop, steekt Margaret haar arm omhoog en laat hem langzaam zakken. Ze gaat de vrouwen voor in een lied.

Achter het hek horen de mannen zoetgevooisde stemmen die opstijgen naar de hemel, enkel en alleen voor hen.

'Oh, come, all ye faithful, joyful and triumphant...'

Norahs hart stroomt over terwijl ze met hun medegevangenen communiceren op de enige manier die ze tot hun beschikking hebben: zang.

De mannen die vooraan lopen, blijven even staan, tot ze weer voorwaarts worden geduwd. Norah ziet hen tussen de bomen door turen in de hoop een glimp op te vangen van de vrouwen die voor hen zingen. Een paar Japanse bewakers blijven staan en keren zich naar het gezang toe. Door de bladeren en de takken zien de vrouwen dat de gevangenen hun petten afzetten en hun shirts uittrekken om ermee naar hen te zwaaien.

'Dank jullie wel,' horen ze hen roepen, zowel in het Nederlands als in het Engels, voordat ze worden gedwongen om door te lopen.

'Ik heb John niet gezien,' zegt Norah na afloop verdrietig tegen Ena.

'Ik kon niemand onderscheiden, het valt onmogelijk te zeggen,' zegt Ena troostend.

Norah weet dat Ena zelf de wilde hoop had gekoesterd om Ken te zien.

De volgende dag verzamelen de vrouwen zich opnieuw op hetzelfde tijdstip en wachten zwijgend op het moment dat ze de knerpende voetstappen horen en hun gezongen boodschap van hoop naar de onbekende mannen kunnen sturen.

Terwijl ze hun oren spitsen om elk geluid uit de jungle op te vangen, filteren de stemmen van de mannen tussen de bomen door. Met harten vervuld van hoop en angst beginnen ze te zingen.

'*Oh, come ye, oh, come ye to Bethlehem...*'

Opnieuw blijven de mannen staan, silhouetten in het gevlekte licht van de jungle. Norah kan geen enkel gezicht onderscheiden, maar ze legt haar ziel en zaligheid in het zingen. Wanneer de laatste tonen hebben geklonken, zingen ze het lied nog een keer, maar nu in het Nederlands.

De vrouwen klampen zich huilend aan elkaar vast. Ze willen dolgraag iets naar de mannen roepen, maar ze houden de waarschuwing van Mrs Hinch in gedachten: ze mogen niets doen waarmee ze de mannen in gevaar kunnen brengen.

Kerstmis 1942 is nu al compleet anders dan Norah ooit heeft meegemaakt. Het was een prachtig moment, krachtig en bemoedigend, maar wanneer het voorbij is, zitten zij en alle anderen nog steeds gevangen in de grimmige realiteit van het kamp.

Wanneer de mannen de volgende dag passeren, roepen ze een afscheidsgroet; dit is de laatste keer dat ze het pad van hun gevangenis naar hun nieuwe junglekamp zullen bewandelen. Deze keer houden de vrouwen zich niet in en roepen ze luidkeels terug.

'John!' schreeuwt Norah wanhopig. 'John, ik ben het, Norah. Ben je daar? Alsjeblieft, laat me weten dat je er bent!'

Ook Ena laat zich meevoeren door de emotie en roept: 'Ken, mijn liefste Ken! Ik ben het, Ena, ik ben hier, ik ben hier!'

Maar noch John noch Ken roept terug.

Hoofdstuk 12

Kamp II, Irenelaan, Palembang
April 1942 – oktober 1943

'Het is Kerstmis! Het is Kerstmis!' roept June opgewonden. Ze maakt niet alleen Ena en Norah, maar ook alle andere vrouwen in hun huis wakker.

'Dat klopt, lieverd,' zegt Ena, terwijl ze haar omhelst. 'En kijk eens wat we voor je hebben.'

Ena en Norah geven June een klein cadeautje. Het meisje is dolblij met de pop die Norah van een rijstzak heeft gemaakt, met een grote glimlach van lippenstift op haar gezichtje getekend. De pop draagt een fraai kanten jurkje dat Norah ijverig heeft genaaid. Voor een vijfjarige draait kerst om cadeautjes.

Ena ziet Norah een traan wegvegen, en ze fluistert zachtjes: 'Sally is veilig, liefste zus. Ze wacht op jou en John. Ik weet het zeker.'

Norah wendt zich af en verliest zich in een herinnering.

'Mama, papa, hij is geweest, de Kerstman is geweest, kijk eens wat hij me heeft gegeven!' roept Sally tegen Norah en John wanneer ze op de ochtend van eerste kerstdag de trap af komen.

'Fijne kerst, Sally. Wat heb je daar?' Norah tilt haar dochter op, en John omhelst hen beiden.

'Een pop en een poppenhuis en een kinderwagentje voor de pop. Zo mooi!'

'Niet half zo mooi als jij, mijn liefste,' zegt John tegen Norah. 'Fijne kerst.'

Norah keert zich weer naar Ena toe en kruipt weg in de armen van haar zus.

'Fijne kerst, Ena,' fluistert ze. 'Ik ben zo gezegend met jouw gezelschap, ook al zou ik willen dat je hier niet was, dat je bij Ken was, dat we allemaal samen waren.'

'We zullen weer samen zijn, hopelijk volgend jaar om deze tijd.'

Er komen verschillende vrouwen naar June toe met kleine cadeautjes. Wanneer ze worden uitgedeeld, komt Margaret echter tussenbeide.

'Daar hebben we later nog genoeg tijd voor, June. Nu moeten we ons allemaal klaarmaken voor de ochtenddienst. Kom op.'

Terwijl de vrouwen zich een beetje beschaamd afwenden, buigt Margaret zich naar June toe.

'Fijne kerst, lief meisje, en dank je wel voor alle vreugde die je in ons leven brengt,' zegt ze, en ze geeft haar een prachtige kanten zakdoek.

June slaat haar armpjes om haar heen. 'Dank je wel, tante Margaret. Fijne kerst!'

Nesta en haar verpleegsters hebben de kerstdienst van die ochtend overgeslagen om te beginnen met het bereiden van een feestmaal. Ze gaan zo creatief mogelijk om met de extra rantsoenen die de plaatselijke bewakers hun hebben gebracht. De voorbereidingen worden echter gestaakt wanneer ze door de bewakers naar buiten worden geroepen.

'Naar buiten, dames, alsjeblieft!'

De verpleegsters voegen zich bij de andere vrouwen die voorzichtig hun huizen uit komen. Op straat staan een stuk of tien bewakers

die grote manden vol met voedsel bij zich hebben. In een paar daarvan zitten geplukte kippen en lappen rundvlees.
Een van de bewakers probeert uitleg te geven.
'Dit van Engelse mannen.'
'Hoe bedoel je, Engelse mannen?' roept Norah.
'Engelse mannen in andere kamp naar jullie sturen. Hebben bewakers gevraagd om voedsel naar vrouwen in nabij kamp te sturen.'
Na die woorden zetten de bewakers de manden op de grond en stappen naar achteren.
Langzaam lopen de vrouwen naar het aangeboden voedsel toe.
'Moet je kijken hoeveel het is!'
'Hoe zijn ze hieraan gekomen? Lijden ze dan geen honger, zoals wij?'
'Het moet van de mannen komen voor wie we hebben gezongen, ze moeten hier vlakbij zijn.'
'Jeetje, dit is het beste kerstcadeau dat ik ooit heb gekregen.'
'Mannen kopen van plaatselijke handelaars,' vertelt een bewaker.
Wanneer de andere vrouwen en de kinderen uit de kerkdienst komen, staren ze verbijsterd naar de overvolle manden met voedsel.
Mrs Hinch ziet erop toe dat iedereen de ongelooflijke gulheid van de mannen erkent. 'Dames, we zijn gezegend met een geweldig geschenk. Terwijl wij psalmen zongen en onze dank uitspraken aan God, zijn we gezegend met deze overvloed.'
Margaret sluit zich bij haar aan. 'Dames, buig alsjeblieft jullie hoofd en bid voor de mannen die zo onbaatzuchtig zijn geweest om hun voedsel te delen op deze dag van schenken en ontvangen.'

'Welkom bij ons thuis,' zegt Nesta. 'Hopelijk hebben jullie allemaal van de dienst genoten. Wij hebben ervan genoten om dit spectaculaire feestmaal voor jullie te bereiden, dat mogelijk is gemaakt door het geschonken voedsel.'
De verpleegsters hebben de bewoners van een aantal andere huizen uitgenodigd om hun rantsoenen te delen en aan te schuiven voor

een kerstmaal dat plotseling een stuk feestelijker en overvloediger is dan ze hadden gedacht. Er zijn tafels naar de ruime achtertuin gedragen, en de gasten gaan zitten, vol verwachting over de komende maaltijd.

Nesta houdt de achterdeur open, en de drie verpleegsters die hebben geholpen met het klaarmaken van het eten brengen dampende pannen, schalen en borden naar buiten. Wanneer ze die op de tafel hebben uitgestald, keren ze terug naar de keuken om nog meer te halen.

'Ik kan het niet geloven, ik heb aardappelen en rundvlees!' roept Betty uit.

'Op mijn bord ligt een ui, een ui, kun je het je voorstellen?' zegt Vivian opgetogen. 'Dit is het beste kerstdiner dat ik ooit heb gehad.'

Jean vraagt de aandacht van de vrouwen. 'Voordat we beginnen met eten, wil ik Nesta en de anderen graag bedanken voor alle tijd en moeite die ze in dit feestmaal hebben gestoken. Fantastisch gedaan!'

Met glazen lauw water brengen de gasten een toost uit op de koks.

Na het eten ruimen ze de tafel af en verzamelen zich om kerstliedjes te zingen. Al snel raken de vrouwen vermoeid en keren terug naar hun eigen huizen. De verpleegsters trekken zich terug in hun slaapkamers, in een stil hoekje van de woonkamer of in de achtertuin, die nat en modderig is na een korte tropische stortbui. Het is tijd voor de vrouwen om even alleen te zijn, om te denken aan hun familie, vrienden en dierbaren, thuis of in andere kampen, zoals dat van hen.

Voordat ze naar bed gaan, wisselen ze eindelijk kerstcadeautjes uit. Er wordt luid gejuicht wanneer Nesta haar mahjongspel krijgt. Keer op keer draait ze de met de hand gesneden en beschilderde stenen om in haar handen. Ze huilt zo hard dat ze niet in staat is om ook maar 'dank jullie wel' uit te brengen.

'Dit is niet hoe we ons het begin van 1943 hadden voorgesteld,' zegt Nesta tegen haar verpleegsters. 'Ik zou willen dat ik jullie kon beloven dat het komende jaar beter zal zijn dan het vorige. Wat er ook gebeurt, we mogen de hoop niet opgeven dat er een eind zal komen aan deze oorlog en dat we de kerst volgend jaar thuis door zullen brengen, met onze families. Ik wil dat jullie weten hoe ongelooflijk trots Jean en ik op jullie allemaal zijn. Het heeft me werkelijk nederig gestemd om te zien hoe jullie een thuis hebben gemaakt van deze plek, hoe jullie deel zijn geworden van het kamp en in de ziekenboeg hebben gewerkt, en dat allemaal zonder klagen.'

'Ik heb Betty vaak genoeg horen klagen,' zegt Vivian met een knipoog.

Nieuwjaar wordt niet gevierd. De vrouwen hebben het vreselijkste jaar van hun leven achter de rug, en hun hoop voor 1943 wordt stilletjes in kleine groepjes uitgesproken, in de huizen die ze hebben geprobeerd in een thuis te veranderen. De jongere verpleegsters nemen een uitnodiging aan voor een feestje in The Shed, de oorspronkelijke concertzaal. Er worden spontane toneelstukjes opgevoerd, liedjes gezongen en er wordt een prijs uitgereikt aan de vrouw die het best een dier kan nadoen. De avond wordt abrupt afgebroken wanneer een passerende bewaker hun opdraagt om naar bed te gaan.

Wanneer de laatste van haar verpleegsters terug is, doet Nesta de deur dicht. Iedereen is nog wakker.

'Ja, nou ja, we hebben allemaal van tijd tot tijd geklaagd, dank je, Vivian. Ik ook. Maar dat heeft ons er niet van weerhouden om onze plicht te doen en voor onszelf en voor anderen te zorgen.'

'Je bent altijd zo druk met ons welzijn, zuster James,' zegt Vivian. 'Maar hoe gaat het eigenlijk met jou?'

'Nou, Bully, ongeveer hetzelfde als met de rest van jullie. Ik ben moe en hongerig – meer hongerig dan moe, als ik eerlijk ben, ondanks ons kerstfeestmaal.'

'Dat laat je niet merken,' merkt Betty op.

'Dat betekent niet dat ik het niet voel. Maar bovenal ben ik laaiend. Laaiend omdat deze oorlog überhaupt uitgebroken is, laaiend omdat we uit Malakka zijn verjaagd, laaiend over het verlies van zoveel van onze mannen in Singapore. Laaiend over wat er gebeurde toen we probeerden weg te gaan. Maar dat verbleekt nog vergeleken bij mijn verdriet over de vrienden die we tijdens de vlucht uit Singapore verloren zijn.'

'O, Nesta! Nesta, het spijt me zo. We delen de hele tijd onze woede en frustratie met jou, en je houdt je zo sterk voor ons, en we hebben je nooit gevraagd hoe het met jou gaat. Het spijt me,' zegt Betty, en ze omhelst haar meerdere, haar collega, haar vriendin.

Alle verpleegsters drommen samen rond Nesta, vegen hun eigen tranen weg, vegen Nesta's tranen weg en zweren om voor haar te zorgen zoals zij voor hen zorgt.

Nesta probeert zich te verontschuldigen voor haar onprofessionele gedrag, maar ze wordt overstemd en eraan herinnerd dat ze net zo menselijk is als de rest van hen.

'Het was zo fijn om "Auld Lang Syne" te horen,' fluistert Ena tegen Norah wanneer ze gaan slapen.

Toen de deuren van The Shed na het concert achter hen waren gesloten, hadden de vrouwen tijdens de wandeling terug naar huis 'Auld Lang Syne' gezongen. Al vlug hadden ze hetzelfde lied uit elk huis horen opklinken, achter gesloten deuren.

'Ik had dolgraag mee willen doen, maar ik wilde June niet wakker maken,' zegt Norah.

'We zullen het steeds opnieuw zingen.'

'Weet je dat nieuwjaarsfeestje nog in Singapore, het eerste jaar dat John en ik getrouwd waren?'

'Hoe kan ik dat vergeten? De vrienden, de hapjes, de champagne, het was een spectaculaire nacht. Wat waren we gelukkig. En vader sleepte moeder steeds weer de dansvloer op, zelfs toen hij uitgeput was.'

'Omdat moeder gek was op dansen.'

'Ken en ik hadden toen nog verkering. Hij vroeg me een paar weken later ten huwelijk.'

'Wat ik me herinner, is dat je hem de hele nacht niet hebt losgelaten.'

'En ik weet nog dat jij in paniek raakte toen het middernacht was en John iets te drinken was gaan halen of zoiets, en jij bang was dat hij niet op tijd terug zou zijn om je om twaalf uur te kussen.'

'Ik weet het. Ik zag alleen maar dat Ken jou omhelsde, en vader moeder, en toen de klok twaalf uur sloeg stond ik in mijn eentje.'

'Maar niet voor lang. Nadat Ken me had gekust, draaide ik me om en zag ik jullie tweeën in elkaars armen liggen.'

'Dat was een fantastische avond.'

'En daar gaan we er nog meer van krijgen, alleen niet dit jaar. Het lijkt dwaas om onder deze omstandigheden gelukkig nieuwjaar te zeggen, maar gelukkig nieuwjaar, mijn liefste zus.'

'Gelukkig nieuwjaar, Ena,' zegt Norah. Haar warme herinneringen vervagen echter wanneer ze in slaap valt, en in haar dromen wordt ze achternagezeten door soldaten die zwaaien met bajonetten.

Hoofdstuk 13

Kamp II, Irenelaan, Palembang
April 1942 – oktober 1943

'Wat nu weer?' Nesta is verontwaardigd omdat Miachi hen alwéér bij elkaar heeft geroepen voor een aankondiging.

'Misschien gaat hij weg en wil hij afscheid nemen,' zegt Vivian hoopvol, terwijl zij en de andere verpleegsters het huis verlaten en de straat op stappen.

'Wens maar niet dat Miachi vertrekt, je weet nooit wat je ervoor in de plaats krijgt,' zegt Nesta.

De straat vult zich met vrouwen die in kleine groepjes voor hun huizen staan. Nesta ziet Norah en Ena en slentert naar hen toe.

'Hebben jullie enig idee wat er vandaag zal worden aangekondigd?' vraagt ze hun.

'Nee. Het gerucht gaat dat Miachi niet blij is met de slordige houding van de plaatselijke bewakers,' zegt Ena. 'Hij schijnt te vinden dat ze te veel naar de jongere vrouwen in hun schaarse kleding staren.'

'Nou, als dat zo is, geldt dat ook voor mij. We hebben geen andere kleren dan de kleren die we zelf maken, en het is sowieso bloedheet.'

'Ik denk dat hij de vrouwen bedoelt die alleen een beha en een korte broek dragen,' zegt Norah.

Margaret komt naar hen toe. 'Iedereen is doodsbang dat de Japanse soldaten zullen terugkomen,' zegt ze. 'Ik wist niet wat ik tegen ze moest zeggen.'

'Wat een afschuwelijk idee. Al die angst en intimidatie, de geweren die zonder enige aanleiding op ons gericht werden.'

'Daar heb je hem,' zegt Nesta, wanneer ze Miachi samen met Ah Fat tevoorschijn ziet komen uit het administratieblok. Haastig steekt ze de straat over om zich bij de andere verpleegsters te voegen.

De vrouwen horen Miachi al van een afstandje tekeergaan. Tijdens het lopen blaft hij bevelen, terwijl Ah Fat het op een drafje moet zetten om hem bij te houden.

Terwijl de twee mannen door de straat lopen, worden Miachi's instructies vertaald en herhaald door Ah Fat.

'Jullie moeten kamp schoonmaken. Jullie moeten grasmaaien, vuilnis en speelgoed oprapen. Er mag niets buiten blijven liggen. Niemand krijgt eten tot het hele kamp schoon is. Luitenant Miachi komt morgenochtend inspecteren. Morgenmiddag komt er een speciale bezoeker, en alle vrouwen moeten zich netjes aankleden, geen blote huid,' zegt de tolk op dringende toon.

Wanneer hij naar het eind van de straat is gelopen, draait Miachi zich om en beent terug, onderweg zijn bevelen herhalend. De kinderen moeten lachen om de piepkleine vertaler die hijgend achter de commandant aan draaft. Zijn boodschap is nu gereduceerd tot: 'Maai gras. Geen blote huid. Schone afvoer. Geen blote huid.' Moeders slaan hun handen voor de monden van hun giechelende kinderen en laten ze pas los wanneer Miachi hen is gepasseerd.

Norah kijkt naar een groep bewakers en stoot Ena aan, die het prompt uitproest. De Javaanse bewakers houden hun buik vast terwijl ze openlijk schateren om het spektakel dat de kleine tolk biedt.

Mrs Hinch vraagt Nesta zich bij haar en Margaret te voegen.

'Het lijkt me handig als we overleg plegen en een planning maken voor het werk. Hij meent het, hij wil dat het kamp er morgen onberispelijk bij ligt.'

'Volgens mij was dat een van de grappigste optredens die we hebben gezien,' zegt Margaret. 'Ik maakte me zorgen om de kinderen die zich niet konden beheersen.'

'Ik denk dat we dankbaar mogen zijn voor het feit dat de soldaten zijn vertrokken,' zegt Mrs Hinch. 'Zij zouden waarschijnlijk minder tolerant zijn geweest dan de bewakers.'

'Ik weet niet hoe we het gras moeten maaien zonder grasmaaiers,' merkt Nesta op.

'Inchi, Inchi, waar ben je?' roept Ah Fat, terwijl hij naar hen toe komt draven.

'O jee, hij is terug,' zegt Mrs Hinch met een zucht.

'Inchi! Inchi!'

Mrs Hinch draait zich naar de hijgende, strompelende Ah Fat toe en zegt: 'Wat wil je nu weer? We hebben de boodschap gehoord.'

'Inchi, laat de vrouwen alles alsjeblieft heel netjes maken. Anders zal luitenant Miachi heel erg boos zijn.'

'We zullen het proberen, maar we hebben geen gereedschap. Hoe moeten we het gras maaien?'

De tolk steekt zijn hand in zijn zak en opent zijn handpalm. 'Hier, jullie mogen deze gebruiken.'

'Scháren? Je geeft me twee scharen om alle grasvelden te knippen?'

'Jullie kunnen delen, jullie moeten alle gras aan de voorkant knippen.'

'O, dus het gras achter onze huizen hoeven we niet te doen?'

'Alleen de voorkant, en de afvoerpijp schoonmaken. Op straat mag niets meer te zien zijn, oké?'

'Scheer je weg, Ah Fat.'

'Dank je, Inchi.'

'Nou, wie wil er als eerste zijn grasveld knippen?' vraagt Mrs Hinch, zwaaiend met de scharen.

Nesta pakt er eentje aan. 'Hij meent het, hè?'

'Ik vrees van wel. Kom, laten we een plan bedenken.'

'Goed,' zegt Norah tegen de groepjes die de taak hebben gekregen om de gemeenschappelijke delen van het kampterrein schoon te maken. 'Aan de slag.'

Norah en de vrijwilligsters maken de afvoerpijp en de straat buiten hun huis schoon en bieden aan om ook hun buren hierbij te helpen. Andere groepjes krijgen messen en worden naar buiten gestuurd om het gras bij te snijden.

'Ik zie dat jij een echte schaar hebt,' roept Norah naar Betty, die druk bezig is het gras voor hun huis te knippen.

Nesta voegt zich bij Norah, die bezig is rotzooi uit de afvoerpijpen te vissen. De pijpen worden als open riool gebruikt.

'Lekker karweitje,' merkt Nesta op.

'Hm.' Norah gebruikt bananenbladeren om de zooi naar de grens van het kamp te brengen, waar ze het dumpt.

De zon schijnt genadeloos op hen neer, en de werkers krijgen het zwaarder.

Nesta deelt kostbaar water uit dat de vrouwen kunnen delen, terwijl de bewakers op en neer lopen door de straat, wijzend naar bergen vuilnis en gras dat ongelijk is geknipt. Nesta ziet ze buiten haar huis rondhangen. Ze volgt hun blik. Hun aandacht is gericht op een jonge verpleegster, Wilma. Nesta ziet dat Wilma haar blouseje heeft uitgetrokken en in haar beha werkt.

'Wilma! Wilma, kan ik je even spreken?' roept ze.

'Ik kom eraan. Sorry als we te langzaam gaan, maar het is onmogelijk om gras met een mes te snijden, hopeloos gewoon.'

'Je doet het prima, maak je geen zorgen, je moet alleen je blouseje aantrekken.'

'Waarom? Het is bloedheet, en ik ben niet de enige die alleen een beha draagt.'

'Die vrouwen zullen we ook aanspreken. Ik weet dat we er tot nog toe mee zijn weggekomen om weinig kleren te dragen – we hebben al zo weinig –, maar mag ik je vragen om je vandaag en morgen te bedekken?'

'Sorry, ik wilde niemand voor het hoofd stoten.'
'Dat is nou net het probleem. Je stoot niemand voor het hoofd, integendeel.' Nesta knikt naar de bewakers, die Wilma nog steeds gadeslaan.

Die avond komt er een vertegenwoordigster van elk huis naar het huis van Nesta. De vrouwen die met een koffer vol kleding naar het kamp zijn gekomen, brengen een verscheidenheid aan jurken, rokken en blouses mee.

'Morgenochtend controleren we wat iedereen draagt, en dan kun je iedereen die naar jouw idee niet gepast gekleed is hiernaartoe sturen. Dan zorgen wij dat ze iets krijgen wat een beetje zediger is.' Mrs Hinch knipoogt.

'Tenko!' roepen de bewakers de volgende ochtend.

Binnen enkele minuten beent Miachi door de straat, met Ah Fat dravend achter zich aan. Bij elk huis blijft de commandant staan om de vrouwen en de kinderen te inspecteren. Iedere vrouw die hij ongepast uitgedost vindt, krijgt een klap in het gezicht.

De vrouwen die zich moeten omkleden, haasten zich naar het huis van de verpleegsters om een meer bescheiden jurk uit te zoeken.

'Ik ben hier voor mijn pasbeurt,' zegt eentje wanneer ze binnenkomt.

'Komt u maar hier, madam. We hebben een prachtige selectie waar u uit kunt kiezen, voor welke gelegenheid zoekt u een jurk?' vraagt Nesta grappend.

'Nou, ik heb voor vanmiddag iets gepland staan. Ik weet niet precies wat het is, maar ik wil er fantastisch uitzien. Je weet maar nooit wie je ontmoet bij die gelegenheden.'

'Bully, wil jij madam helpen om het perfecte ensemble te vinden?'

'Komt u maar met mij mee, *miss*,' zegt Vivian met een kleine buiging. 'Ik denk aan Parijse chic met een vleugje conservatief Londen.'

'Wat ken je me toch goed.'

Er hangt een triomfantelijke sfeer in het huis wanneer de verpleegsters de vrouwen kleden die door Miachi's toorn zijn getroffen. Eentje draagt witte laagjes, met een kanten petticoat bevestigd in haar haar.
'Ik geloof niet dat ze dit serieus nemen,' zegt Jean tegen Nesta. 'Ze ziet eruit alsof ze gaat trouwen.'
'Duidelijk. Maar wat maakt het uit, zolang ze allemaal netjes bedekt zijn?'

Lunchtijd breekt aan, maar de voedselkar verschijnt niet. Even later wordt er 'Tenko! Tenko!' door de straat geschreeuwd.
De vrouwen en kinderen stellen zich in rijen op.
Miachi komt het administratieblok uit, vergezeld door verschillende zwaar gedecoreerde Japanse officiers. Een escorte van norse, goedgeklede soldaten met geheven geweren begeleidt de commandant en de officiers terwijl ze langzaam heen en weer lopen door het kamp. Niemand zegt iets, er worden geen bevelen gegeven. Wanneer het gezelschap eindelijk terugkeert naar het administratiegebouw, blijven de vrouwen aarzelend staan, tot Mrs Hinch uit de rij stapt.
'Ga terug naar jullie huizen, dames, en pak je dagelijkse routine weer op.'

'Ik ben die regen echt spuugzat!' kondigt Jean aan, terwijl ze door het raam naar de zoveelste moessonstortbui kijkt.
'Vertel mij wat,' zegt Nesta met een zucht. 'Voor even was het fijn om een warme douche te kunnen nemen, maar de lol is er nu wel af.'
'Iedereen heeft er last van,' zegt Jean, die ook zucht. 'We zijn het allemaal zat. Wat heeft het voor zin om schoon te maken als de vloeren toch weer modderig worden?'

Wanneer februari aanbreekt, verschijnt er een nieuw contingent Japanse soldaten. Miachi beveelt de vrouwen voor de zoveelste keer om zich te verzamelen, zodat hij ze kan toespreken.

Deze keer verzamelen ze zich voor het administratiegebouw, met hun blote voeten in de modder. Miachi verschijnt met Ah Fat, en achter hen staat een rij onbekende soldaten. Miachi gaat op zijn krat staan en blaft zijn boodschap. De wanhopige, vermoeide uitdrukking op het gezicht van Ah Fat, die probeert de commandant te overschreeuwen, maakt het moeilijk voor de vrouwen op de eerste rijen – de enigen die hem kunnen zien – om hun gezicht in de plooi te houden.

'Deze soldaten zullen de plaatselijke bewakers trainen die hebben toegestaan dat jullie lui en slordig zijn geworden en dat jullie je niet fatsoenlijk kleden. Er zal elke dag tenko worden afgekondigd, en iedereen die te laat in de rij staat zal gestraft worden. De bevelen van het Japanse opperbevel zullen gehoorzaamd worden. Keer terug naar jullie huizen. Tenko! Tenko!'

De vrouwen rennen terug naar hun huizen en stellen zich in rijen op. De nieuwe Japanse soldaten beginnen aan hun inspectie. Vlug telt Betty de verpleegsters in hun huis. Aan de andere kant van de straat ziet Nesta Margaret hetzelfde doen met de vrouwen in haar huis.

Langzaam komen de soldaten hun kant op. Nesta ziet er eentje die ongeveer even lang is als zij, maar met de omvang van een biervat. Hij scheldt in het Japans op de vrouwen en geeft ze een duw terwijl hij zijn eigen telling probeert uit te voeren.

'Die noemen we Grumpy,' fluistert Betty tegen haar.

Nesta onderdrukt een grijns. Ze kijkt naar de dikke soldaat terwijl hij naar het huis naast dat van hen loopt. Tot haar schrik heft hij zijn hand en slaat een van de vrouwen hard in het gezicht. 'Geen lippenstift!' schreeuwt hij met een zwaar accent in het Engels. 'Geen lippenstift!'

Nesta probeert naar haar verpleegsters te kijken, van wie sommige lichte lippenstift lijken te dragen. En dan staat hij voor haar.

'Hoeveel?' blaft hij.

'Zestien!' roept Nesta.

De soldaat slentert naar het huis en blijft voor een van de jongste verpleegsters staan. Nesta kijkt naar haar, ziet dat ze geen lippenstift draagt en laat een zucht van opluchting ontsnappen. Ze ziet de hand van de soldaat niet omhoogkomen om de verpleegster in het gezicht te slaan. 'Meer kleren, meer kleren,' bijt hij haar toe.

Wanneer de soldaat wegbeent, stapt Nesta uit de rij. Ze wrijft over de rug van de vrouw, haar troostend op de enige manier die nu tot haar beschikking staat. En dan gaat ze achter de gemene soldaat aan. Een van de plaatselijke bewakers gaat voor haar staan in een poging haar tegen te houden. Ze duwt hem opzij en gaat achter de soldaat staan. Hij staart nu dreigend naar een andere vrouw, ze ziet zijn hand omhoogkomen, en vlug gaat ze voor hem staan, zodat ze de volle kracht van de klap opvangt. Ze zakt in elkaar, maar ze krabbelt vlug weer overeind en kijkt de soldaat in de ogen. Hij loopt door, haar volledig negerend.

'Nesta, wat doe je?' roept Jean naar haar.

'Deze zullen we in de gaten moeten houden,' is het enige wat ze zegt.

Ze zien hem een andere vrouw bestraffend toespreken omdat ze lippenstift draagt. Alle vrouwen houden hun adem in. 'Geen lippenstift!' blaft hij in het gezicht van de vrouw.

Maar deze keer slaat hij niet, en hij loopt verder.

Als het tenko erop zit, gaan de vrouwen weer naar binnen. De verpleegsters verzamelen zich rond Nesta en de andere verpleegster die is geslagen. Er worden natte doeken gehaald en op de rode gezwollen wangen gelegd.

'Ik vrees dat we terugkeren naar de goeie ouwe tijd van mishandeling en straffen,' zegt Vivian.

'Rottige Lipstick Larry!' roept Betty uit. De verpleegsters proesten het uit, maar ze zijn het er allemaal over eens dat een codenaam een goed idee is voor wanneer de soldaat rondloopt. 'Wat denken jullie dat ze nog meer zullen doen?'

De lach verdwijnt van hun gezichten wanneer alle hoofden zich naar de vier verpleegsters draaien die al zoveel hebben opgeofferd.

'Nee! Dat laten we niet meer gebeuren!' zegt Nesta fel.

'Ze heeft gelijk. We staan het niet toe. Dokter McDowell zal sowieso ingrijpen,' zegt Jean. 'Maar we houden samen onze rug recht, toch, meiden?'

Vivian doet haar mond open en begint 'Waltzing Matilda' te zingen, en binnen de kortste keren galmen hun stemmen door het huis.

De vrouwen buiten horen het glorieuze gezang. Margaret, Norah, Ena, zuster Catharina en tientallen anderen verzamelen zich op het gazon voor het huis, en al snel vult dit vocale eerbetoon aan eenheid en solidariteit de straat.

'Ik heb nieuws,' kondigt Nesta aan wanneer ze het huis binnenstapt. Ze is zojuist naar het kantoor van Miachi geroepen, en de verpleegsters hebben op haar terugkeer gewacht. 'Kent iemand het Japanse woord voor verpleegster?' vraagt Nesta hun met een grote grijns.

In koor roept iedereen: 'Nee!'

'Nou, die soldaat bleef ons maar *kangofu* noemen, maar ik wist niet zeker of dat verpleegster betekent of dat hij ons kangoeroes noemde,' vertelt Nesta. 'Hij wil een volledige lijst van onze namen om naar huis te sturen, niet te geloven, toch? Onze families hebben al een jaar niet van ons gehoord, en hij biedt ons aan om een boodschap naar hen te sturen. Natuurlijk heb ik hem gegeven wat hij wilde, ook de namen van degenen die niet meer onder ons zijn. Bully, ik heb hem niet verteld hoe ik van hun dood wist, dus daar hoef je je geen zorgen om te maken. Goddank vroeg hij er niet naar. Hij zei ook dat we een brief naar huis mogen schrijven en dat hij ons binnenkort pen en papier zal geven.'

'Geloof je hem?' vraagt Jean.

'Hij deed vriendelijk genoeg, maar ik weet het niet. Ik kan je alleen vertellen wat hij zei. We kunnen niets anders doen dan afwachten of we inderdaad schrijfgerei krijgen.'

'Zelfs als dat gebeurt, hoe weten we dan dat de brieven ook echt worden verstuurd?' vraagt een verpleegster.

'Dat weten we niet,' antwoordt Nesta.

Ze weet dat het een gul aanbod is, maar ze heeft geen idee of de Australische autoriteiten ooit van hun bestaan op de hoogte zullen worden gebracht.

Voor de moeders met kinderen, zeker de moeders met zoons, geldt die gulheid niet, merkt ze verbitterd op wanneer alle jongens de volgende ochtend tijdens het tenko bevel krijgen om zich in een rij vóór de andere bewoners van hun huis op te stellen. Iedereen kijkt vol afgrijzen toe terwijl de jongens stuk voor stuk hun broek moeten laten zakken om hun geslachtsdelen te laten onderzoeken. Los van lengte of leeftijd wordt iedere jongen met ook maar het minste beetje schaamhaar onmiddellijk weggerukt bij zijn moeder.

'Te oud! Moeten naar mannenkamp,' zegt de Japanse bewaker terwijl de jongens worden weggevoerd. Wanneer hun moeders achter hen aan rennen, worden ze tegen de grond geslagen. Iedereen is getuige van de barbaarse scheiding van jonge kinderen van hun moeders, maar geen van de vrouwen wendt haar blik af.

June begraaft haar hoofd in Ena's rok. Vanwege haar geslacht is het kleine meisje voorlopig veilig, maar het aanschouwen van de pijn van haar vriendinnen en buren blijft haar niet bespaard.

Hoofdstuk 14

**Kamp II, Irenelaan, Palembang
April 1942 – oktober 1943**

'Enig idee wat er aan de hand is?' vraagt Nesta aan Margaret en Mrs Hinch.
Het geluid van vrachtwagens die het kamp binnenrijden heeft een heleboel vrouwen naar de straat gelokt.
'Nee. Maar ik denk dat we er zo wel achter komen,' zegt Mrs Hinch.
'Lieve hemel, hoeveel vrachtwagens zijn er wel niet?'
'Ik tel er zeven, maar misschien zijn er nog meer aan de andere kant van het hek,' zegt Margaret.
De vrachtwagens worden geparkeerd, en nu beginnen soldaten en bewakers bevelen te schreeuwen en vrouwen en kinderen te dwingen om uit de vrachtwagens te klimmen. Al snel staan er honderden doodsbange nieuwkomers die een kind aan de hand hebben, een tas met bezittingen vasthouden of een oudere gevangene ondersteunen. Zonder enige uitleg drijven de soldaten en de bewakers de nieuwe geïnterneerden door de straat en duwen er steeds een paar naar elk van de huizen die ze passeren.
'Wat gebeurt er?' vraagt Jean.
'Ik zou willen dat ik het wist, maar zo te zien krijgen we gezelschap.'

'We moeten iets doen.'

'Eens. Ga naar je verpleegsters toe en zeg dat ze al hun bezittingen moeten inpakken en naar ons huis moeten komen. De nieuwe bewoners kunnen dan in jullie huis. Als ze ook maar een beetje op ons lijken, denk ik dat ze het fijn zullen vinden als ze niet direct na aankomst worden gescheiden.'

Norah heeft vriendschap gesloten met Audrey Owen, een Nieuw-Zeelandse die bij haar in huis woont. Op heldere avonden zitten de vrouwen buiten, en dan vertelt Audrey Norah over de sterrenstelsels. Heel even vergeten ze dan waar ze zijn en leven ze tussen de sterren.

Deze avond slenteren ze naar buiten om op onderzoek uit te gaan – hoeveel geïnterneerden worden er aan het kamp toegevoegd, en wat voor nationaliteiten hebben ze? Ze kijken toe terwijl soldaten hun handen uitsteken om vrouwen te helpen uit de laatste vrachtwagen te stappen.

'Dat is vreemd,' merkt Audrey op. 'Wie zouden die vrouwen zijn?'
'Ze zijn wel erg goed gekleed, hè?'
'En ze dragen make-up. Ik bedoel, moet je zien hoe knap ze zijn.'
'Ik vraag me af...' begint Norah, maar ze maakt haar zin niet af.
'Wat?'
'Denk je dat ze hier zijn om... Nou ja... De officiers te "vermaken"?'
'Zou het? Kijk, ze voeren ze weg. Zullen we ze volgen?'
'Maar wel van een afstandje. Als dat is waarom ze hier zijn, willen we niet dat de Japanners denken dat wij erbij horen.'
'Norah!'

Nonchalant slenteren Norah en Audrey achter de vrouwen aan terwijl ze het kamp uit worden geleid en langs een licht hellende oever omlaaglopen. Ze verliezen hen even uit het oog en zien ze dan een smal stroompje oversteken en de heuvel aan de andere kant beklimmen. Boven op de heuvel staan verschillende kleine hutten. Een voor een gaan de vrouwen naar binnen, en de bewakers volgen hen met hun tassen.

'Ik denk dat het een nieuwe officiersclub is,' zegt Audrey.
'Een club op de heuvel. Nou, dat zal een hele opluchting zijn voor de verpleegsters. Nesta vertelde me dat ze allemaal doodsbang zijn dat Miachi hen weer zal komen halen.'

Kort daarna bezoeken Norah en Audrey het huis van Nesta en zien tot hun verrassing dat de vrouwen van het huis ernaast erin zijn getrokken. Ze zijn druk bezig slaapplekken toe te wijzen.
'We hebben nieuws,' zegt Norah tegen Nesta.
'Alleen voor mij of voor ons allemaal?' vraagt Nesta.
'Ik denk dat jullie dit allemaal moeten horen.'
De verpleegsters stoppen met waar ze mee bezig waren. Er daalt een gevoel van angst neer in de ruimte. Wat nu weer?
'Nou,' begint Norah. 'We waren nieuwsgierig naar de nieuwkomers, dus we gingen kijken wie er werden gebracht. En toen kwam er een vrachtwagen – de laatste, denk ik – waarin vrouwen zaten die door de soldaten werden geholpen met uitstappen.'
'Je bedoelt dat ze uit de vrachtwagen werden gesleept?' onderbreekt Betty haar.
'Nee. Dat is het juist. Zoals ik zei, de soldaten híélpen hen. En ze droegen hun tassen. Volgens mij kwamen de vrouwen uit Singapore,' vervolgt Norah. 'Ze droegen mooie kleren en make-up.'
'Uiteraard waren we nieuwsgierig,' voegt Audrey eraan toe, 'dus zijn we ze gevolgd. Ze werden naar de hutten aan de andere kant van de beek gebracht, en ik neem aan dat ze daar gaan wonen.'
'Wie zijn ze?' vraagt Vivian.
'We denken dat ze hier misschien zijn om de officiers te "vermaken",' zegt Norah.
'Echt?' zegt Nesta.
'We weten het natuurlijk niet zeker, maar ik denk van wel. Waarom zouden de Japanners anders hun tassen dragen?'
'En ze waren allemaal jong en beeldschoon, Chinese vrouwen uit Singapore, denk ik,' vult Audrey aan. 'Ik wil niet speculeren over het

beroep dat ze hiervoor uitoefenden, maar in Singapore zagen we een heleboel vrouwen die als escortdames voor de bezoekende kolonialen werkten,' zegt Audrey.

'Zullen we Mrs Hinch opzoeken?' stelt Norah voor. 'Misschien kan zij uitvissen wat er aan de hand is.'

'Dames, dank je wel,' zegt Nesta tegen Norah en Audrey. 'Dit zou goed nieuws voor ons kunnen zijn.'

'Maar misschien niet zulk goed nieuws voor die vrouwen,' voegt Vivian eraan toe, met een blik naar de vier vrijwilligsters. Zij weten beter dan wie ook wat er voor deze vrouwen in het verschiet ligt; en of ze nu uit eigen vrije wil zijn gekomen of niet, het is bepaald geen goed nieuws voor hen.

'Inchi! Inchi!' roept Ah Fat, terwijl hij zijn hoofd om de deur van het huis van Mrs Hinch steekt.

'Wat wil je, Ah Fat?' Mrs Hinch is niet in de stemming voor een van Miachi's tirades. Ze is net gedwongen verhuisd, en er is bij lange na niet genoeg ruimte voor iedereen om te slapen.

De nieuwe geïnterneerden hebben de stress van het kampleven nog verhoogd. De huizen zitten overvol en er is een taalbarrière. De nieuwkomers zijn overwegend Chinese vrouwen uit Singapore die maar beperkt Engels spreken. In de afgelopen paar dagen hebben de kampbewoonsters zich zo verdeeld dat ze min of meer met mensen samenwonen die dezelfde taal spreken. Voedsel, dat altijd al een probleem was, is een netelige kwestie geworden, en er wordt gevochten om de karige rantsoenen. Lipstick Larry en Grumpy hoeven niet al te hard te zoeken naar redenen om de kibbelende vrouwen te berispen en te slaan.

'Luitenant Miachi wil je spreken.'
'Waarom?'
'Kom mee, je hoort het zo dadelijk wel.'
'Ik kom zo. En nu wegwezen.'
'Inchi, nu meekomen.'

'Ik kom zo, zei ik,' snauwt Mrs Hinch. Ze wil niet dat de tolk denkt dat ze naar zijn pijpen danst, dus soms heeft het zijn nut om koppig te zijn.

Beteuterd verlaat Ah Fat het huis.

Het bezoek van Mrs Hinch aan luitenant Miachi levert zowel goed als slecht nieuws op. Het nieuwtje verspreidt zich dat een plaatselijke koopman toestemming zal krijgen om twee dagen per week het kamp te bezoeken en daar voedsel, toiletspullen en andere nuttige voorwerpen te verkopen. Hij is bereid om te ruilen tegen alles wat enige waarde heeft. Uiteraard veroorzaakt dit opwinding in het kamp. De kans om voedsel te kopen voelt als een droom.

De volgende middag komt Gho Leng met zijn ossenkar. De vrouwen verdringen zich rond de kar terwijl hij bananen, mango's, limoenen, erwten en bonen uitstalt. Er is thee, boter, bloem en rijst, vermengd met gratis proteïnerijke kevertjes. De bofkonten die met hun bagage naar het kamp zijn gekomen, kunnen geld of sieraden ruilen voor producten. Alle anderen kijken verlangend naar de overvolle kar. Nesta kan de mango's bijna proeven, het water loopt haar in de mond, en op de een of andere manier lukt het haar niet om haar blik af te wenden.

'Nou,' zegt ze, starend naar het rijpe oranje fruit, 'als we geen geld hebben, zullen we het gewoon moeten verdienen.'

Norah treft June opgekruld op haar bed aan, in plaats van buiten, spelend met haar vriendinnen.

'Wat is er, liefje? Voel je je wel goed?' Ze legt haar hand op het voorhoofd van het kleine meisje. Ze heeft echter geen koorts.

'Ik voel me prima.'

'Weet je dat zeker? Zo zie je er niet uit.'

'Het is gewoon, nou ja, Charlie wilde me geen stukje van zijn banaan geven. Hij zag er zo lekker uit, en ik dacht dat Charlie mijn vriend was en dat hij me een hapje zou geven.'

Norah trekt June tegen zich aan. 'Meisje, het spijt me zo. Hebben je vrienden soms speciale dingen te eten?'

'Ja! Vandaag had Charlie een banaan, en Susan had gisteren een mango. Ze zeiden dat ze niet mochten delen van hun moeders.'

Ena komt de kamer binnen en ziet Norahs bezorgde gezicht. 'Alles goed?'

'Charlie had een banaan en hij wilde June geen hapje geven,' vertelt Norah haar.

'Kunnen jullie zorgen dat ik een banaan krijg, tantes? Ik zou de mijne delen.'

'Dat weet ik, lieverd. Waarom ga je niet buiten spelen, dan proberen tante Ena en ik te bedenken hoe we aan een banaan kunnen komen.'

Nu ze weet dat ze misschien wel een eigen banaan krijgt, huppelt June weer naar buiten.

'Niet te geloven!' zegt Norah mismoedig. 'We kunnen ons kleine meisje niet eens zoiets simpels als een banaan geven. Denk eens aan de duizenden bananen die we op de grond zagen rotten voordat we hier kwamen... En nu zou ik er alles voor overhebben om er eentje te bemachtigen, ook al is het een rotte.'

'We vinden er wel iets op, Norah,' verzekert Ena haar zus. 'June krijgt haar banaan. Maar dit begint de spuigaten uit te lopen, het kamp is verdeeld in mensen die iets extra's te eten krijgen en mensen die verhongeren.'

Ena heeft gelijk, er is ongelijkheid in het kamp en daar wil ze iets aan doen. Het kampcomité wordt bijeengeroepen voor een spoedoverleg, en Margaret en Nesta begeven zich samen met de andere huisleiders naar het huis van dokter McDowell.

'We moeten iets doen om de gemoederen in het kamp te beheersen,' zegt dokter McDowell. 'Nog maar kort geleden steunden we elkaar en zorgden we voor elkaar, en nu is iedereen gespannen en van slag.'

'Het komt door Gho Leng,' merkt een van de huisleiders op.

'Het komt doordat sommige vrouwen spullen kunnen kopen, en andere niet,' voegt Margaret eraan toe.

'Het is niet onze schuld dat sommigen van ons nog bezittingen hebben,' merkt een ander op. 'Heb je liever dat we die aan de Japanners geven?'

'Nee, natuurlijk niet. Maar het zou fijn zijn als jullie je rijkdom zouden delen met de vrouwen die niets hebben. Dat wil ik maar zeggen.' Margaret mag dan zacht praten, maar het is volstrekt duidelijk dat ze geïrriteerd is.

'Je komt op voor de verpleegsters, daarom zeg je dat,' krijgt ze te horen. 'Maar het is toch zo dat de verpleegsters zowat niets bij zich hadden toen ze in het kamp kwamen?'

'We zijn prima in staat om voor onszelf op te komen,' zegt Nesta fel. 'Maar wij zijn niet de enigen die hier met niets zijn gekomen. De paar spullen die we bezitten, hebben we te danken aan de gulheid van anderen.'

'Hoeveel van jullie hebben een van de verpleegsters op bezoek gehad om voor jezelf of voor een familielid te zorgen?' vraagt Margaret.

Niemand geeft antwoord.

'En hoe zouden jullie het vinden als ze nu ineens betaald zouden willen worden voor de zorg die ze jullie of jullie kinderen geven?'

'Dat zouden ze nooit doen!' zegt de vrouw. 'Zo zijn verpleegsters niet.'

'Precies. Dus het is wél eerlijk dat zij geven en dat jullie ontvangen? Is dat wat jullie denken?'

'Ik heb een voorstel, als ik zo vrij mag zijn,' zegt Mrs Hinch, die niet wil dat dit overleg op ruzie uitdraait. 'Waarom vormen we geen winkelcomité? Ik denk dat we moeten afspreken dat we voortaan alles wat we van Gho Leng kopen eerlijk verdelen, voordat de situatie uit de hand loopt.'

De vrouwen stemmen in, sommigen van harte en anderen met tegenzin, en het overleg eindigt. Er wordt een winkelcomité van zes leden benoemd.

Gho Leng bezoekt het kamp regelmatig, en in nabijgelegen dorpen doet het nieuws de ronde dat de geïnterneerden 'geld' te spenderen hebben. Al snel wordt luitenant Miachi door andere plaatselijke kooplieden benaderd; zij willen ook profiteren.

Uiteindelijk geeft de commandant een tweede koopman toestemming om het kamp twee keer per week te bezoeken, zolang de vrouwen de aankopen onderling blijven delen.

Wanneer het tijd is om te handelen worden de zes aangewezen winkelaars enthousiast geassisteerd door de andere vrouwen, die zich verzamelen om de aangeboden koopwaar te bekijken.

'Lieve hemel, Betty! Moet je zien, hij heeft lippenstift,' zegt Vivian terwijl ze haar vriendin aanstoot. 'Zie je voor je dat we allemaal lippenstift dragen, zelfs de kinderen? Wat zou Lipstick Larry dan doen?'

'Hij zou een toeval krijgen,' zegt Nesta lachend. 'En hij zou niet weten wie hij als eerste moest meppen.'

'Ik denk dat we beter voedsel kunnen kopen,' merkt een vrouw droogjes op.

Norah verschijnt naast Betty. 'Zijn er bananen?'

'Ja, en we kopen ze allemaal.'

'Zou ik er eentje mogen, voor June? Verder hoeven we niets. Alleen een banaan.'

Betty trekt een banaan van de tros en geeft die aan Norah. 'Hoe goed kun jij eigenlijk koken?' vraagt ze.

'Heel goed. Thuis kookte ik altijd voor vrienden. Hoezo?'

'Vanavond geven we bij ons thuis een kookles voor een paar van de dames uit Singapore; ze willen graag op de Engelse manier leren koken. Ze betalen er zelfs voor. Zou jij een van onze leraren willen zijn? Dan delen we het geld met jou.'

Norah omhelst Betty, oppassend dat ze haar kostbare fruit niet plet.

'Hoe laat?' vraagt ze met een knipoog.

'Ik weet dat er plannen zijn voor een ceremonie om stil te staan bij ons vertrek uit Singapore, een jaar geleden,' zegt Nesta tegen Jean. 'Maar voor Vivian draait dat om wat er op Radji Beach is gebeurd. We moeten met haar praten.'

Het is Nesta opgevallen dat Vivian niet meedoet aan hun gezellige bijeenkomsten of hun kaartspelletjes. Ze was altijd de eerste die zich aanbood om smerige karweitjes uit te voeren of midden in de nacht een ziek kind te helpen. Nu zit ze het grootste deel van de dag stilletjes in haar eentje.

Ze treffen Vivian achter in de tuin aan, zittend onder een boom. Ze lijkt de stortbui niet op te merken die haar tot op het bot doorweekt heeft.

'Mogen we bij je komen zitten?' vraagt Nesta.

'Als je wilt,' zegt Vivian. 'Maar jullie weten dat het regent, toch?'

'Eerlijk gezegd ben ik blij dat jíj weet dat het regent; toen we je zagen zitten, twijfelde ik even,' zegt Jean. 'Je lijkt de laatste tijd zo ver weg.'

'Waar ik vandaan kom, regent het soms maandenlang niet, dus ik vind het niet erg.'

'We hebben overlegd,' zegt Nesta. 'We vinden niet dat we iets groots moeten organiseren om erbij stil te staan dat we een jaar geleden uit Singapore zijn vertrokken. Maar wat als we verhalen delen over de vrouwen die niet meer bij ons zijn, en in het bijzonder de vrouwen die bij jou op het strand waren?'

Jean valt haar bij. 'We zouden het fijn vinden als jij een dienst zou willen leiden. Als je dat ziet zitten natuurlijk.'

Vivian kijkt naar beide vrouwen en veegt een traan weg.

'Ik kan niet geloven dat het al een jaar geleden is. Ik zie hun gezichten nog voor me. We liepen het water in, en we keken elkaar aan, en ik weet nog dat we allemaal glimlachten. We wisten wat er ging gebeuren, dat dit het einde was, maar dat maakte niet uit, want we waren samen.'

'Dit is precies wat ik bedoel,' zegt Nesta vriendelijk. 'We willen graag dat je hun verhalen deelt, we willen de laatste woorden van hoofdverpleegster Drummond weer horen.'

'Ik weet zeker dat de meisjes het heel fijn zouden vinden om ook hun eigen verhalen over de vrouwen te vertellen,' zegt Jean. 'Er zijn zoveel grappige, mooie herinneringen die we hebben gedeeld sinds we ons thuis hebben verlaten. Wat vind je ervan?'

'Dank je wel, dat zou ik fijn vinden,' antwoordt Vivian met een klein glimlachje.

Ze staat op en steekt haar handen uit om Nesta en Jean overeind te helpen. 'Kom, dan gaan we naar binnen, weg uit de regen.'

Het nieuws over de geplande herdenking van de verpleegsters verspreidt zich door het kamp. Nesta en Jean worden benaderd door een aantal vrouwen die graag mee willen doen, in het bijzonder Norah, Ena en andere overlevenden van de Vyner Brooke.

De avond voor de herdenking roepen Nesta en Jean alle verpleegsters bij elkaar.

'We zitten met een dilemma. Jullie hebben vast gehoord dat veel van de vrouwen, en de Engelse vrouwen in het bijzonder, morgen naar onze herdenking willen komen,' begint Nesta. 'Ik weet dat we van plan waren om dit onder ons te houden, maar Jean en ik hebben overlegd, en het lijkt ons oneerlijk om de vrouwen en de kinderen uit te sluiten die samen met ons op de Vyner Brooke zaten. Wat vinden jullie?'

'Wat mij betreft zijn ze welkom,' zegt Vivian.

'We laten iedereen toe die er graag bij wil zijn,' stelt Nesta voor. 'En als de rest is vertrokken, houden we onze eigen privéherdenking. Eens?'

Zonder uitzondering beamen de verpleegsters dat dit de beste en veiligste manier is om te herdenken.

Op de dag zelf is het huis van de verpleegsters helemaal vol. De ramen worden opengezet, want buiten staan nog veel meer vrouwen.

De aanwezige Nederlandse nonnen hebben de kaarsen meegebracht die ze voor het laatst op eerste kerstdag hebben gezien. Margaret en moeder Laurentia gaan iedereen voor in gebed en nodigen sprekers uit om het woord te nemen. Ena spreekt kort namens zichzelf, Norah, John en de kleine June. Anderen van de Vyner Brooke herdenken vrienden en familieleden die niet langer bij hen zijn. Later die avond neemt Margaret het woord namens alle vrouwen en kinderen die niet op die noodlottige dag aan boord waren van de Vyner Brooke, maar die per boot en over het land naar het kamp zijn gebracht. Het maakt niet uit hoe ze er zijn gekomen, het doet er enkel toe dat ze hier nu allemaal samen zijn.

Wanneer alle vrouwen ten slotte hebben gezegd wat ze wilden zeggen, loopt de herdenking ten einde. Er worden afscheidswoorden en omhelzingen uitgewisseld.

'Goed gedaan, meisjes, ik ben zo trots op jullie,' zegt Nesta tegen de verpleegsters. Het valt haar op hoe vermoeid ze eruitzien, maar er is nog veel meer wat ze kwijt willen.

Met de ramen gesloten gaan ze in een kring zitten en pakken elkaars handen vast.

'Bully, dank je wel dat je de moed hebt om nu voor ons te spreken,' zegt Nesta hartelijk.

Wanneer Vivian hardop terugdenkt aan het moment waarop ze in het water lag, waarop ze het strand op krabbelde en haar vrienden en collega's terugvond, huilt iedere verpleegster zachtjes. Als ze de woorden herhaalt die hoofdverpleegster Drummond sprak toen ze de branding in liepen, wordt het gesnik luider, maar Vivian hapert niet.

'Ik kroop het strand op toen het donker werd, en nu ben ik hier bij jullie.' Het wekt geen verbazing dat Vivians stem trilt. Nesta staat er versteld van dat het haar is gelukt om de hele gruwelijke reeks gebeurtenissen in één keer te vertellen.

Ze haast zich naar Vivian toe en omhelst haar stevig, haar de ruimte gevend om net als de anderen haar tranen te laten lopen.

Dan wacht ze tot de verpleegsters zijn uitgehuild en vraagt of iemand een verhaal zou willen delen over een persoon die niet langer bij hen is.

Het is al laat wanneer het laatste verhaal is verteld. Er vloeien nu tranen van het lachen over de capriolen die hun gesneuvelde vriendinnen in Malakka en Singapore hebben uitgehaald.

Ten slotte slepen de vrouwen zich uitgeput naar hun geïmproviseerde bedden, maar niet voordat ze Vivian stevig hebben omhelsd.

'Ik heb honger, tante Norah, kun je nog een banaan voor me halen?' smeekt June.

'Ik weet het, lieverd. Ik beloof dat we vanavond zullen proberen om meer voedsel voor je te regelen. Ga nu maar lekker slapen.'

'Ze zou buiten moeten spelen, maar ze is te zwak,' zegt Ena. De bezorgdheid klinkt door in haar stem terwijl ze zachtjes over Junes haar streelt.

'Ze begrijpt niet hoe het kan dat we een paar weken geleden nog genoeg hadden – nou ja, net genoeg – en nu niet meer.'

'Vanavond mag ze mijn rantsoen hebben, ik heb het niet nodig,' zegt Ena.

'Laten we haar ieder de helft van ons rantsoen geven. We hebben zelf ook iets nodig als we overeind willen blijven, omwille van haar.'

Aan de overkant van de straat bespreekt Nesta dezelfde kwestie met Jean.

'Ik kan niet geloven dat we weer terug zijn waar we begonnen in het eerste kamp. Er is gewoon niet genoeg voedsel om te overleven.'

'Ik weet wat je bedoelt. Ik dacht dat Gho Leng zou blijven komen, maar hij is verdwenen.'

'We hadden kunnen weten dat hij alleen seizoensproducten in handen kan krijgen. We zullen gewoon moeten wachten tot het fruit rijpt. In de tussentijd begin ik me zorgen te maken over een paar van de jonge verpleegsters. Moet je ze zien, ze kwijnen weg, terwijl dit de mooiste tijd van hun leven zou moeten zijn.'

'Vivian vertelde me dat ze er een paar heeft betrapt die hun rantsoen naar de ziekenboeg brachten om aan de patiënten te geven.'

'Dat verbaast me niets,' zegt Nesta. 'Het stemt me nederig om te zien hoe ze zich inzetten voor de zieken, maar ik weet niet hoe we ze kunnen helpen. We zitten allemaal in hetzelfde schuitje.'

Op dat moment zwaait de voordeur open en stapt een jonge verpleegster naar binnen.

'Nesta, kan ik je even spreken?'

'Natuurlijk, wil je gaan zitten?'

'Nee, als ik ga zitten, denk ik niet dat ik nog overeind kom.'

Nesta sluit de deur en vraagt: 'Hoe gaat het met je?'

'Ongeveer zo goed als met de andere kampbewoonsters, maar ik maak me zorgen.'

'Waarover?'

'Ik kom net van een van de Chinese families. Een van de moeders wenkte me tijdens mijn ronde en vroeg of ik naar haar kinderen wilde komen kijken.'

'Zijn ze ziek?'

'Ik zou graag willen dat jij ze onderzoekt, maar ik vrees dat ze tyfus hebben.'

Nesta hapt naar lucht. Dat is het laatste wat hun vermagerde lichamen kunnen gebruiken.

'Oké, dat is ernstig. Breng me naar het huis en ga dan dokter McDowell halen. Maar wees discreet, we willen niemand bang maken.'

Even later verschijnt dokter McDowell in het huis van de Chinese familie, met de jonge verpleegster in haar kielzog. Nesta heeft iedereen gevraagd om de kamer te verlaten, behalve de moeder van de twee kinderen die zwetend, rillend en ijlend op de vloer liggen.

'Hoelang zijn ze al zo?' vraagt dokter McDowell, terwijl ze naast de kinderen knielt om ze te onderzoeken.

Nesta moet de moeder dwingen om zich op de vragen van de dokter te concentreren.

'Een dag of twee, drie,' zegt ze.

Dokter McDowell staat op en wendt zich tot de jonge verpleegster. 'Hoe heet je?'

'Eileen, dokter.'

'En je hebt tegen Nesta gezegd dat je denkt dat deze kinderen tyfus hebben?'

'Ja. Het spijt me, zat ik ernaast?'

'Nee, je hebt het goed gezien. Ik wil je bedanken voor je snelle reactie.' De dokter richt zich tot Nesta. 'We moeten deze kinderen onmiddellijk naar de ziekenboeg verplaatsen, maar we moeten Miachi ook waarschuwen. Ik ga hulp regelen. Wil jij naar Mrs Hinch gaan en haar vertellen dat ze op zoek moet naar haar favoriete vriend, Ah Fat? Ze moet hem laten weten hoe ernstig de situatie is, zodat hij het door kan geven aan de commandant. Ik zal proberen de kinderen zo goed mogelijk in quarantaine te plaatsen, samen met hun moeder. Eileen, zou jij hier willen blijven tot ik terugkom?'

'Natuurlijk, dokter.'

'Laten we gaan, Nesta.'

Voordat ze vertrekt, keert Nesta zich naar de jonge verpleegster toe. 'Goed gedaan, Eileen, heel goed gedaan. Je hebt misschien wel de levens van deze kinderen gered.'

Binnen een paar dagen worden er nog meer geïnterneerden uit hetzelfde huis gediagnosticeerd met tyfus. Om de rest van het kamp te beschermen wordt het huis een quarantainezone waarin de verpleegsters vierentwintig uur per dag zorg bieden.

Dokter McDowell komt meerdere keren per dag langs.

Er heerst echter paniek onder de Japanse bewakers, die al even bang zijn voor ziektes als voor hun menselijke vijand. Miachi laat Mrs Hinch en Nesta naar zijn kantoor komen.

'Commandant wil weten hoe erg de ziekte is.' zegt Ah Fat.

'Het is ons gelukt om het tot één huis te beperken, maar in dat huis zitten veertien mensen met een zekere diagnose van tyfus,' antwoordt Nesta.

'Commandant vraagt wat we kunnen doen om verspreiding tegen te gaan.'

'We hebben schoon water nodig, niet het vervuilde water uit de put. En we hebben meer brandhout nodig om het water te koken en om oppervlakken schoon te maken.'

Miachi antwoordt niet meteen.

'En dat hebben we nú nodig,' vult Mrs Hinch aan.

Miachi spreekt vlug tegen Ah Fat, die vertaalt.

'Commandant geeft vrouwen toestemming om kamp te verlaten en water uit de beek te halen. Ze kunnen ook hout uit de jungle halen om te stoken.'

Dat ze het kamp uit mogen om water en brandhout te halen, doet wonderen voor het humeur van de vrouwen. Ze grijpen de gelegenheid aan om zich te wassen in de beek. Er branden de hele dag vuurtjes om het water te koken dat ze drinken en gebruiken om voedsel af te spoelen. De tyfusuitbraak blijft beperkt tot het ene huis, en alle patiënten overleven het, behalve een oudere grootmoeder.

Miachi en zijn officiers blijven op afstand in het kamp, en gedurende een heerlijke maar erg korte periode is er geen tenko, geen mishandeling en geen Lipstick Larry.

'Ik wil al mijn lessen bij zuster Catharina volgen,' verkondigt June op een ochtend tegen Ena en Norah.

'Liefje, ze geeft knutselen,' zegt Ena.

'Ze is mijn lievelingsjuf.'

'Iedereen is gek op haar, inclusief de volwassenen,' zegt Norah. 'Ik denk dat ik die lessen van haar ook ga volgen, wat vind jij?'

'O, tante Norah, jij bent te oud om naar school te gaan.'

'Je hebt gelijk. Kom, dan breng ik je weg. Wie weet krijg je vandaag of morgen wel knutselen.'

Vivian en Betty verlaten ook net het huis wanneer Norah met June naar buiten stapt.

'Hallo, zuster Betty en zuster Vivian!' roept June naar hen. 'Ik ga naar school, maar ik krijg zuster Catharina alleen als juf bij knutselen.'

'Hallo, June, Norah, fijne dag gewenst,' roept Betty terug.

'Geef jij ons vandaag ook les?' vraagt June terwijl ze naar de Nederlandse huizen lopen waar de lessen worden gegeven.

'Nou, we hebben besloten dat er al een heleboel bijzonder slimme mensen in het kamp zijn, dus gaan wij de leuke juffen zijn en met de kinderen spelen,' vertelt Vivian.

'Echt? Mogen we spelen in plaats van leren?'

'Na de lessen. Maar er zijn een paar jongens die niet naar school willen, dus we gaan met hen spelen.'

'Wat gaan jullie doen?' vraagt June, opkijkend naar Vivian.

'We gaan lijnen op de grond tekenen om te hinkelen, en daarna gaan we tikkertje doen.'

'Die spelletjes ken ik!'

Norah blijft even staan om Vivians gesprek met de weerbarstige jongens gade te slaan.

'Hé, we zijn hier!' roept Vivian naar een groepje jongens in de basisschoolleeftijd dat achter in het kamp rondhangt. Met hun handen in hun zakken gestoken schoppen ze in het zand, en geen van hen maakt oogcontact met Betty of Vivian.

'Hebben jullie weleens een katapult gemaakt?' vraagt Betty.

'Wat is een katapult?' vraagt een van de jongens.

'Zoiets als een pijl-en-boog, maar dan met een steen in plaats van een pijl en een katapult in plaats van een boog.' Betty beseft dat ze het niet erg goed uitlegt. 'Laten we op zoek gaan naar takken in de vorm van een Y, dan laat ik het jullie zien.'

'We gaan eerst op speurtocht naar de materialen die we nodig

hebben, en dan helpen Betty en ik jullie om ze te maken,' voegt Vivian eraan toe. 'Wat vinden jullie ervan?'
De jongens halen hun schouders op.
'Het is een wapen, weet je,' zegt Vivian grijnzend. Dat trekt hun aandacht. Ze kijken haar geïnteresseerd aan.
'Jullie zullen het geweldig vinden. Kom, we vormen twee teams en dan gaan we op zoek naar de spullen die we nodig hebben. De eerste die een wapen heeft gemaakt, wint.'
'Mag ik ook een katapult maken, tante Norah?' vraagt June wanneer ze verder lopen.
'Misschien,' zegt Norah. 'Als je ouder bent.' Er vormt zich een brok in haar keel. Ze wil niet dat het kleine meisje ouder wordt in dit kamp.

'Kom op, June. Tijd om op te staan. Vanochtend heb je je favoriete les, knutselen met zuster Catharina,' zegt Ena smekend tegen het kleine meisje.

Naarmate de weken verstrijken, worden de lessen minder goed bezocht, grotendeels doordat de kinderen te weinig kracht hebben om het huis te verlaten. Degenen die het lukt om het schooltje te bereiken, hebben moeite om hun aandacht bij de lessen te houden. Ze worden afgeleid door hun rammelende magen. Wanneer juni 1943 aanbreekt, beginnen de voedselschaarste en het gebrek aan brandhout om vervuild water te koken hun tol te eisen van alle kampbewoners.

'Ik ben te moe en mijn buik doet pijn.'

'Wat naar voor je, liefje. Ik zal gaan kijken of tante Norah een beetje rijst heeft gevonden.'

Norah is buiten, waar ze samen met Audrey de afvoerpijp schoonmaakt die langs hun huis loopt. Ena's hart breekt wanneer ze haar zus op handen en knieën ziet zitten en modder en rioolafval uit de pijp ziet schrapen, in de wetenschap dat ze weer helemaal opnieuw kunnen beginnen zodra het gaat regenen.

'Hoi,' zegt ze op geforceerd opgewekte toon.
'Hoi, Ena, we zijn bijna klaar,' zegt Audrey.
'Ik ga een emmer water halen zodat jullie je handen kunnen wassen,' zegt Ena, en ze vertrekt naar de put.
'Er zit haar iets dwars,' merkt Audrey op.
'Dat denk ik ook, maar dat vertelt ze me wel wanneer ze terugkomt.'
'Laat mij dit maar afmaken, dan kun jij met haar gaan praten.'
Norah treft Ena op de weg terug met een kleine emmer water. Ze lopen naar de rand van de straat, waar de afvoer vrijuit stroomt. Ena giet het water over Norahs handen en haar zus schrobt ze schoon.
Wanneer Norah haar druipende vingers droog schudt, zegt ze: 'Je maakt je zorgen om June, hè?'
'Wat ken je me toch goed. Ze staat niet op, ze is zo zwak. Ik weet niet wat ik moet doen, ik kan het nauwelijks verdragen om naar haar te kijken. Wat ben ik voor verzorger als ik haar niet eens genoeg te eten kan geven?'
'Ena, jij bent het beste in haar leven sinds we schipbreuk hebben geleden. Het is niet jouw fout dat er geen eten is, maar we moeten iets voor haar vinden. Ik ga Nesta vragen of zij ideeën heeft.' De zussen omhelzen elkaar.
'O, en nog iets,' zegt Norah voordat ze uit elkaar gaan. 'Audrey heeft het gerucht opgevangen dat Miachi gaat vertrekken.'
'Echt? Heeft ze ook gehoord wanneer?'
'Nee, en zoals ik zei, het is maar een gerucht.'

Betty doet de deur voor Norah open.
'Hoi, Betty,' zegt Norah, en ze kijkt langs haar heen de woonkamer in. De aanwezige verpleegsters kijken een beetje schaapachtig. 'Is Nesta hier? Ik wilde haar even spreken.'
'Eh... Nee, ze is er niet, maar ze kan elk moment terug zijn.'
'Dan kom ik later wel terug. Kun je tegen haar zeggen dat ik langs ben geweest?'

'Tuurlijk, tenzij een van ons kan helpen?'

'Nee, dank je, ik vraag het wel aan Nesta.'

Wanneer Norah zich omdraait om te vertrekken, stormt Nesta door de achterdeur de woonkamer in.

'Vivian had gelijk,' roept ze uit. 'Er wordt op dit moment iemand begraven!' Dan ziet ze Norah bij de voordeur staan. 'O, Norah, hallo. Ik had niet gezien dat je er was.'

'Geen probleem, ik ging net weg. Kan ik je later even spreken?'

'Nee, wacht, wacht. Wat vinden jullie, meisjes?' vraagt Nesta aan de verpleegsters, die allemaal een verwachtingsvolle uitdrukking op hun gezicht hebben.

'Laten we haar vertellen wat we hebben ontdekt,' zegt Jean. 'We weten nog niet of het mogelijk is, dus waarom niet?'

'Wat is er aan de hand?' Norah stapt weer naar binnen en doet de deur achter zich dicht.

'Een paar weken geleden was Vivian op zoek naar voedsel achter de ziekenboeg...'

'Ik wist niet dat je daar kon komen,' zegt Norah. 'Ik dacht dat het hek recht achter de ziekenboeg langs liep.'

'Dat is ook zo, maar ik ben inmiddels zo mager dat ik me ertussen kan wringen. Ik wilde zien wat ik door het hek kon pakken, en toen zag ik iets,' vertelt Vivian.

'Ze zag mensen die tussen de bomen door liepen,' voegt Nesta eraan toe. 'Ze stopten een poosje, en toen ze vertrokken, kon Vivian zien dat het een begraafplaats was. Ze hadden net iemand begraven.'

'Ja, en?'

'Ik zag dat ze voedsel en fruit op een graf hadden achtergelaten,' vertelt Vivian.

'We denken dat het een offer voor de doden was,' vult Nesta aan. 'En het rot gewoon weg, of de dieren pakken het. Dus nu glipt een van ons elke dag op dezelfde tijd achter de ziekenboeg en wacht om te zien of er iemand begraven wordt. Vandaag was het mijn beurt, en ze zijn nu iemand aan het begraven.'

'Wat gaan jullie doen?' vraagt Norah.

'We hebben een klein gat gemaakt in het hek, en ik denk dat ik daardoorheen pas,' zegt Nesta triomfantelijk. 'We wachten tot ze allemaal weg zijn, en dan ga ik dat voedsel pakken.'

'Nesta, ik kwam je opzoeken omdat ik wilde vragen of je iets te eten hebt voor June. Ze kwijnt weg.'

'Waarom ga je niet met me mee? Ik weet niet hoeveel er zal liggen, maar ik neem het allemaal mee.'

'Vind je dat niet respectloos tegenover de dode?'

'Nee,' zegt Nesta. 'De kinderen in het kamp hebben niets te eten, en ik wil al het mogelijke doen om ze in leven te houden.'

'In dat geval ga ik graag met je mee.'

'Na afloop zullen we onze buit verdelen onder de mensen met kinderen. Kom, dan gaan we kijken. Het wachten is niet zo erg, en het is daar heerlijk schaduwrijk.'

Nesta en Norah lopen nonchalant over het midden van de straat naar de ziekenboeg, ieder met een wateremmer in hun hand. Wanneer ze bij de ingang zijn, controleren ze of er iemand in de buurt is. Zodra ze hebben vastgesteld dat de kust veilig is, sluipen ze langs de zijkant naar de achterkant van het gebouw. Bij een klein gat in het hek blijft Nesta staan, en de vrouwen hurken.

'Ze gaan weg,' fluistert Nesta.

Norah tuurt door de dichte begroeiing en ontwaart iets van beweging, een stukje verderop. Ze blijven nog een poosje wachten en proberen een glimp op te vangen van het graf.

'Ik zie een soort heuveltje. Ik weet niet of het voedsel is of dat het bloemen zijn,' fluistert Norah.

'Ik ga kijken, blijf jij hier.'

Norah kijkt toe terwijl Nesta zich door het gat in het hek wurmt en door de begroeiing naar de begraafplaats kruipt. Ze verdwijnt even uit het zicht, en dan ontdekt Norah haar weer.

Nesta komt naar haar toe, met haar armen vol met... iets.

'Hier, Norah. Neem dit aan, vlug, dan ga ik nog meer halen.'

Nesta duwt mango's, aardappels en uien in Norahs armen en haast zich dan weer weg. Een paar minuten later komt ze terug met twee bananen, een rieten mandje met gekookte rijst en twee vruchten die ze niet herkennen, maar die geruststellend groot zijn. Norah neemt het voedsel aan en stapelt het in hun wateremmers.

Bij hun terugkeer worden ze begroet als helden. Norah neemt een van de bananen mee en laat het aan de verpleegsters over om de rest van het voedsel onder de gezinnen met kinderen te verdelen.

'June, word wakker, liefje. Tante Norah heeft iets voor je.'

'Ik wil niets.'

'Zelfs geen banaan?' vraagt Norah plagend, en ze haalt de banaan achter haar rug vandaan.

Junes gezichtje licht op van vreugde. Het is een kort moment van respijt, maar evenzogoed genieten ze er intens van.

'Dit is de nieuwe commandant van het kamp, hij heet Kato. Gedraag je alsjeblieft, dan zal jullie niets overkomen,' vertelt Ah Fat de vrouwen bij het tenko. Het gerucht over Miachi blijkt dus waar te zijn.

Wanneer de aankondiging is gedaan, benen Kato en Ah Fat meteen terug naar het administratieblok. De vrouwen slenteren terug naar hun huizen of naar de put, in de hoop dat er wat water zal zijn om op te halen.

'Ik vraag me af hoe deze zal zijn,' zegt Mrs Hinch tegen Norah.

'Misschien geeft hij ons meer te eten, maar ik durf te wedden dat er niets zal veranderen.'

'Ik zal een afspraak met hem regelen en benadrukken dat ze ons meer voedsel moeten geven, of dat hij moet zorgen dat er meer plaatselijke kooplui komen,' besluit Mrs Hinch.

'Veel succes,' zegt Norah, met weinig hoop dat er iets van terecht zal komen.

'Als iemand me twee jaar geleden had verteld dat ik vuilnis door zou spitten op zoek naar etensrestjes, zou ik het niet hebben geloofd. Maar weet je wat, ik vind het best leuk.' Mrs Hinch grijnst breed.

'Dokter McDowell, mag ik iets vragen?' vraagt Nesta aan de dokter, die haastig heen en weer rent tussen haar koortsige patiënten. De omstandigheden in het kamp zijn verslechterd, en er is zowel tyfus als knokkelkoorts uitgebroken. Al snel ligt de ziekenboeg vol met ernstig zieken. De verpleegsters wisselen huisbezoeken af met diensten in de onderbemande, weinig hygiënische ziekenboeg. Nesta werkt echter uitsluitend in de ziekenboeg.

'Wat kan ik voor je doen, zuster?'

'Er is een patiënt die samen met een paar anderen is binnengekomen, maar ik kan niet vaststellen of ze tyfus of knokkelkoorts heeft.'

'Wat zijn haar symptomen?' vraagt de dokter vermoeid.

'Ernstige hoofdpijn, geen uitslag, maar wel buikpijn.'

'Kan haar buikpijn door de honger worden veroorzaakt?'

'We hebben allemaal honger, en er is verder niemand die specifiek over buikpijn klaagt, behalve zij.'

'Hm, ik zou willen dat ik met zekerheid kon zeggen dat het knokkelkoorts is. Het klinkt in elk geval ernstig. Probeer het haar zo gemakkelijk mogelijk te maken, en dan zal ik iedereen waarschuwen dat ze alert moeten zijn op buikpijn. Dat zou het onderscheidende symptoom kunnen zijn.'

Het moreel in het kamp bereikt een dieptepunt. Elke dag lopen er vrouwen verdwaasd over straat, zonder te letten op de stortregens die elke middag vallen. Ongevraagd nemen Norah en Audrey het op zich om de afvoeren aan hun kant van de straat schoon te houden. Twee van de nonnen doen hetzelfde aan de andere kant. Vaak zijn zij de enigen die dit smerige karweitje oppakken.

Tijdens de stortbuien loopt Margaret door het kamp en spreekt met de vele vrouwen die als verdoofd door het kamp dwalen, iets waar ze zich net zo'n zorgen over maakt als over de fysieke aandoeningen. Op een dag benaderen zij en Norah een jonge vrouw die wankelend over straat loopt. Het valt Norah op dat ze niet zoals veel anderen recht voor zich uit staart, maar omlaag, naar de modder waar ze doorheen sjokt. Margaret pakt de arm van de vrouw vast.

'Hoe heet je, lieverd?' vraagt ze.

De vrouw met de lege blik keert zich naar Margaret toe. Met een verwarde uitdrukking probeert ze te begrijpen wat er tegen haar wordt gezegd.

'Ik ben Sonia.'

'Ik heb een idee, Sonia. Kijk eens omhoog,' zegt ze zacht. 'Kijk omhoog, lieverd.'

Langzaam kijkt Sonia op, en de regen doorweekt haar gezicht en wekt haar uit haar verdwaasde toestand.

'Wat zeg je? Wat wil je van me?'

'Alleen dat je omhoogkijkt.'

De vrouw grijpt Margarets schouders vast en begint haar heen en weer te schudden. Norah probeert haar weg te trekken.

'Norah, laat haar alsjeblieft met rust,' zegt Margaret, en ze pakt zelf Sonia's armen vast.

'Ik hoef je preken niet!' schreeuwt Sonia tegen Margaret. 'Waar is die god van je? Hij is niet hier, dat is zeker. Ga iemand redden die gered wíl worden.' Ze laat Margaret los, en opnieuw slaat ze haar blik neer en staart naar de modder rond haar doorweekte voeten.

'Sorry, lieverd. Dat is niet wat ik probeer te doen, ik wil niet dat je omhoogkijkt om een of andere hogere macht te vinden, een of andere god. Ik wil alleen maar dat je de hemel ziet, de boomtoppen, de vogels. Nog even, en dan zullen de wolken verdwijnen en kun je de zon weer zien. Er is meer dan de modder en de viezigheid onder je voeten.'

Terwijl de regen wegtrekt, kijkt de vrouw omhoog. Op dat moment schuiven de wolken opzij en schijnt de zon op hen neer. In de bomen een stukje verderop vliegen vogels op die luid roepend over het kamp scheren. Sonia glimlacht, en dan begint ze te huilen. Margaret slaat haar armen voorzichtig om de vrouw heen.

'Het is prachtig,' zegt Sonia snikkend. 'Ik heb het altijd heerlijk gevonden om buiten te zijn. De jungle rond ons huis in Malakka was schitterend. Mijn man... Mijn man... We...'

'Ik weet het... Ik weet het, maar de schoonheid is nog steeds om ons heen, we moeten alleen omhoogkijken.'

Sonia ziet zuster Catharina lopen, en ze maakt zich los uit Margarets armen en haast zich naar de non.

'Zuster! Zuster, kijk omhoog, kijk naar de hemel. Is die niet prachtig?'

Margaret ziet dat zuster Catharina omhoogkijkt en begint te glimlachen, en dat de twee vrouwen elkaar omhelzen.

Norah steekt haar arm door die van Margaret en ze lopen samen verder.

'Mag ik dat lenen?' vraagt Norah.

'Wat wil je lenen?'

'Je advies om omhoog te kijken. Ik denk dat het alle verschil kan maken in het kamp. Dank je wel.'

'Waarvoor?'

'Dat je ons een andere manier laat zien om te leven, om het vol te houden, om deze afschuwelijke dagen door te komen. Je hebt ons zoveel gegeven, en je blijft maar geven. Hoe kunnen we je ooit terugbetalen?'

'Lieve Norah, niemand in het kamp is me iets verschuldigd. Jij en je zus en jullie koor brengen ons muziek, en dankzij jullie kunnen we heel even aan dit kamp ontsnappen. Dat is net zo waardevol als mijn spirituele boodschappen.'

Norah knikt. Ze weet dat Margaret het meent, maar ze vraagt zich af of muziek en spirituele steun genoeg zullen zijn.

Deel 2
Diep in de jungle

Hoofdstuk 15

Kamp III
Oktober 1943 – oktober 1944

Langzaam verlaat Mrs Hinch het administratiekantoor. Haar schouders zakken terwijl ze terugloopt naar haar huis. Norah ziet haar binnenkomen.

'Mrs Hinch, wat is er? Is er iets gebeurd?'

'Ik heb Kato zojuist gesproken, en hij heeft me verteld dat de vrouwen zich klaar moeten maken. We verhuizen naar een ander kamp.'

'O nee! Niet weer... Weet je wanneer?'

'Hij wil dat de verpleegsters en de bewoonsters van de eerste drie huizen aan beide kanten van de straat over een uur klaarstaan. De rest van ons vertrekt morgenochtend. Ik weet dat we allemaal moe en hongerig zijn, maar we moeten onze spullen bij elkaar gaan zoeken. Norah, wil jij het Nesta vertellen? Dan ga ik eerst de andere huizen en daarna de rest op de hoogte brengen.'

'Ik moet het Ena en June ook vertellen, en de verpleegsters,' zegt Norah. 'O god, niet weer!'

'Vergeet niet in te pakken.'

'Wat moeten we inpakken? We hebben alleen de kleren die we dragen.'

Jean doet open voor Norah en loodst haar naar binnen.

'Waar is iedereen?' vraagt Norah.

'In de ziekenboeg of op huisbezoek. Wat is er aan de hand?'

'Ik vrees dat jullie verplaatst worden. Dat wil zeggen, we worden allemaal verplaatst, maar Mrs Hinch heeft opdracht gekregen om jullie en de vrouwen in de eerste paar huizen te vertellen dat jullie over een uur vertrekken en dat jullie zo snel mogelijk je spullen moeten inpakken.'

Jean trekt bleek weg. 'Maak je een grapje?'

'Was dat maar waar. Hebben jullie hulp nodig bij het pakken? Wij vertrekken pas morgenochtend.'

'Ik moet de anderen zoeken en zeggen dat ze meteen terug moeten komen.' Jean schudt haar hoofd. Ze is duidelijk van streek. 'Ik kan het niet geloven.'

'Waar is Nesta?'

'In de ziekenboeg, waar ze elke dag en vrijwel elke nacht doorbrengt. Ik ben teruggekomen om wat te rusten.' Jean zucht. Het valt Norah op hoe vermoeid haar vriendin eruitziet. 'Wil jij het haar vertellen terwijl ik op zoek ga naar de anderen?'

'Natuurlijk.'

De twee vrouwen knikken met grimmige solidariteit naar elkaar en vertrekken dan om hun respectievelijke taken uit te voeren. Er zit niets anders op.

Norah gaat de ziekenboeg binnen en blijft abrupt staan. Overal om haar heen ziet ze zieke patiënten. Ze hangen op stoelen, liggen op de vloer. Verpleegsters lopen heen en weer en leggen hier een hand op een voorhoofd en bieden daar water aan. Dokter McDowell en Nesta staan aan de andere kant van de zaal met elkaar te praten.

Ze draaien zich om wanneer Norah hen nadert.

'Norah, ben je ziek? Je ziet zo bleek.'

'Ik mankeer niets, ik heb alleen slecht nieuws.' Ze zucht wanneer ze de vragende uitdrukking op de gezichten van dokter McDowell en

Nesta ziet. 'Het is... Mrs Hinch is daarnet naar het kantoor van Kato geroepen en daar heeft ze te horen gekregen dat we weer verplaatst gaan worden.'

'Wanneer?' vraagt Nesta.

'Jullie en de vrouwen uit de eerste paar huizen moeten over een uur vertrekken, en de rest van ons morgenochtend.'

'Onmogelijk!' roept de dokter uit. 'Dit slaat nergens op. We kunnen niet zomaar vertrekken. Ik moet Kato spreken.'

'Ik denk niet dat hij van gedachten gaat veranderen. Ik zal moeder Laurentia vragen of de nonnen jullie de komende vierentwintig uur kunnen helpen. Ik ga er maar van uit dat hij de verpleegsters vooruitstuurt zodat zij de ziekenboeg in het nieuwe kamp alvast kunnen klaarmaken.'

'Dank je, Norah. Nesta, roep je verpleegsters bij elkaar en ga. Ik zie jullie morgen.'

Rustig vraagt Nesta ieder van de dienstdoende verpleegsters om met haar mee te gaan, en samen met Norah lopen ze terug naar hun huis.

Ze arriveren net op tijd om de anderen te helpen met het inpakken van de keukenspullen en de paar kledingstukken die ze delen. Hun uniformen worden zorgvuldig opgevouwen en in een deken gerold.

'Hoe kunnen we helpen?' roept Audrey wanneer ze door de voordeur komt.

'Jullie kunnen beginnen in de keuken. Het probleem is alleen dat we geen dozen of tassen hebben om dingen in te doen.'

'We kunnen ze in lakens bundelen, als een *swag*,' stelt Betty voor.

'Een swag?' vraagt Norah.

'Dit weet ik,' zegt Audrey met een trotse grijns. 'Het is een bundeltje bezittingen dat je op je rug meedraagt.'

'Hebben jullie die ook in Nieuw-Zeeland?' vraagt Vivian.

'Nee, maar ik weet dat jullie aussies ze gebruiken. Kom op, dan maken we wat swags.'

Wanneer ze een vrachtwagenclaxon horen, stromen de verpleegsters de straat op, met hun potten en pannen, het bestek dat ze in de loop der tijd vergaard hebben en een paar boeken die ze hebben geleend en niet hebben teruggegeven. Bij de ingang van het kamp worden vrouwen en kinderen in twee vrachtwagens geladen.

Alle anderen komen hun huizen uit om hen uit te zwaaien.

'We zien jullie morgen,' roept Norah wanneer de vrachtwagens wegrijden.

Tien minuten later arriveren de vrouwen in hun nieuwe kamp in de jungle. Ze klimmen uit de vrachtwagens en nemen hun omgeving in zich op. Ze zijn maar zo'n anderhalve kilometer bij de Irenelaan vandaan, en het kamp – dat meer op een gevangenis lijkt dan de huizen waar ze tot nog toe hebben gewoond – bestaat uit een verzameling barakken die worden omsloten door prikkeldraad. Op elke hoek staat een wachthokje, en er is een bewakerspost naast het hek waar de vrouwen doorheen worden geleid.

'Waar hebben ze ons in vredesnaam naartoe gebracht?' vraagt Betty.

'Het ziet eruit als een vuilnisbelt. En allemachtig, wat is die stank?' zegt Jean ademloos.

De paden tussen de barakken liggen vol met kapot meubilair, rotzooi en rottende bergen voedselresten. Het wemelt van de ratten.

De soldaten komen naar hen toe en prikken met hun bajonetten naar hen om duidelijk te maken dat ze door moeten lopen en een van de vele hutten moeten binnengaan die aan weerszijden van de smalle straat staan.

'Wie hebben hier in vredesnaam gewoond?' vraagt Jean aan niemand in het bijzonder.

Een van de Japanse soldaten begint te giechelen, en de vrouwen beseffen dat hij heeft verstaan wat Jean zei.

'Spreek je Engels?' vraagt Nesta hem.

'Beetje.'

'Waarom lach je?'

'Wie hier eerst wonen? Engelsen, Nederlanders, andere witte mannen. Hebben puinzooi achtergelaten toen ze weggingen.'

'Ik geloof er niets van,' zegt Betty. 'Moet je kijken hoe het eruitziet.'

'Het kan haast niet dat ze zo hebben geleefd,' beaamt Jean.

'Ik geloof het ook niet,' valt Nesta haar bij. 'Ze zouden er nooit zo'n puinzooi van hebben gemaakt als ze wisten dat de kans bestond dat wij hiernaartoe zouden worden gebracht. Kom op, laten we er het beste van maken, zien wat we ermee kunnen.'

'Ja, laten we een hut uitkiezen en op verkenning uitgaan,' stemt Jean in.

'Achteraan lijkt een groter gebouw te staan, misschien kunnen we daar een ziekenboeg van maken,' stelt Nesta voor. 'Het lijkt me slim als we een hut nemen die daar vlakbij ligt.'

Wanneer ze naar het uiteinde van het kamp lopen, worden ze gevolgd door dezelfde soldaat die hun over de vorige bewoners heeft verteld. Hij wijst naar twee gebouwen met een open voorkant. 'Daar gaan jullie wassen.'

De verpleegsters werpen een blik in de gebouwen. In elk ervan zien ze een lange betonnen trog waar ze zich kunnen wassen, en een rij uitgegraven gaten langs de achtermuur die als wc's moeten dienen. Er liggen drie putten in de buurt. Wanneer ze erin kijken, zien ze dat ze vol liggen met afval, en het kleine laagje water op de bodem stinkt. Ze leggen hun bundeltjes in de hut die Nesta voor de verpleegsters heeft uitgekozen en gaan het nabijgelegen grotere gebouw bekijken. Het bestaat uit een lange ruimte waar een paar kapotte bedden staan. Verspreid over de vloer liggen kapotgesneden matrassen.

'We hebben wel het een en ander te doen voordat de anderen komen,' stelt Nesta vast.

De volgende dag arriveert de rest van het kamp. Norah, Ena en June worden samen met zestig andere vrouwen en kinderen in een

hut gepropt. Er is nauwelijks genoeg ruimte om allemaal te kunnen liggen.
'We lijken wel sardientjes,' zegt June, die Ena's hand geen seconde loslaat.
'Maar we zijn wel sámen sardientjes,' zegt Ena troostend.
'De regen komt door het dak, tante Ena.' Norah en Ena kijken omhoog naar het rieten dak en zien dat de regendruppels er gestaag doorheen komen.
'We zoeken wel een paar palmbladeren,' zegt Norah, die vergeefs probeert opgewekt te blijven. 'Daarmee kunnen we de ergste lekkage tegenhouden.'
'Ik denk niet dat ik het hier leuk ga vinden,' zegt June. 'Het voelt als een gevangenis.'
Ze heeft gelijk, denkt Norah, terwijl ze een rij piepkleine mieren langs de muur omhoog ziet klimmen. Binnen een paar dagen zullen alle kampbewoonsters op hun hoede zijn voor deze bijtende insecten, waarvan de aanvallen zo pijnlijk zijn dat slachtoffers alleen maar wild naar de brandende steken kunnen maaien. Na een paar dagen loopt het aantal infecties hard op.

Wanneer ze beseft dat dit nu hun thuis is en dat ze alles moeten doen wat mogelijk is om het leven makkelijker te maken, overlegt Norah met Audrey.
'We moeten iets doen om de sanitaire voorzieningen te verbeteren, wil je me helpen?'
'Heb je ideeën?'
'We moeten elke dag de troep uit de afvoer halen, anders worden we allemaal ziek. Alleen moeten we iets zien te vinden wat we daarvoor kunnen gebruiken. Doe je mee?'
'Natuurlijk. Kom, dan gaan we.'
Norah en Audrey speuren het hele kamp en het terrein erachter af naar bruikbare voorwerpen. Ze vinden een aantal zwaar gedeukte blikken waar ooit kerosine in heeft gezeten. Die leggen ze opzij, en

dan breken ze takken af, die ze afmeten tussen hun schouders. Daarna scheuren ze repen van de bladeren van palmbomen om er touwen van te vlechten. Gezeten onder een boom, uitrustend van hun inspanningen in de tropische hitte, bewonderen ze het resultaat van hun werk.

'Dus het plan is om de kerosineblikken te vullen met de troep uit de afvoerpijpen en ze dan aan het uiteinde van een tak te binden zodat we ze op onze schouders kunnen wegdragen?' vraagt Audrey.

'Dat zou moeten werken, toch?'

'Je zou zeggen van wel. Er is alleen één probleem: hoe vullen we de blikken?'

'Goeie. We kunnen onze potten en pannen niet gebruiken, die hebben we nodig om te koken en water in te vervoeren. We moeten iets anders verzinnen.'

Ze denken er een poosje over na, gezeten onder de boom, genietend van de pauze van de hitte en het werk.

'Ik weet het! Waar zitten we onder?' Er verschijnt een brede grijns op Audreys gezicht.

Norah kijkt omhoog naar de kokosnoten die boven hun hoofd hangen. 'Je bent briljant. Natuurlijk. We hoeven ze alleen nog maar uit de boom te krijgen, ze in tweeën te snijden, en klaar is Kees.'

'Kunnen we nog heel even blijven zitten? Ik verlep gewoon door de hitte.'

'Ik heb een idee. Blijf jij hier, ik ben zo terug.'

Even later keert Norah terug met Jack, een jonge jongen op de grens van de puberteit. Hij draaft opgewonden met haar mee.

'Hallo, Jack, waar heeft Norah je voor gestrikt?' vraagt Audrey.

'Ik vind het niet erg, hoor, ze heeft het aan mijn moeder gevraagd en zij zei dat ik kon helpen,' zegt Jack.

'Ik neem aan dat ze je de boom in stuurt om kokosnoten voor ons te plukken.'

'Ja, dat zei ze. Dat klopt, toch?' Hij keert zich naar Norah toe.

'Jazeker. Kom, dan geef ik je een zetje.'

'Ik zal je helpen,' zegt Audrey, en ze vlecht haar vingers in elkaar als opstapje voor Jack.

Jack kijkt naar Audrey en daarna weer naar Norah. 'Ik ben groter dan zij.'

Norah lacht. 'Klopt. Sorry, Aud, het is niet jouw schuld dat je nooit een groeispurt hebt gehad. Ik doe het wel.'

'Hé, mijn ouders waren aan de kleine kant, ik was kansloos.'

Norah en Jack gaan naast de boom staan. 'Voor deze ene keer heb ik eens profijt van mijn lengte,' zegt Norah. Ze buigt haar knieën en vouwt haar handen in elkaar voor Jack.

Met een hand op haar schouder zet Jack af, stapt in Norahs handen en hijst zich omhoog. Hij kruipt op de laagste tak en kijkt stralend omlaag naar de vrouwen. 'Gelukt.'

'Geen gekke dingen doen, jonge Jack. Houd je stevig vast en probeer de dichtstbijzijnde kokosnoot te bereiken,' instrueert Audrey hem.

Dat hoeft ze Jack geen twee keer te vertellen. Hij schuift over de tak en steekt zijn hand uit naar een kokosnoot boven zijn hoofd. Het kost enige moeite om het ding los te wrikken, maar ten slotte valt de vrucht op de grond.

'Hoeveel willen jullie er?' roept Jack omlaag.

'Zoveel als je er kunt pakken, alsjeblieft,' roept Norah terug. 'Dan hoef je dit niet nog een keer te doen.'

Binnen de kortste keren ligt er een hele stapel kokosnoten op de grond. Jack negeert Norahs aanbod om hem te helpen en springt omlaag.

'Dat was fantastisch! Daarboven kun je kilometers ver weg kijken.'

Norah en Audrey omhelzen hem. 'Wil je ons helpen om ze terug te dragen naar onze hut?' vraagt Audrey.

'Natuurlijk, en ik kan mijn vrienden vragen om jullie te helpen ze open te krijgen,' zegt hij.

Terwijl Jack en zijn vrienden de kokosnoten openbreken, vervlechten Norah en Audrey repen palmblad tot een touw. Wanneer ze genoeg hebben, binden ze de kerosineblikken aan de uiteinden van een tak. Ena heeft een groep vrouwen verzameld die de inhoud van de kokosnoten uit de omhulsels schrapen. Een deel van de kostbare melk weten ze op te vangen, maar het meeste wordt gemorst terwijl de opgewonden jongens de harde noten enthousiast in tweeën splijten.

'Waarom doen jullie dit?' vraagt een vrouw aan Norah en Audrey.
'Iemand moet het doen, waarom wij niet?' antwoordt Norah.
'Kunnen jullie hulp gebruiken?'
Norah en Audrey kijken op van hun werk en zien Nesta, Betty, Vivian en een aantal andere verpleegsters grijnzend naar hen kijken.
'Het is niet eerlijk als jullie de enigen zijn die lol hebben,' zegt Betty.
'Zoek maar een scherp takje, dan kunnen jullie de pulp eruit schrapen,' zegt Norah.

De volgende ochtend komen de vrouwen hun hutten uit en kijken toe terwijl Norah en Audrey hun aan takken gebonden blikken op de grond zetten en een halve kokosnoot gebruiken om de smerige troep uit de afvoer erin te scheppen. Wanneer ze denken dat ze de blikken nog net kunnen tillen, hijsen ze de takken op hun schouders en dragen de stinkende blikken naar het uiteinde van het kamp, waar de inhoud heuvelafwaarts zal druipen.

Nu Norah en Audrey het goede voorbeeld hebben gegeven, dringt het tot de vrouwen door dat ook zij de handen uit de mouwen zullen moeten steken, als ze willen overleven en het kamp bewoonbaar willen maken.

'Naar buiten allemaal, alsjeblieft,' roept Norah terwijl ze door het kamp loopt. Zodra iedereen aanwezig is, doet ze haar aankondiging. 'Het wordt tijd om de taken te verdelen.'
'En zo is het!' zegt Mrs Hinch. 'Wat moet er gebeuren?'

'Er moet brandhout worden gehakt, en de putten moeten worden schoongemaakt zodat we vers water hebben. En wie er zin in heeft, mag ons helpen om de afvoer schoon te maken.'
Slechts een paar vrouwen steken hun hand omhoog voor de riooldienst.

'Het is geweldig dat we het kamp opruimen en schoonmaken,' zegt Nesta op een ochtend tegen Jean terwijl ze door de straat lopen.
'Maar voor sommigen is het te laat.'
'Het komt door die rottige mieren,' zegt Jean. 'En het eten. Het is bedorven.'
'Ik maak me meer zorgen over infecties dan over diarree,' zegt Nesta, kijkend naar een vrouw die even stopt met haar taak om hard over haar benen te krabben. 'Het is dokter McDowell niet gelukt om medicijnen los te krijgen van de Japanners. En dan die ellendige muggen!' moppert ze, maaiend door de lucht.
'Ik ga naar de ziekenboeg,' zegt Jean. 'Ik zie je daar later.'
Nesta wil net een van de hutten van de Nederlandse vrouwen binnengaan wanneer Norah haar aanschiet.
'Nesta, alsjeblieft!' roept ze uit. 'Je moet haar helpen!'
'Wie? Vlug, vertel me wat er aan de hand is.'
'Het is Margaret, ze is ziek. Een van de vrouwen in haar hut vertelde me dat ze haar niet wakker kan krijgen. En ze gloeit.'
'Kom op,' zegt Nesta, en samen rennen ze naar de hut van hun vriendin.
Binnen hebben verschillende vrouwen zich verzameld rond het kreunende lichaam van Margaret. Een van hen, Marilyn, houdt een natte doek tegen haar voorhoofd. Ze stappen naar achteren wanneer ze Nesta zien.
Zonder instrumenten, met enkel de vaardigheden die ze heeft geleerd in Melbourne, uitgebreid in een mijn in Zuid-Afrika en geperfectioneerd op de strijdvelden van Malakka en Singapore, onderzoekt Nesta Margaret. Ze maakt haar kleren los om haar gloeiende

torso te bekijken en draait haar voorzichtig om, zodat ze de uitslag op haar rug kan zien.

'Hoelang is ze al zo?'

'Ze is al twee of drie dagen wat stiller en trager dan normaal,' vertelt Marilyn.

'Ik heb haar gisteren gevraagd of het wel goed ging, en ze zei dat er niets aan de hand was, alleen een beetje hoofdpijn. Ze wreef over haar ogen, alsof de pijn daar zat,' vult een huisgenoot aan.

'Kunnen jullie alsjeblieft wat lappen voor me halen, en zoveel water als jullie kunnen missen? We moeten proberen om haar af te koelen en haar wat te laten drinken.'

Nesta schuift Margarets rok omhoog en ziet dat de uitslag zich over haar benen heeft verspreid. Wanneer iemand haar een emmer met kostbaar water en een paar aan stukken gescheurde kledingstukken brengt, doopt ze een lap stof in de emmer en opent dan voorzichtig Margarets mond. Ze legt het uiteinde van de lap in haar mond en knijpt, zodat het water langzaam in de mond van haar vriendin drupt.

'Dit is de beste manier om haar te hydrateren zonder dat we water verspillen,' legt ze uit.

Wanneer ze er zeker van is dat Margaret wat water heeft doorgeslikt, legt ze de lappen in de emmer. Ze wringt ze uit en legt ze op het vrijwel naakte lichaam van Margaret.

'Hoe sneller we haar temperatuur omlaag kunnen krijgen, hoe beter. Jullie moeten haar hele lichaam met deze lappen bedekken, niet alleen haar voorhoofd.'

'Wat mankeert ze?' vraagt Marilyn.

'Het zou malaria kunnen zijn, maar het meest waarschijnlijk lijkt me knokkelkoorts. Ik heb eerder gevallen gezien.'

'Is het besmettelijk?' vraagt de andere vrouw, terwijl ze achteruitdeinst.

'Nee, jullie zullen het niet krijgen, in elk geval niet van Margaret. Ze is gebeten door een mug die de ziekte bij zich droeg.'

Zonder waarschuwing begint Margaret te trillen en te beven.

'Help me om de lappen van haar af te halen en haal wat je maar kunt vinden om haar in te wikkelen. Dekens, jassen, wat dan ook.'

Een van de vrouwen komt met een zware bontjas op de proppen. 'Ik heb deze nog. De laatste tijd heb ik weinig gelegenheid om hem te dragen, dus we kunnen er maar beter iets nuttigs mee doen,' zegt ze, en hier en daar klinkt gelach.

Nesta neemt de jas aan en wikkelt hem om Margaret heen. Dan gaat ze tot ieders verbazing tegen Margaret aan liggen en slaat haar armen om het hevig trillende lichaam van de ijlende vrouw. Zo blijft ze liggen tot de aanval wegebt.

Uiteindelijk valt Margaret in slaap, en Nesta staat op en strekt haar armen en benen.

'Ik vrees dat ze een paar dagen zo zal blijven. Kunnen jullie voor haar zorgen, of hebben jullie liever dat we haar naar onze hut verplaatsen?'

Om haar heen klinken stemmen die zeggen: 'Wij zullen voor haar zorgen.' En: 'We redden het wel nu we weten wat we moeten doen.'

'Onthoud goed, als ze begint te gloeien, gebruik dan de natte lappen. Het zou beter zijn als we koud water konden gebruiken, maar we zullen het hiermee moeten doen. Probeer haar zo vaak mogelijk een beetje te laten drinken, en pak haar warm in wanneer ze begint te rillen. Er moet dag en nacht iemand bij haar blijven.'

'We zullen om beurten de wacht houden,' verzekert Marilyn haar. 'Maak je geen zorgen.'

'Ik kom later vandaag terug om te kijken hoe het met haar gaat,' belooft Nesta.

'Ik maak me zo'n zorgen om haar,' zegt Norah wanneer zij en Nesta weglopen.

Nesta glimlacht. 'Ze heeft een paar zware dagen voor de boeg, maar ik heb nog nooit iemand gekend die zo sterk is als Margaret Dryburgh.'

'Ik zal voor haar zorgen,' belooft Norah. 'Ik zal haar niet alleen laten.'

Twee dagen later gaan Ena en Audrey de hut van Margaret binnen en treffen Norah sluimerend aan op de vloer naast de zieke vrouw. Norah schrikt wakker wanneer ze de twee hoort binnenkomen.

'Norah,' zegt Ena. Ze legt een hand op de arm van haar zus en trekt haar overeind. 'Je moet naar huis gaan en wat uitrusten, écht uitrusten.'

'Ik... Ik kan niet... Ik moet –'

'Je moet niets. Je hebt al zoveel gedaan,' zegt Audrey resoluut. 'Je bent nauwelijks thuis geweest, je bent de hele tijd hier.'

'En hoe denk je dat Margaret zich zal voelen als ze wakker wordt en ontdekt dat jij ziek bent omdat je niet voor jezelf hebt gezorgd?' voegt Ena eraan toe. 'June heeft je thuis nodig.'

'Maar ik moet haar helpen,' jammert Norah.

'Wat kun jij doen dat de anderen niet kunnen?' vraagt Audrey haar.

'Ik weet het niet, maar er moet iets zijn.'

'Tijd, ze heeft tijd nodig,' zegt Ena tegen haar.

Norah zwijgt even, en dan lichten haar ogen op. 'Ik weet het. Muziek! We kunnen haar bereiken met muziek.'

'Wil je dat we het koor bij elkaar roepen om voor haar te zingen?' vraagt Ena, al even enthousiast.

'Nee, het moet iets anders zijn, iets bijzonders. We kunnen beginnen met jullie twee. Ik heb een idee, en ik heb nog twee anderen nodig. Ze wonen in een van de Nederlandse hutten. Kom op, waarom zitten jullie daar nog? Laten we gaan.'

'Het is al laat, Norah,' zegt Audrey. 'Kan dit niet tot morgen wachten?'

'Nee, dat kan het niet.'

Uit ervaring weet Ena dat ze niet met haar zus in discussie moet gaan, en ook Audrey heeft geleerd dat Norah een onstuitbare kracht is. En dus steken ze de weg over naar een hut waar een aantal van de Nederlandse vrouwen wonen.

Twee van de bewoonsters van de hut maakten deel uit van het

oorspronkelijke koor, Margarethe en Rita. Ze luisteren geamuseerd terwijl Norah haar idee uiteenzet.

'Ik ga Tsjaikovski's "Andante cantabile voor strijkers" zingen,' kondigt Norah aan.

'Hoe bedoel je, je gaat het zingen?' vraagt Rita. 'Het is geschreven voor violen en cello. We hebben geen instrumenten,' zegt Rita.

'Weet ik. Jullie worden mijn instrumenten. Luister maar.'

Lieflijk, zachtjes, zingt Norah met o- en ah-klanken de eenvoudige melodie. De andere vrouwen in de hut drommen om haar heen. Wanneer ze haar ogen opendoet, kijkt Norah naar de koorleden die ze heeft uitgekozen.

'Wat vinden jullie ervan?'

'Dat klonk fantastisch, maar wij kunnen dat niet.' Margarethe klinkt weifelend.

'Als ik het kan, dan kunnen jullie het ook. Jullie hebben allemaal een betere stem dan ik. Willen jullie het alsjeblieft proberen?'

'Wil je dat we dit voor Margaret zingen?' vraagt Audrey.

'Ja. We moeten haar iets bijzonders geven, iets wat uniek is. Als ze jullie dit stuk hoort zingen, wordt ze wakker, daar ben ik van overtuigd.'

'Nou, ik doe mee. En jullie?' Audrey wendt zich tot haar drie koorgenoten.

'Hoelang hebben we om het in te studeren?' vraagt Rita.

'Vanavond en morgen. De dag daarna wil ik het voor Margaret zingen.'

'Laten we het doen!' zegt Ena.

'Ik denk dat we moeten beginnen met het neuriën van de eerste regel. Ik wil de ritmes en de klankkleuren van jullie stemmen horen.'

Daarna zingen ze de tweede regel, dan de derde, enzovoort, tot de vier vrouwen een geluid hebben gecreëerd dat hun publiek nog nooit heeft gehoord.

'Laten we ze nu samenvoegen,' zegt Norah, en ze heft haar arm.

Wanneer Norah, Ena en Audrey de volgende dag de Nederlandse

hut binnenstappen, wachten de twee andere koorleden hen al op. In de volgende paar uur perfectioneren ze de voorbereiding van hun vertolking van Tsjaikovski.

Wanneer ze Margarethe en Rita gedag heeft gezegd, stuurt Norah Ena en Audrey naar huis. Zelf wil ze langsgaan bij Margaret. Het is al laat, maar ze moet haar zien.

Ze klopt zachtjes op de deur, en als ze binnen is gelaten loopt ze samen met Marilyn op haar tenen naar het bed van Margaret.

'Geen verandering,' zegt Marilyn.

'Maar ze gaat ook niet achteruit?'

'Niet voor zover Nesta heeft vastgesteld. Ik heb wel het idee dat ze langer rust tussen de rillingen en de aanvallen.'

'Is het goed als ik morgenochtend met vier anderen terugkom? We zouden graag voor haar zingen.'

'Natuurlijk, dat kan sowieso geen kwaad.'

De volgende ochtend wachten Norah, Ena, Audrey, Rita en Margarethe buiten Margarets hut tot Nesta hen komt bijpraten over de toestand van de patiënt. Bezorgd lopen ze heen en weer, met hun blote voeten het zand omhoogschoppend. Eindelijk komt Nesta naar buiten. Ze glimlacht niet, maar ze fronst ook niet, wat Norah opvat als een goed teken.

'Ze is er niet slechter aan toe, vannacht had ze minder koortsaanvallen, maar dat had ik ook verwacht. Deze ziekte heeft een lange hersteltijd. Toe maar, jullie kunnen naar haar toe. Vinden jullie het goed als ik kom luisteren?'

Norah steekt haar arm door die van Nesta, en de zes vrouwen gaan de hut binnen. Binnen is het bomvol. Het nieuws is rondgegaan dat Norah en de anderen voor Margaret gaan zingen, en iedereen wil erbij zijn om getuige te zijn van een wonder waar ze vurig op hebben gehoopt en voor hebben gebeden.

Norah stelt haar kleine koor op rond het matras. Nesta gaat naast Margaret zitten en veegt wat bezweet haar uit haar gezicht met een vochtig doekje. Margarethe heft haar hand en laat hem langzaam zakken, en dan rollen de eerste tonen over haar lippen en vallen de anderen haar bij. Zacht, lieflijk, dringen de gouden klanken van hun stemmen de zielen van de aanwezige vrouwen binnen. Onwillekeurig knijpt Nesta in Margarets hand. De tonen zwellen aan en ebben weg, rijzen en dalen. De lucht vibreert door hun stemmen, en wanneer het korte stuk voltooid is, buigt ieder van de vijf vrouwen zich over Margaret heen en kust haar op de wang. Nesta loopt met de koorleden mee naar buiten. In de donkere, van ratten vergeven hut heeft ze geen woord gezegd, maar buiten in de stralende ochtendzon wendt ze zich tot de vrouwen.

'Geen enkel medicijn, geen enkel drankje kan op tegen datgene wat ik zojuist heb gehoord. Dank jullie wel, ik zal het nooit vergeten.'

Wanneer ze wegloopt, haken de vijf de armen in elkaar en keren terug naar hun karweitjes.

'Er wachten een paar smerige beerputten op ons,' zegt Audrey tegen Norah.

Die avond stormt een opgewonden Audrey Norahs hut binnen.

'Je moet komen, vlug! Ze wordt wakker. Het is gelukt! O, mijn god, jullie prachtige vrouwen, het is ons gelukt, we hebben onze leider terug.'

'Haal Nesta,' zegt Norah tegen haar terwijl zij en de anderen zich naar Margarets hut haasten.

De deur staat open, en wanneer ze naar binnen stappen, krijgen ze een lawine aan opgewonden gekwetter over zich heen. De vrouwen stappen opzij om de vijf zangeressen door te laten, en bij het passeren geven ze hun een klopje op hun schouders of een kneepje in hun armen.

Margaret ligt doodstil, maar haar ogen zijn open. Norah knielt naast haar. Ze is zich er vaag van bewust dat Nesta ook binnen is gekomen, maar nu gaat al haar aandacht uit naar de oudere vrouw.

'Hallo, wat fijn om je te zien, mijn vriendin,' zegt Margaret. 'Hoe gaat het met je?'

'Ik ben zo blij dat je wakker bent! Hoe voel je je?' vraagt Norah.

'Een beetje moe. Ik geloof dat ik iets heb opgelopen, maar het komt wel goed.'

'Dat komt het zeker,' zegt Nesta. Ze legt een hand op Margarets voorhoofd. 'Temperatuur lijkt normaal. Welkom terug, Margaret.'

'Waar ben ik dan geweest?' vraagt een stomverbaasde Margaret.

'Je bent ernstig ziek geweest, maar nu ben je aan het herstellen. Je zult het nog een poosje rustig aan moeten doen, maar het komt helemaal goed met je. Kan iemand een kopje water voor me halen?'

Nesta ondersteunt Margarets hoofd en helpt haar iets te drinken.

'Wat had ik?' vraagt Margaret.

'Knokkelkoorts, denk ik. Ik weet het niet zeker, maar dat lijkt me het meest waarschijnlijk.'

'Ik vertrouw helemaal op jouw kennis. Dank je wel dat je me hebt verzorgd.'

'Ik ben niet degene die je moet bedanken. Het zijn de anderen in de hut die je hebben verzorgd en je erdoorheen hebben gesleept. Ik kwam alleen maar af en toe bij je kijken.'

'Een keer of tien per dag,' roept Marilyn.

Margaret kijkt fronsend om zich heen. 'Muziek... Heeft iemand een platenspeler gevonden? Ik heb een vage herinnering aan prachtige stemmen.'

'Wat je hoorde –' begint een van de vrouwen te zeggen.

'Dat vertellen we wel wanneer je aangesterkt bent,' zegt Norah vlug.

'Ik weet wat jullie hebben gedaan, Marilyn heeft het me verteld. Tsjaikovski, toch?' zegt Margaret, terwijl ze een kneepje geeft in Norahs arm.

Ze is flink vooruitgegaan. Elke ochtend helpen haar huisgenoten haar naar buiten om in de schaduw van een kokospalm te zitten.

Norah bezoekt haar dagelijks. Soms praten ze, en soms zitten ze in vredige, vriendschappelijke stilte bij elkaar. Vandaag praten ze.

Norah lacht. 'Ik dacht al dat iemand het je vroeg of laat zou vertellen. Ja, het was zijn "Andante cantabile voor strijkers". Kan het je goedkeuring wegdragen?'

'O, lieverd, hoe kan ik je ooit bedanken? Dat is echt het meest kostbare geschenk dat ik ooit heb gekregen, en dan te bedenken dat jij en de anderen dat voor mij hebben gedaan.' Margaret steekt een hand uit en geeft een kneepje in die van Norah. 'Vertel eens, wat ben je van plan met dit... dit stemmenorkest dat je hebt gecreëerd?'

'Fijn dat je het vraagt. Ik dacht dat ik... ik bedoel, dat we ons repertoire misschien konden uitbreiden, ons aan iets wagen wat een beetje uitdagender is. Wat vind jij?' Norah kijkt nerveus naar haar vriendin.

Margaret glimlacht. 'Als iemand op Gods groene aarde het kan, dan ben jij het wel.'

'Dan begin ik daarmee terwijl ik wacht tot jij hersteld bent.'

'Je hoeft helemaal niet op mij te wachten,' zegt Margaret. 'Gebruik die opleiding die je aan de Royal Academy of Music hebt gevolgd, combineer die met je uitzonderlijke talent, en dan kan ik niet wachten tot ik de resultaten te horen krijg.'

Als Norah thuiskomt, zijn Ena en Audrey bezig hun avondmaal van rijst te sorteren. Het vuil en de insecten worden eruit geplukt en weggegooid.

'Ik heb rekruten nodig,' zegt Norah.

'Ik ook,' kaatst Ena terug. 'Je kunt mooi met de rijst helpen.'

'Vergeet die rijst, Ena. Ik heb rekruten nodig voor het stemmenorkest.'

Ena kijkt vragend op. 'Stemmenorkest?'

'Ja, zo noem ik het. Margaret vindt ook dat we moeten uitbreiden. Wat denk je ervan?'

'Geweldig idee,' zegt Audrey. 'Wanneer beginnen we?'

Die avond vraagt Ena een van hun huisgenoten om op June te passen terwijl zij, Norah en Audrey een paar uur weggaan. Ze worden hartelijk begroet wanneer ze in de Nederlandse hut arriveren. Al snel zit de kleine ruimte bomvol met vrijwilligers.

'Allemaal bedankt voor jullie komst,' begint Norah. 'Ik ben er een beetje stil van. Als ik kon, dan zou ik jullie allemaal aannemen en een symfonieorkest vormen. Maar ik vrees dat ik op dit moment niet veel meer aankan dan een kamerkoor. Ik hoop dat jullie daar begrip voor hebben.'

Het volgende uur wordt besteed aan de audities van de vrouwen. Norah wil maximaal dertig leden voor het koor. Wanneer iemand voorstelt om de Engelse vrouwen en de verpleegsters ook te vragen of ze mee willen doen, verzekert Norah hun dat ze, zodra ze de boel op poten hebben, op zoek zullen gaan naar anderen, misschien nog een stuk of tien.

Wanneer ze haar koor heeft samengesteld, vraagt ze de anderen om de ruimte te verlaten. Zij mogen buiten meeluisteren.

'Nu moet ik jullie in secties verdelen. Ik zit te denken aan drie groepjes van zes vrouwen, misschien meer bij de strijkers.'

'Heb je al nagedacht over het stuk dat we gaan opvoeren?' vraagt Rita.

'Heeft ze daar al over nagedacht? Wat denk je?' zegt Ena grappend.

Wanneer ze allemaal klaar zijn met lachen, vertelt Norah hun verlegen wat ze op het oog heeft. 'Ik dacht aan iets uit Dvořáks "Uit de Nieuwe Wereld".'

'Welk deel?' vraagt Rita.

Norah haalt iets uit haar zak. Het is slechts een stukje papier dat ze uit een oud schrift heeft gescheurd, maar het is in een prachtig handschrift bedekt met maten, akkoorden en een accolade. 'Wat denk jullie van het largo?'

Ze neuriet de melodie, en de ogen van de vrouwen beginnen te schitteren.

'Denk je echt dat we dit kunnen?' vraagt Margarethe. 'Ik bedoel, waar moeten we beginnen?'

'We beginnen door erop te vertrouwen dat Norah het ons zal leren, dat ze onze stemmen zal trainen om een optimale harmonie te vormen,' verzekert Ena hun.

'We hebben een plek nodig om te repeteren,' zegt Rita.

'Hier, jullie mogen hier repeteren!' roept iemand van buiten.

'Dank je wel. Laten we deze hut benoemen tot repetitieruimte voor het nieuwe stemmenorkest,' verklaart Norah.

Iedereen barst in lachen uit, en het publiek buiten joelt opgetogen nu ze op de eerste rij mogen zitten bij de creatie van een unieke voorstelling.

'We beginnen morgenavond,' zegt Norah, en opnieuw klinkt er gejuich.

Hoofdstuk 16

Kamp III
Oktober 1943 - oktober 1944

'We komen twee keer per week bij elkaar om te repeteren,' vertelt Norah haar stemmenorkest. 'Ik ga jullie in drie secties opdelen, gebaseerd op de toonhoogte en het timbre van jullie individuele stemmen.'
'Kun je dat uitleggen?' vraagt Margarethe.
'Natuurlijk. Sorry, ik vergeet dat niet iedereen vertrouwd is met muzikale termen. Degenen die een sopraan- of een altstem hebben, worden de strijkinstrumenten, de stemmen die iets lager zijn doen de houtblazers, en degenen met de laagste stemmen vormen de kopersectie. Duidelijk zo?'
De vrouwen knikken en de repetities beginnen.

Een paar weken later steekt Norah tijdens het dirigeren van de melodische stemmen haar hand op om de repetitie te staken.
'Audrey, wat is er aan de hand?'
'Niets, helemaal niets.'
'Huil je?'
'Nee, ze is niet verdrietig, lieve zus,' zegt Ena. 'Ze is ontroerd. En

dat geldt voor ons allemaal. Niet te geloven dat we zulke prachtige geluiden voortbrengen.'

Norah kijkt naar de snuffende Audrey. 'Is dat het?'

'Ja! Lieve hemel, jullie klinken allemaal zo geweldig, zo krachtig. Ik weet dat ik met jullie meezing, maar jullie brengen me naar een andere plek.'

Norah kijkt naar haar orkest. Alle leden knikken ontroerd. 'Willen jullie even pauze nemen?'

Ze schudden hun hoofd.

'Kijk nou eens!' roept Ena uit, wijzend naar het raam. Het zijn niet alleen de vrouwen van het koor die geraakt zijn door deze ontroerende interpretatie van Dvořáks symfonie, maar ook iedereen die de hut passeert en blijft staan om te luisteren krijgt vochtige ogen.

'Zullen we maar opnieuw beginnen? Vanaf de eerste maat?' Norah glimlacht. Ze is er trots op dat het orkest de geïnterneerden nu al vermaakt.

De kopersectie begint met laag geneurie, de houtblazers wachten op hun beurt en vervlechten hun stemmen dan naadloos met de muziek. Norah seint dat de strijkers in kunnen vallen, en nu vibreert het hele orkest. De brok in Norahs keel wordt zo groot dat ook bij haar de tranen over de wangen biggelen.

'Norah? Norah, gaat het wel?' vraagt Ena, en ze trekt haar zus naar zich toe en omhelst haar.

'Ik heb gehoord wat jullie hoorden,' mompelt Norah tegen Ena's schouder.

Even laten de vrouwen hun tranen vrijuit stromen en troosten ze elkaar.

'Zullen we weer bij de eerste maat beginnen?' stelt Audrey uiteindelijk voor.

'Ik moet mezelf even bij elkaar rapen voordat ik jullie weer kan dirigeren,' antwoordt Norah met een grijns.

Wanneer ze de repetitie afsluit, vraagt ze de vrouwen of ze bereid zouden zijn een nieuw stuk in te studeren.

'Zou het niet geweldig zijn om een echt concert te geven in plaats van één stuk uit te voeren?'

Hoewel ze het een spannend idee vinden, stemmen ze allemaal in.

De volgende dag bezoekt Norah Margaret, die goed herstelt.

'Ik heb wat advies nodig,' zegt ze, terwijl ze op het hoekje van Margarets slaapmatje gaat zitten. 'We hebben besloten om ons repertoire uit te breiden. Ik dacht aan Mendelssohns "Lieder ohne Worte", een wals van Brahms en de "Londonderry Air".'

'Perfect,' zegt Margaret enthousiast. 'Absoluut perfect.'

'Maar ik zal ze moeten aanpassen voor vrouwenstemmen.'

'Nou, als iemand dat kan, liever, ben jij het wel.'

Norah kopieert de partituren zorgvuldig op bij elkaar gezochte stukken papier. Ze vraagt Ena of zij het laatste lied zou willen zingen, begeleid door het orkest. Haar prachtige sopraan zal de perfecte aanvulling vormen op de uitvoering van het orkest van de 'Faery Song' uit *The Immortal Hour*. Ena stemt bescheiden in.

Ook dat stuk wordt met de hand uitgeschreven en gekopieerd. Aan de originele bladmuziek valt niet te komen, en iedereen staat versteld van Norahs fotografisch geheugen voor partituren.

'We hadden geen van allen verwacht dat we hier een tweede kerst zouden doorbrengen, maar toch zijn we er nog,' zegt Nesta tegen de verpleegsters, die zich allemaal in één ruimte hebben verzameld. 'We zullen niet feestvieren en geen van ons zal een cadeautje krijgen, maar het blijft Kerstmis en ik vind dat we er iets aan moeten doen.'

De meisjes wisselen blikken.

'Wat stel je voor?' vraagt Jean.

'Ik zou graag gewoon een poosje bij elkaar zitten,' zegt Betty.

'Misschien vinden sommigen van ons het fijn om te vertellen hoe zij vroeger thuis Kerstmis vierden,' voegt Vivian eraan toe.

'Wat een geweldig idee, Vivian. Wil jij beginnen?'

'Het eerste wat ik me van kerst in mijn jeugd herinner is dat het altijd stikheet was in Broken Hill.'
'Natuurlijk, Bully! Vertel ons hoe het ging,' roept Betty.
'Jullie zullen het niet geloven, maar mijn moeder stond erop om volgens de Engelse traditie midden op de dag een warm braadstuk te serveren, gevolgd door een nóg warmere gestoomde pudding. We waren maar met z'n vieren, mijn moeder, mijn vader, mijn broer John en ik. Mijn vader was een echte held en at alles op wat mijn moeder hem voorzette. John en ik klaagden over de hitte en schoven het voedsel rond op ons bord. Maar we wisten dat we alles zouden moeten opeten als we onze kerstcadeautjes wilden krijgen. En dus deden we dat, met een beetje hulp van Joey, onze hond, die verstopt zat onder de tafel. Mijn vader had dat wel door, maar hij zei nooit iets, hij knipoogde gewoon af en toe. Wat ik er niet voor over zou hebben om nu aan die tafel te zitten, bij welke temperatuur dan ook, en hoe heet en overgaar het eten van mijn moeder ook was – en geloof me, dat was het.'

De volgende dag klinken overal in het kamp de geluiden van spelende kinderen. Ze doen simpele spelletjes en delen het geïmproviseerde speelgoed dat de kampbewoonsters met veel liefde voor hen hebben gemaakt. Norah zit samen met Ena en Margaret onder een boom en slaat June gade terwijl ze met de andere kinderen speelt.
'Zijn jullie klaar voor morgen?' vraagt Margaret.
'Het is tijd,' zegt Norah.
'Tijd om je te laten zien wat we kunnen,' vult Ena grappend aan.
'Ik verheug me er enorm op,' zegt Margaret.

'Vanavond hebben we iets bijzonders voor jullie,' vertelt Margaret het publiek, dat niet kan wachten tot de speciale uitvoering begint.
'Zelfs ik heb niet alles mogen horen wat het koor vandaag voor ons gaat opvoeren. Na wekenlange repetities wil ik jullie voorstellen aan de unieke Norah Chambers. Norah vond dat er iets ontbrak aan ons

entertainmentprogramma. Samen met een paar enorm getalenteerde vrouwen heeft ze iets unieks voor jullie gecreëerd... een stemmenorkest. Verwelkom ze alsjeblieft voor de eerste, maar niet de laatste, keer!'

De uitvoering wordt gegeven op de grote open plek in het midden van het kamp. De toeschouwers stappen opzij wanneer Norahs orkest naar voren loopt.

Norah stelt haar koorleden in een halve cirkel op, en het publiek begint enthousiast te applaudisseren en te juichen.

Met haar rug naar het publiek toe gekeerd knikt Norah bemoedigend naar de zangeressen en heft dan langzaam haar rechterarm.

Norah Chambers, gevangene van het Japanse leger, ternauwernood overlevend in de jungle van Sumatra, doet haar ogen dicht. Norah Chambers, componist en dirigent, doet ze weer open. Langzaam laat ze haar armen zakken en de heldere, ontroerende openingstonen van het largo van Dvořáks 'Uit de Nieuwe Wereld' golven over de eerste rijen van vrouwen en arriveren in een explosie bij de achterste rij. Terwijl het stuk aanzwelt, rijzend en dalend, omhoog en omlaag langs de toonladder, houdt het publiek vol ongeloof de adem in. De koorleden, die strak naar Norah kijken en elk gebaar volgen, haperen niet. Betoverd door de schoonheid en de kracht van de muziek, geschreven in een tijd en op een plek die de toeschouwers zich nauwelijks kunnen voorstellen, voelen ze zich heel even vrij.

Wanneer ze haar arm laat zakken, buigt Norah met gesloten ogen haar hoofd. De stilte op de open plek lijkt een eeuwigheid te duren. Ze draait zich om wanneer eerst één persoon applaudisseert en dan plotseling alle vrouwen beginnen te klappen en te juichen, de tranen wegvegend die vanaf de allereerste toon geplengd zijn. Haar orkest huilt ook, en de leden omhelzen elkaar.

Margaret stapt naar voren. Zij weet haar tranen te onderdrukken, maar ze beeft van de emotie die een collega-musicus voelt wanneer hij of zij iets bijzonders heeft gehoord. Ze omhelst Norah, die overweldigd door emotie tegen haar aan leunt.

'Encore, encore.'
De roep om een toegift verstomt niet. Norah kijkt met een vragende blik naar haar orkest. Wanneer de vrouwen allemaal knikken, zegt ze: 'Chopin?'
Opnieuw knikken de vrouwen. Margaret heft haar handen. Meer is niet nodig om het publiek tot zwijgen te brengen.
'Zo te horen wordt het Chopin?' Ze kijkt naar Norah, die glimlacht en knikt.
'Dames, het koor zal de "Regendruppelprelude" van Chopin uitvoeren,' kondigt Margaret aan, en ze stapt opzij.
Wanneer de laatste tonen zijn weggestorven, fluistert Norah: 'Mendelssohn.'
Zwevend en dalend tilt de verfijnde introductie van 'Lieder ohne Worte' de toeschouwers boven de ellende en de smerigheid van het kamp uit. Nu zijn ze gekleed in prachtige japonnen en zitten ze in de beroemdste operahuizen van Italië, Parijs, Londen. Hun harten stijgen naar de hemel, hun pijn wordt weggespoeld. Hoe kunnen eenvoudige tonen tegelijk zo triest, zo mooi, zo opwekkend en zo transformerend zijn, vraagt Norah zich af.
De laatste noot is zo zacht, zo broos, dat hij alleen wordt opgevangen door de vrouwen die het geluk hebben op de eerste rij te zitten. Norah buigt haar hoofd. Uitgeput, overspoeld door emotie, beleven zij en haar orkest hun eigen ontsnapping uit deze plek en dit moment. Langzaam keren ze terug, en het kabaal is overweldigend; het gesnik overstemt het applaus en het gejuich. Of ze nu lang zullen leven of kort, iedere vrouw die erbij is zal zich de avond herinneren waarop de engelen deze verlaten plek bezochten om hun hoop te geven, en onuitsprekelijke schoonheid.
'Dames,' spreekt Margaret tot het publiek, 'waar we hier vanavond getuige van zijn geweest, is simpelweg de mooiste, meest bijzondere muziek die ik ooit heb gehoord of zal horen.' Ze draait zich om en glimlacht stralend naar het orkest.

Norah fluistert iets tegen Margaret.

'Lieve mensen, het optreden van deze opmerkelijke vrouwen zit er nog niet op. Voordat we onze nationale volksliederen zingen, hebben zij nog een uitvoering voor jullie in petto.'

Opnieuw barst er luid gejuich los.

Ena maakt zich los uit de halve cirkel, en zij en Norah wisselen een glimlach. Norah kijkt haar zus vragend aan. *Ben je zover?* vraagt ze met haar blik. Ena antwoordt met haar ogen. *Ja!*

Betty, die de wondere tonen van de harp vertegenwoordigt, begint. De andere stemmen vallen in, en dan zingt Ena's prachtige sopraan de eerste woorden van 'Faery Song' uit *The Immortal Hour*.

'*How beautiful they are, the lordly ones...*'

De vrouwen in het publiek, die allemaal waren opgestaan, laten zich op hun knieën zakken. Hun blikken gaan omhoog naar de sterren, en het gesnik stopt abrupt. Ze willen deze woorden horen, de pracht en de luister, het geschenk dat Ena hun geeft.

'*In the hollow hills...*'

Ena houdt de laatste noot aan, lang nadat de andere stemmen zijn verstomd, lang nadat Norah haar hand heeft laten zakken.

De leden van het stemmenorkest staren naar de verrukte gezichten van de vrouwen in het publiek. Ze hebben met eigen ogen gezien wat voor effect ze op de toeschouwers hebben gehad. Ze hebben hun ziel en zaligheid in het optreden gestopt, en nu laten ze zich omhullen door het applaus, het dankbare snikken, en vinden ze daar voor een paar korte momenten troost en veiligheid in.

June wringt zich tussen Norah en Ena. 'Waarom huilen jullie, tantes?'

Ze breekt de ban, en de vrouwen moeten lachen en omhelzen haar.

Omdat het applaus maar voort blijft duren, steekt Margaret opnieuw haar hand op, en er daalt stilte neer over het publiek.

'Over vier dagen begint 1944. Ik hoop dat het een beter jaar zal zijn voor ons allemaal. Net als jullie kan ik niet in woorden uitdrukken hoe dankbaar ik de vrouwen ben die achter me staan voor wat ze ons vanavond hebben gegeven. Misschien kunnen we het allemaal proberen door onze nationale volksliederen voor hen te zingen. *God save our gracious king...*' Haar krachtige stem galmt over de open plek.

De toeschouwers gaan allemaal staan en zingen mee.

'*Long live our noble king.*'

Voordat de vrouwen terugkeren naar hun hutten, drommen ze samen rond het orkest om de leden te omhelzen en te bedanken. Er vloeien weer tranen, terwijl iedereen dacht dat ze die hadden opgebruikt. Ten slotte lopen Norah en Ena met Margaret terug naar haar hut, terwijl June achter hen aan huppelt.

'Mag ik vragen waar jullie nu aan gaan werken?' vraagt Margaret.

'Het is een moeilijk stuk, maar we zijn begonnen aan "Boléro",' vertelt Norah.

'Jeetje, Ravel heeft vast nooit bedacht dat zijn stuk ooit door louter stemmen zou worden uitgevoerd. Maar als iemand het kan, ben jij het, en ik kan niet wachten om het te horen.'

'Ik ga naar de put, is er iemand die mee wil?' vraagt Nesta op een ochtend.

Het nieuwe jaar is aangebroken, en de stemming onder de geïnterneerden is heel anders dan bij hun komst, drie maanden eerder. De inspanningen om de putten schoon te maken zijn verdubbeld; het regenseizoen is weer aangebroken, en de putten vullen zich met kostbaar water.

'Ik ga met je mee,' zegt Vivian. 'Wacht even, dan pak ik een pot.'

Nesta en Vivian gaan in de rij van vrouwen staan die wachten om water te halen. Nesta bindt een touw aan haar emmer en laat die langzaam in de put zakken. Wanneer ze zich vooroverbuigt om te zien hoe ver ze nog moet voordat ze bij het water is, laat ze haar emmer tegen de wand van de put botsen, en het touw begeeft het. De emmer stort in het water eronder en klettert tegen alle andere emmers en potten die daar zijn beland.

'O nee! Niet te geloven! Wéér eentje,' zegt Nesta, terwijl ze het lege touw omhooghaalt.

'Denk je dat ik erbij kan?' vraagt Vivian.

'Nee, het is veel te diep.'

'Zuster James, je kunt maar één ding doen.' Zuster Catharina, die ook in de rij staat om water te halen, spreekt haar aan.

'O ja? Wat dan?' vraagt Nesta.

'Jij bent behoorlijk klein,' zegt de non, terwijl ze Nesta's gestalte inschattend bestudeert.

'Kom je daar nu pas achter?' roept Vivian lachend.

'Nee, maar het is de eerste keer dat ik denk dat dat weleens nuttig zou kunnen zijn.'

'Nuttig waarvoor?' vraagt Nesta ongerust.

'Ik wil zuster Bullwinkel met alle plezier helpen om je in de put te laten zakken. Wat vind je ervan, zuster?'

'O ja, ik doe mee,' zegt Vivian grijnzend. 'Ik kan niets leukers bedenken dan mijn meerdere met haar hoofd omlaag in een put te laten zakken.'

'Jullie maken een grapje, toch?' Nesta is ontzet.

'Helemaal niet. O, en als je toch daarbeneden bent, kun je dan meteen ook een paar van de andere emmers en potten opvissen? We zouden je heel dankbaar zijn.'

Terwijl Vivian het touw om Nesta's middel bindt, arriveren er verschillende andere vrouwen die nieuwsgierig toekijken, suggesties doen en bemoedigende woorden spreken.

Nesta tuurt over de rand van de put en zegt angstig: 'Stevig vasthouden, hoor! Heb je een extra paar handen nodig, Bully?'

'Ik kan helpen,' zegt Margaret, die net gearriveerd is. 'Het nieuws dat zuster James de put in gaat heeft zich al door het kamp verspreid. Ik dacht: dat moet ik zien. Geen zorgen, Nesta, we houden je goed vast.'

'Oké, daar gaan we,' zegt Vivian. 'We pakken samen het uiteinde van het touw vast.'

'Langzaam, rustig aan,' roept Nesta wanneer Vivian, zuster Catharina en Margaret de piepkleine verpleegster in de donkere put laten zakken. Nesta kijkt omhoog en ziet tientallen gezichten omlaagturen. 'Ik zie niets!' roept ze. 'Jullie blokkeren het licht. Jullie moeten allemaal opzijgaan.'
Iedereen doet een stap naar achteren.
'Ik ben bijna bij het water,' roept Nesta.
'Pak zoveel emmers als je kunt, en dan trekken we je weer omhoog.'
'Oké, geef me even.'
'Geef een gil wanneer je zover bent, goed?'
'Langzaam! Niet zo snel, ah, ik ben omgedraaid! Ik hang ondersteboven!' roept Nesta.
'We hebben je, houd je gewoon goed vast.'
'Schiet op!'
'Heb je de emmers?' roept zuster Catharina omlaag.
'Ja, mijn armen zijn vol. Daarom ben ik gekanteld.'
'Ik zie haar benen. Jeetje, ze lijkt wel een baby die ondersteboven geboren wordt,' merkt een brutale toeschouwster op.

De vrouwen rond de put schateren het uit terwijl Nesta met haar jurk over haar gezicht uit de put wordt getrokken. Aan allebei haar armen en handen hangen emmers. Twee vrouwen grijpen haar middel vast, trekken haar uit de put en laten haar plompverloren op de grond vallen.

Vivian wringt zich tussen de vrouwen door en herstelt Nesta's waardigheid door haar van het touw te bevrijden.

'De vrouwen die thuis zijn gebleven zullen zich voor het hoofd slaan omdat ze dit gemist hebben,' zegt Vivian.

'Ik ben blij dat jullie je hebben vermaakt,' zegt Nesta, kijkend naar de grijnzende vrouwen om haar heen.

Nesta en Vivian lopen samen terug naar hun huis. Nesta draagt een emmer vol met water en Vivian de pot.

'Het zit er zeker niet in dat we deze kleine gebeurtenis geheim

kunnen houden, tussen jou en mij?' zegt Nesta hoopvol.
'Vergeet het maar, zuster James, vergeet het maar.'

'Ze hebben gezegd dat we een moestuin mogen aanleggen,' vertelt Nesta haar verpleegsters, 'dus ik zou zeggen, mouwen opstropen en aan de slag.'
'Godzijdank,' zegt Jean. 'We sterven bijna van de honger.'

'Betty, Vivian, het is onze beurt om het stuk grond te bewerken, wij hebben de ochtenddienst. Jean, kun jij twee anderen vinden die vandaag niet ingeroosterd zijn voor huisbezoeken en die het vanmiddag van ons kunnen overnemen?'
'Natuurlijk, Nesta. Ik heb vanmiddag vrij, dus ik doe zelf ook mee.'
Wanneer Betty en Vivian bij de toegewezen lap grond komen, krijgen ze ieder een halve uitgeholde kokosnoot uitgereikt.
'Heeft iemand het tuingereedschap?' vraagt Betty.
'Als je het handvat van de bijl of het blad van de schop bedoelt, dan ja. De rest van ons moet het met kokosnoten doen. Handen en knieën, meisjes,' instrueert Nesta, terwijl ze knielt en de aarde met haar kokosnoot begint los te woelen. Ze hebben een klein deel van hun rantsoenen moeten opofferen om pitten en zaadjes te leveren, die ze vanmiddag zullen planten.
'Denk je echt dat ze ons laten opeten wat we verbouwen?' vraagt Vivian.
'Dat kunnen we alleen maar hopen,' zegt Betty met een zucht. 'Maar we steken er een hoop werk in om deze tuin aan te leggen, ze zullen ons vast wel de vruchten van ons werk laten proeven.'
'Het valt niet te zeggen, we kunnen alleen ons best doen,' besluit Nesta. 'Dat gezegd hebbende, ik wil niet dat iemand van haar stokje gaat in deze hitte. Als je pauze nodig hebt, geef dan een seintje.'
'We stoppen pas wanneer jij stopt,' zegt Betty, terwijl ze een zacht duwtje geeft tegen de arm van haar vriendin.

Eindelijk zien de vrouwen een keer het voordeel in van het leven in de tropen; eenmaal geplant schiet het voedsel uit de aarde. Alles wordt onderling verdeeld. Ze doorzoeken ook het aangrenzende gebied om te zien of ze andere eetbare planten kunnen vinden, of boomschors die gekookt kan worden tot hij zacht genoeg is om samen met de spinazie en de bonen uit de moestuin geserveerd te worden. Als altijd gaan de eerste porties naar de kinderen.

Op een dag, wanneer Norah buiten aan het werk is, komt June naar haar toe gerend met iets in haar vuist geklemd.

'Kijk, tante Norah, kijk eens wat ik heb.' Voorzichtig vouwt June haar hand open en laat een paar kostbare korrels gekookte rijst zien.

'Waar heb je die vandaan?'

'Ik ging met de jongens mee en we vonden ze onder de hut.'

'Welke hut? En nu je het zegt, welke jongens?'

'Gewoon, mijn vriendjes. Meestal gaan alleen de jongens, maar ik zei dat ik zou gaan gillen als ik niet mee mocht. We kropen onder de hut van de bewakers, en daar zitten kieren in de vloer, dus als de bewakers eten, morsen ze altijd wel wat rijst die erdoorheen rolt. We gingen liggen met onze handen onder de kieren, en dit heb ik gevangen,' zegt June met de trots van een jager die terugkeert naar zijn grot.

Norah is sprakeloos. Ze kijkt om zich heen om te zien of iemand June heeft horen praten over de risico's die zij en de jongens hebben genomen. Ze wil haar vertellen dat ze het niet nog een keer mag doen, dat het verkeerd was om zelfs maar in de buurt van de hut van de bewakers te komen. Maar als ze in de stralende ogen van het kleine meisje kijkt en daar de trots in ziet schitteren, breekt haar hart. Het enige wat ze kan doen is June stevig tegen zich aan trekken en proberen haar pijn te verbergen, de pijn die voortkomt uit haar onvermogen om een kind te voeden en te verzorgen, niet haar eigen kind, maar een kind waarvoor ze vrijwillig de verantwoordelijkheid op zich heeft genomen en dat haar hart heeft veroverd.

June maakt zich los van Norah en zegt opgewonden: 'Ik ga het met Sammy delen, want hij was er niet bij. Goed?'

Wanneer June weghuppelt, laat Norah zich op de grond zakken, slaat haar handen voor haar gezicht en snikt zachtjes. Vivian is de eerste die haar vindt.

'Norah, wat is er?'

Norah kijkt in de bezorgde ogen van een vrouw die ze onder normale omstandigheden nooit gekend zou hebben, een vrouw uit een ander land, een vrouw die ze nu als haar vriendin beschouwt. Een vriendin die haar pijn niet alleen begrijpt, maar ook deelt.

'Ik mankeer niets, maak je geen zorgen. Het is alleen...'

'O, Norah. Kom op, we gaan naar jouw hut, daar kunnen we praten.'

Wanneer Norah haar huis binnengaat, met Vivians steunende arm om haar schouders, kijkt Ena op van haar naaiwerk.

'Wat is er aan de hand? Is er iets gebeurd?'

'Ze is in orde,' zegt Vivian geruststellend. 'Ze is niet gewond.'

Er zijn nog andere vrouwen in de hut, die allemaal bezorgd opkijken, maar Norah schudt haar hoofd.

'Het gaat prima, echt. Ik stel me gewoon aan,' zegt ze met een waterig glimlachje.

'Laten we naar buiten gaan,' stelt Ena voor.

In de kleine tuin vinden de vrouwen een plekje in de schaduw, waar ze gaan zitten, en Norah legt haar hoofd op Ena's schoot.

'Weet jij wat er is gebeurd?' vraagt Ena aan Vivian.

'Niet echt. Ik zag haar met June praten, en toen zij wegrende, zakte Norah op de grond.'

'Is er iets met June?' vraagt Ena ongerust. 'Is ze in orde?'

'Ze leek in orde. Zoals ik zei, ze rende weg.'

'Norah, vertel me alsjeblieft wat er is gebeurd,' dringt Ena zachtjes aan.

'Ik zal je vertellen wat er is gebeurd. June en een groepje jongens hebben zich onder de hut van de bewakers verstopt in de hoop rijstkorrels op te vangen die de bewakers op de vloer morsten en die tussen de kieren door vielen. Dát is er gebeurd. Wij kunnen haar niet genoeg te eten geven, en dus riskeert ze een pak slaag, haar leven, voor een handjevol door insecten vervuilde rijst.'

'Heeft ze je dat verteld?' vraagt Ena.

'Ze heeft het me verteld, en ze heeft me de zeven rijstkorrels laten zien die ze in haar hand had, ik heb ze geteld.'

'O, Norah, ik weet niet wat ik moet zeggen,' zegt Vivian.

'Dat is nog niet alles,' vervolgt Norah. 'Ze wilde die zeven korrels delen met haar vriendje. Wat valt er te zeggen, Vivian? We hebben dit kleine meisje in de steek gelaten.'

Norah brengt haar hand naar haar gezicht en begint te snikken, met haar hoofd nog op de schouder van haar zus. Ena en Vivian wisselen een blik; ze zijn er niet aan gewend om Norah in te zien storten.

'Zo moet je niet denken, Norah,' zegt Ena, terwijl ze het haar van haar zus streelt. 'Haar moeder is hoogstwaarschijnlijk dood, en wie weet wat er zonder ons van haar zou zijn geworden, of ze de schipbreuk zelfs maar zou hebben overleefd. Ik vind het vreselijk om je zo te zien. We doen alles wat we kunnen. En denk niet dat ik niet weet dat je haar soms je hele rantsoen geeft.'

'Net als jij. O, Ena, je had haar gezicht moeten zien, ze was zo blij, zo opgewonden. Het leek wel of ze was gaan jagen en met een rendier was teruggekeerd. Ik maak me zo'n zorgen om haar.'

De drie vrouwen zitten zwijgend bij elkaar, ieder verzonken in haar eigen gedachten. Er is niets wat ze niet voor June zouden overhebben, en toch is het altijd te weinig onder deze ellendige omstandigheden. Zullen ze ooit nog uit het kamp wegkomen?

'Dames, ik heb iets voor jullie.' Ah Fat staat bij het hek, in gezelschap van twee bewakers. Er zijn weken verstreken sinds de vrouwen bonen en spinazie hebben gezaaid; het is allemaal opgegeten, en de moestuin ligt er kaal bij. Kato heeft hun in zijn grilligheid verboden om de zaadjes opnieuw te planten.

Norah en Ena, die een wandelingetje maken op de late middag, staren naar Ah Fat. Ze zijn te verbaasd om iets te kunnen zeggen.

'Rijst! Hier is rijst om te delen,' kondigt hij stralend aan.

De bewakers zetten twee kleine zakken op de grond en doen een stap naar achteren.

De zussen haasten zich naar voren om het karige geschenk aan te nemen.

'Ik heb nog iets voor jullie,' zegt de tolk. Hij duwt een kerosineblik naar hen toe. 'Olie.'

'Dank je wel,' zegt Norah ten slotte, terwijl ze het blik aanneemt. Ze kijkt naar Ena en slaakt een zucht van opluchting. 'Dit is een godsgeschenk,' zegt ze. 'Ik ben het zo zat om soep te koken van bananenschillen.'

Eenmaal terug in de hut probeert Norah het etiket op het blik te lezen. 'Weet een van jullie wat dit is?' vraagt ze de anderen.

De vrouwen bestuderen het etiket en schudden allemaal hun hoofd.

'Ik zal het naar moeder Laurentia brengen, volgens mij is het Nederlands. We moeten weten of het om te bakken is of dat het in een vrachtwagen hoort.' Haastig loopt Norah naar de hut van de nonnen.

'Ja!' zegt moeder Laurentia enthousiast. 'Het is Nederlands, en er staat "rode palmolie". Perfect voor in de keuken, als we iets hadden om klaar te maken.'

'We hebben ook wat rijst gekregen,' vertelt Norah haar. 'Ik durf te wedden dat we gebakken rijst kunnen maken.'

'Ja, en dan kunnen we er wat wortels bij doen, of een paar planten die we kunnen vinden. Maar...' zegt de non peinzend.

'Maar wat?'

'Je zou kunnen overwegen om een deel van de olie voor het ziekenhuis te bewaren. Op Malakka gebruikten de bewoners het om ontstoken wonden te behandelen. Het heeft bewezen geneeskrachtige eigenschappen.'

'Zoals honing.'

De non glimlacht. 'Ja, zoals honing.'
'Dank u wel, moeder Laurentia. Ik zal het doorgeven aan de anderen, ze willen het vast wel met de ziekenboeg delen. En zodra we de rijst en de olie in porties hebben verdeeld, zullen we jullie er wat van brengen.'

Geïnspireerd door de palmolie beginnen de vrouwen simpele maaltjes te koken met de rijst, terwijl ze ondertussen beschrijven wat ze er 'thuis' mee zouden doen.

'Weet je wat, Norah?' Ena leest een oude uitgave van de *Camp Chronicle*.

'Nou?' zegt haar zus.

'Volgens mij moeten we de receptenrubriek van de *Chronicle* weer nieuw leven inblazen, en vrouwen hun favoriete kookherinneringen laten opschrijven.'

'Krijgen we dan niet juist nog meer honger?' Norah staart naar de lege pan op het fornuis – hun dagelijkse rijstrantsoenen zijn al op.

'Misschien, maar het was ook fijn. Ham en eieren, etentjes in chique restaurants, púdding. Misschien dat we dan even vergeten dat we niets hebben, denk je niet?'

'Tja, het zou ons in elk geval afleiden van het kamp,' zegt Norah.

'Het enige probleem is dat we niets hebben om die recepten op te schrijven, zodat we ze kunnen delen,' zegt Ena spijtig.

'Hm, wat dacht je hiervan? Vorige week was ik bij Margaret, en een van de vrouwen in haar hut zwaaide met een chequeboek dat ze in haar koffer had gevonden. Ze grapte dat ze cheques kon uitschrijven om eten voor ons allemaal te kopen. Ze vertelde zelfs lachend dat zij en haar man genoeg geld op een bank in Singapore hadden staan om het hele kamp te kopen, en ze vroeg zich af wat Kato ervoor zou willen hebben.'

'Dat gesprek zou ik graag horen. Maar wat heeft dat te maken met het opschrijven van recepten?'

'Die cheques zijn natuurlijk nutteloos, maar aan de achterkant zijn ze leeg. Ze konden weleens precies het juiste formaat zijn om een recept op te schrijven. Wat denk je?'

'Dat klinkt perfect!'

Wanneer het chequeboek bereidwillig is afgestaan in ruil voor het leveren van het eerste recept, besluiten Ena, Audrey en Norah dat een kookboek de beste manier zou zijn om de verrukkelijke herinneringen aan voedsel te delen. Ze spreken met iedereen in het kamp en vragen om inspirerende nationale gerechten.

De hut van de verpleegsters staat als laatste op hun lijst, en op een avond kloppen de drie vrouwen er op de deur. Jean laat hen binnen, en de verpleegsters die niet in de ziekenboeg of op huisbezoek zijn, luisteren aandachtig.

'Dus je wilt dat we met een recept komen dat ons vertegenwoordigt? Een uniek Australisch gerecht?' vraagt Betty.

'Ja, wat jullie maar willen,' antwoordt Ena.

'Dat kan maar één gerecht zijn, toch, dames? Zo Australisch als het maar kan,' zegt Vivian.

'Waag het niet om pavlova te zeggen,' protesteert Audrey.

'Natuurlijk is het pavlova!' zegt Betty. 'Dat hebben wij bedacht.'

'Niet waar. Het is een Nieuw-Zeelands gerecht, dat weet iedereen. Het werd bedacht voor de Russische balletdanseres die toen optredens gaf in Nieuw-Zeeland, Anna Pavlova,' werpt Audrey resoluut tegen.

'Jullie mogen er een naam voor hebben verzonnen, maar het werd voor het eerst gemaakt in Melbourne,' zegt Betty al even strijdvaardig. 'Toch, Bully?'

'Ik weet niet of het in Melbourne was, maar iedereen weet dat het Australisch is,' verklaart Vivian.

'Bedacht in Nieuw-Zeeland, een naam gekregen in Nieuw-Zeeland, het is een gerecht van de kiwi's.'

Norah en Ena slaan de discussie gade, heen en weer kijkend alsof ze bij een tenniswedstrijd zitten.

'Wat denk jij, Norah? Het is een Nieuw-Zeelands gerecht, toch?' zegt Audrey.
'Geen idee,' antwoordt Norah. 'Kunnen jullie niet zeggen dat het uit beide landen komt, of gewoon een ander gerecht kiezen waar jullie geen ruzie over hoeven te maken?'
'Op een dag zal deze kwestie worden beslecht,' verklaart Audrey met een laatste schot voordat ze vertrekken.

Veel van de Engelse vrouwen kunnen de recepten van hun lievelingsgerechten niet produceren, omdat ze kokkinnen in dienst hadden die voor hen kookten. Voor Norah is het niet genoeg om de recepten te lezen. Op een dag gaat ze naar de hut van de bewakers. Ze kruipt er niet onder, maar loopt in plaats daarvan naar de achterkant van het gebouw, waar de Japanners hun vuilnis dumpen. Daar vindt ze stukken papier. Ze strijkt de verkreukelde vellen glad en maakt er een schrift van, bijeengehouden door een stukje ijzerdraad dat ze door de bladzijden rijgt.

Op een rustig plekje – in een hoekje van de hut als het regent, of buiten als het droog is – probeert ze zich haar leven in Malakka met John voor de geest te halen en stelt ze een budget op, zonder een idee te hebben van de huidige prijzen. Ze bedeelt haar man een bedrag toe om kaartjes te kopen voor het theater, of een sportclub die hij misschien wil bezoeken. Ze bedenkt wat de kosten van een krant zullen zijn, van de slager, de bakker, treinkaartjes, maaltijden buiten de deur. Ze ontwerpt haar perfecte interieur, hangt een prijs aan het meubilair en andere spulletjes, bedenkt welke kleuren ze zou willen voor de gordijnen en voor de vloerbedekking. Ze zet een maandelijks bedrag opzij om nieuwe kleren en jurken te kopen voor een groeiende June, en natuurlijk de kosten van de allerbeste school. Ze stelt een wekelijks menu samen waarbij ze tot in detail de ingrediënten beschrijft die ze nodig heeft om gebraden eend en appelvulling te maken: pâté de foie gras, gebakken aardappels, koffie en chocolade. Ze vlucht vanuit haar gevangenis naar een onbekende wereld, eentje die ze moeiteloos kan betreden wanneer ze haar ogen dichtdoet en zich de details van alle kamers voorstelt, elk gerecht dat op tafel staat. In de verte kan ze June bijna horen oefenen op de piano in de woonkamer.

Met haar passie voor huishoudelijke kwesties vraagt Norah of zij de leiding mag hebben over het koken. Door het tekort aan brandstof voor open vuurtjes koken de vrouwen van verschillende hutten samen. Dat betekent dat ze de maaltijden ook samen moeten voorbereiden. Er worden teams gevormd van rijstsorteerders die de insecten uit de rijst plukken en de rijst daarna doorgeven aan wassers. Groentesnijders geven hun producten door aan groentekoks. Anderen halen water en verzamelen brandhout; sommigen dienen op, weer anderen wassen af. Hoe weinig ze ook te bereiden en te koken hebben, de vrouwen melden zich altijd voor hun taken.

'Zou je me het vlees willen aangeven, alsjeblieft?' vraagt Norah aan Betty, die druk bezig is de rijst van de insecten te scheiden. 'Het is tijd om het toe te voegen aan de groenten en de saus.'

'Natuurlijk, chef. Eén sappige kotelet, komt eraan,' zegt Betty, en ze geeft Norah een kleine portie rijst in een bananenblad.

'Uitstekend. Zou je nu de tafel willen dekken? Graag met het zilveren bestek. Dat past zo goed bij mijn mooie porselein. Ik zal opdienen.'

'Ja, chef. June, wil jij de anderen vertellen dat het eten wordt geserveerd?' vraagt Betty.

June giechelt en huppelt weg. Even later keert ze terug met een rij vrouwen en kinderen die ieder hun eigen kleine kommetje of bananenblad bij zich hebben. Bij Norah nemen ze hun schep rijst in ontvangst, en dan gaan ze bij elkaar zitten en eten met hun vingers.

'Inchi, Inchi? Waar ben je, Inchi?' roept Ah Fat, terwijl hij naar de hut van Mrs Hinch rent.

Een van de vrouwen, die uitgeput van de hitte op de grond ligt, wijst zwakjes naar de achtertuin, draait zich om en doet haar ogen weer dicht.

'Inchi, ik heb je nodig,' zegt Ah Fat als hij Mrs Hinch achter in de tuin onder een boom ziet zitten.

'Werkelijk? Wat is er nu weer?'

'Kom met mij mee, we moeten met verpleegsters praten.'

'Waarover?'

'Kom met mij mee. Ik zal het hun vertellen.'

Mrs Hinch laat zich door Ah Fat overeind helpen, en samen lopen ze naar de hut van de verpleegsters. Nesta blijkt thuis te zijn, en Mrs Hinch vertelt haar dat Ah Fat een mededeling wil doen.

'Vooruit, man. Voor de draad ermee,' draagt ze de tolk op.

'Oké, Inchi. Jullie moeten ruimte maken voor mannen. Commandant zegt dat ze bij jullie moeten wonen.'

'Waar heb je het over?' vraagt Nesta. 'Waar heeft hij het over, Mrs Hinch?'

'Ja, waar héb je het over?' Mrs Hinch staart Ah Fat aan.

'Er komen plaatselijke mannen die wij gaan trainen en de commandant zegt dat ze hier bij jullie moeten wonen.'

'Nou, dat gaat niet gebeuren,' zegt Mrs Hinch.

'Jawel, Inchi. De mannen moeten hier wonen, bij de verpleegsters, terwijl wij ze trainen.'

Mrs Hinch richt zich op. 'Waarvoor moeten ze getraind worden?'

'Om bewakers te zijn, om gevangenen zoals jullie te bewaken.'

'En wat als we ze niet binnenlaten?' vraagt Nesta.

'Dan worden jullie op straat gezet. Jullie delen, of jullie wonen op straat.' Ah Fat lijkt oprecht ontsteld door de boodschap die hij moet overbrengen. Hij zucht. 'Sorry, ik wil ze hier ook niet.'

'Hoe bedoel je, jij wilt ze hier ook niet?' vraagt Mrs Hinch, die ontzet is door het nieuws.

'Plaatselijke mannen. Ik heb liever jullie dames.'

'Maar wat als ze ons aanvallen?' protesteert Nesta. 'Wat houdt ze tegen als ze in hetzelfde huis wonen?'

'Dat zullen ze niet doen, we zullen ze slaan.'
'Hoe zullen jullie weten wat er gebeurt?'
'We zullen ze sowieso slaan; ze zullen jullie niets aandoen.'
'Het spijt me, Nesta. Wat kunnen we doen om jullie te helpen?' vraagt Mrs Hinch. 'Zullen we jullie verdelen over de andere hutten?'
'We zullen een overleg houden. Misschien is er een manier waarop we kunnen delen, ze ruimte kunnen geven of zoiets,' zegt Nesta, die al hard nadenkt over een oplossing voor dit probleem. 'Weet je hoeveel er komen?'
'Vijfentwintig mannen.' Ah Fat wendt zijn blik af. Hij durft Nesta of Mrs Hinch niet meer aan te kijken.

'Ik maak me zorgen over de zogenaamde training die die mannen gaan krijgen,' zegt Jean tegen Nesta en een aantal andere verpleegsters. Ze zitten 's avonds buiten in een poging om van het zachte briesje te genieten en even te ontsnappen aan de hete, plakkerige, overvolle hut.
'Hun tráining?' zegt Nesta. 'Wat dacht je van het feit dat we een hut met ze moeten delen?' De plaatselijke bewakers hadden hout gekregen, en dat hadden ze gebruikt om een wand te bouwen die de kleine woonruimte in de hut van de verpleegsters in tweeën deelt.
'Dat wil ik ook niet, Nesta. Maar hoe de soldaten ze behandelen, bevalt me niet. Ze slaan ze, ze prikken ze met hun bajonetten. Dat baart me zorgen.'
'Ik snap wat je bedoelt,' zegt Nesta. 'Leren ze dat dit de manier is om gevangenen te behandelen als zij het eenmaal voor het zeggen hebben?'
'Daar komen we vanzelf achter als ze ons gaan slaan,' merkt Betty op. 'Weet iemand hoelang ze bij ons blijven?'
'Mrs Hinch heeft het aan Kato gevraagd, en hij zei drie tot vier weken,' zegt Nesta schouderophalend.

De volgende ochtend schrikt iedereen van het geluid van schreeuwende soldaten op straat. De verpleegsters rennen hun hut uit en zien dat verschillende vrouwen en kinderen worden opgejaagd en geslagen door de plaatselijke bewakers.

'Houd op! Houd op, lomperik! Laat haar met rust!' schreeuwt Nesta naar een bewaker die een vrouw schopt die op de grond ligt. Ze beukt tegen zijn rug, en hij belandt plat op de grond. Dan helpt ze de vrouw overeind en gaat voor haar staan. De bewaker maait naar Nesta, die moeiteloos onder zijn arm door duikt. Overal heerst chaos. Vrouwen en kinderen gillen, de Japanse soldaten lachen, de plaatselijke mannen schreeuwen.

'Kom op, dames!' roept Vivian. 'Wij zijn ver in de meerderheid, grijp ze.'

Wanneer de man die Nesta bedreigt zich omdraait om te zien wat er gebeurt, heft Nesta haar beide armen en gaat hem grommend als een beer te lijf. De bewakers worden bijeengedreven door honderden woedende vrouwen. De soldaten, die besluiten dat ze er een eind aan moeten maken, komen tussenbeide en loodsen de mannen weg. Ze keren niet meer terug naar het kamp.

Het nieuws van de dood van Mary Anderson verspreidt zich door het kamp.

'Ze is de eerste van ons die sterft,' zegt Mrs Hinch tegen Norah, terwijl de vrouwen zich buiten Mary's huis verzamelen voor een wake. 'Het arme mens maakte geen enkele kans met al die infecties en de honger.'

'We moeten haar meteen begraven,' zegt Norah. 'Deze hitte...'

'Ik wil haar eerst graag zien,' zegt Mrs Hinch. 'Daarna kunnen we overleggen.'

Norah en Mrs Hinch gaan Mary's huis binnen en lopen door de overvolle kamer, waar de bewoonsters om haar lichaam zitten, dat bedekt is met een versleten laken. Mrs Hinch knielt en sluit haar ogen in gebed.

'Ik denk dat we haar het best in het huis kunnen laten liggen terwijl de Japanners besluiten waar en hoe ze begraven wordt,' zegt Norah als ze weer buiten staan.

'En hoelang zal dat duren?'

'Dat weet ik niet, maar het lijkt me sterk dat we vandaag al uitsluitsel krijgen.'

'Wil je het me laten weten zodra je iets hoort? De vrouwen in het huis zullen voor haar zorgen. O, kijk, daar heb je Nesta.'

'Mrs Hinch, Norah, ik vind het zo erg,' zegt Nesta met een diepe zucht. 'Ik ben gekomen om Mary de laatste eer te bewijzen en te vragen of ik iets kan doen.'

'Dat is aardig van je. Wij zullen voor Mary zorgen tot de commandant ons vertelt hoe we haar een fatsoenlijke begrafenis kunnen geven.'

'Het lijkt me geen goed idee om haar in het huis te laten liggen,' zegt Nesta. 'Met dit weer zal het al snel onaangenaam worden voor de bewoonsters.'

'Je hebt gelijk. Zullen we haar naar het schoolgebouw verplaatsen?' stelt Mrs Hinch voor. 'Dan kan de lucht circuleren.'

'Ik maak me zorgen om de ratten, en de wilde honden die 's nachts door het kamp dwalen,' zegt Nesta.

'We zullen wachtposten neerzetten,' zegt Norah.

De school is gesloten en Mary wordt verplaatst naar het gebouw met de open gevel. De rest van de dag en die nacht jagen vriendinnen om beurten de ratten en de muizen weg die op de geur afkomen. De volgende dag krijgen ze toestemming om Mary naar een plek buiten het kamp te brengen, net voorbij de wachtpost. Ah Fat heeft instructie gegeven om haar daar te laten liggen tot hij een grafkist kan laten maken.

'Dat gaat niet gebeuren,' besluit Margaret. 'We zullen haar verplaatsen, maar ze zal geen moment alleen zijn tot ze onder de grond ligt.'

Wanneer het lichaam van Mary naar de aangewezen plek is gebracht, houden vrijwilligsters om beurten de wacht bij haar. De dag verstrijkt, een tweede nacht komt en gaat, maar ze zien geen grafkist. De volgende ochtend zoekt Ah Fat Mrs Hinch op. Hij treft haar aan in gesprek met Norah en Audrey.

'Kom met mij mee, alsjeblieft,' zegt hij tegen het groepje.

De drie vrouwen volgen hem het kamp uit, langs Mary, en een paar honderd meter de jungle in, tot ze op een kleine open plek komen.

'We zullen jullie iets geven om een gat te graven, dit is waar we mensen zullen begraven,' vertelt Ah Fat hun.

Wanneer het drietal terugkeert naar het kamp om meer vrijwilligers te halen, zien ze dat er een eenvoudige houten grafkist naast Mary is neergezet. Iedereen helpt om het lichaam van Mary naar haar laatste rustplaats te brengen.

'In elk geval is ze nu afgeschermd,' zegt Mrs Hinch. 'Ah Fat haalt hopelijk wat scheppen voor ons, zodat we een stuk grond kunnen ontruimen en een graf kunnen graven. Ga iets eten en drinken, dan laten we jullie weten wanneer de begrafenis plaatsvindt,' adviseert ze de vrouwen.

Een paar uur later hebben ze een ondiep graf gegraven en leidt Margaret een lange rij vrouwen naar de grafkist. Zes vriendinnen van Mary tillen de kist voorzichtig op en dragen hem naar de begraafplaats. Norah en Audrey gaan bij Nesta en Jean staan, die de verpleegsters vertegenwoordigen, en samen kijken ze toe terwijl de kist omlaag wordt gelaten.

'Waar is Ena?' vraagt Nesta.

'Ze is achtergebleven met June,' antwoordt Norah. 'Hoe hard we ook hebben geprobeerd om haar en de andere kinderen af te schermen, ze weten dat er iemand is gestorven, en het leek ons beter als Ena bij haar zou blijven om uit te leggen wat er gebeurt.'

Margaret leest voor uit haar bijbel. Verschillende vriendinnen van

Mary vertellen over hun vriendschap en delen verhalen die Mary hun heeft verteld over haar leven vóór het kamp.

Margaret sluit de korte dienst af. 'Mary, we bedanken je voor alles wat je was en alles wat je hebt gegeven. We hopen dat je in vrede zult rusten, in de zekere wetenschap dat je ons altijd dierbaar zult zijn en dat we je vreselijk zullen missen. Vaarwel.'

'Amen.'

Met hun handen gooien de vrouwen de aarde om beurten terug in het graf.

Hoofdstuk 17

Kamp III
Oktober 1943 – oktober 1944

Op 1 april lijkt Kato te zijn verdwenen en wordt er met veel bombarie een nieuwe kampcommandant geïntroduceerd. Hij heet kapitein Seki. Hij staat erop dat iedere vrouw en ieder kind voor hem verschijnt om te buigen en hem eer te betonen. Ah Fat is erbij om te vertalen.

Norah kijkt toe terwijl de commandant achter een klein tafeltje in het schoolgebouw gaat zitten, en dan wacht ze tot ze aan de beurt is.

'Norah Chambers,' roept Ah Fat ten slotte.

Ze gaat voor het tafeltje staan en buigt. Het kost haar moeite om niet te lachen. Het lijkt wel of ze wordt voorgesteld aan de koning van Engeland.

'Norah Cham... Chambers,' zegt Seki. Ze hoort haar kampgenoten giechelen om de kromme manier waarop hij haar naam uitspreekt.

Na de ceremonie staat Seki op en houdt een ellenlange, onsamenhangende toespraak, die Ah Fat haperend vertaalt.

'O nee,' fluistert Norah tegen Ena. 'Niet weer.'

'Onze rantsoenen inperken?' roept Ena uit terwijl Ah Fat doorzwoegt. 'En we moeten wérken voor het kleine beetje eten dat we krijgen?'

'Nou ja, in elk geval geven ze ons wat land terug om voedsel te verbouwen,' zegt Norah.

'Gaan we bananen verbouwen, tante Norah?' vraagt June, en ze pakt Norahs hand.

'Ik ben bang van niet, liefje, maar je bent ook gek op spinazie, toch?'

'Een beetje,' zegt June.

Nadat Seki heeft gedreigd om de rantsoenen in te perken, wordt duidelijk dat hij geen idee heeft hoeveel voedsel de vrouwen tot dat moment hebben ontvangen. Of van welke kwaliteit dat voedsel was. Het valt de vrouwen meteen op dat er veel minder insecten in de rijst zitten. En ze krijgen nu suiker, zout, thee, kerriepoeder en maïs. Betty treft Norah bij het uitdeelpunt.

'Niet te geloven dat ze ons suiker geven!' fluistert de verpleegster.

'Ik weet het! En moet je die rijst eens zien,' zegt Norah.

Betty kijkt in haar bananenblad. 'Er beweegt niets tussen de korrels!'

'Margaret heeft vanaf nu geen werk meer, er zijn geen kevertjes meer om uit de rijst te pikken. Wat een geluk!'

'We zijn nu wel onze enige bron van eiwitten kwijtgeraakt. Maar dat overleef ik wel.'

'Ik denk dat we iedereen moeten waarschuwen dat ze niets over het extra voedsel moeten zeggen. Seki mag niet weten dat hij ons iets geeft wat we eerst niet kregen.'

Maar hoewel ze nu meer rijst en suiker hebben, baart het gebrek aan groenten de verpleegsters zorgen. Die hebben ze nodig voor de kinderen in de groei.

Norah en Ena staan bij de ingang van het kamp en slaan de vrachtwagens gade die rammelend door het hek rijden.

'Mooi om te zien dat vriendinnen worden herenigd, toch?' zegt Norah. De nieuwe vrouwen klimmen uit de vrachtwagens en kijken verdwaasd om zich heen.

Een paar van de kampbewoonsters rennen naar voren wanneer ze overlevenden van de Vyner Brooke herkennen.

'Arme verpleegsters,' zegt Ena als ze de zusters verslagen terug ziet sjokken naar hun hut. 'Ze hoopten wat vriendinnen terug te zien.'

Norah staart de verpleegsters na.

'Voor ons is er ook geen reünie,' zegt ze. 'De enige persoon die we kennen die misschien ook op het eiland is, is John, en hij was zo ziek.'

'O, Norah, hij is sterk. Ik weet dat hij hier ergens is en op je wacht, net als Sally.'

'We weten ook niet waar zij is, of ze het hebben gered.'

'Natuurlijk hebben ze het gered, Norah. We zeiden het al eerder, je zou het weten als er iets met een van hen was gebeurd. Je zou het hier voelen,' zegt Ena, en ze tikt tegen haar eigen hart.

'Wat vertelt jouw hart je over Ken?'

'Dat hij veilig bij onze ouders is en dat hij wacht tot we herenigd worden. En in de tussentijd...'

'In de tussentijd gaan we door met wat we hier doen: voor June zorgen en in leven blijven.'

'En jij houdt de hoop en de moed van iedere vrouw en ieder kind in dit kamp in leven. En het ziet ernaar uit dat je nu een heel nieuw publiek hebt om te vermaken.'

'Zonder jou zou ik het niet kunnen.'

'Daar heb je een zus voor. Boffen we niet enorm dat we nog samen zijn?'

'Zeker weten,' zegt Norah, en ze staat op. 'Nu moet ik naar de repetitie. Dat is het andere wat ons allemaal op de been houdt.'

Norah en het koor repeteren nu twee keer per week. Door de verbetering in het kampvoedsel hebben ze weer de energie om zich op hun volgende optreden voor te bereiden. Daarin zullen ze het moeilijke, door velen als onmogelijk beschouwde 'Boléro' opnemen.

'Betty, heb je even?'

Betty staat op het punt om naar de repetitie te gaan wanneer ze door twee andere verpleegsters wordt benaderd.

'Ik ben op weg naar de repetitie, maar ik heb wel even. Wat kan ik voor jullie doen?' vraagt ze Win en Iole.

'Dat is precies wat we je wilden vragen. Zouden we misschien mee mogen?'

'Kunnen jullie noten lezen?' vraagt Betty.

De twee verpleegsters wisselen een blik. 'Nee,' zegt Iole.

'Maakt niet uit, het halve orkest kan het niet. Kom maar mee, Norah is vast blij om jullie erbij te hebben.'

Zoals Betty had voorspeld, verwelkomt Norah de vrouwen hartelijk en is ze dolblij als ze hun prachtige stemmen hoort. Hun enthousiasme is inspirerend. De Nederlandse zangeressen zijn in de meerderheid, en hun vriendinnen komen nog steeds bij elke repetitie kijken. Norah en Margaret hebben een sonate van Mozart aan het repertoire toegevoegd. Norahs grondige kennis van de stemmen van haar zangeressen heeft haar ertoe gebracht om het openingsakkoord van de zeer eenvoudige sonate in C te veranderen in A-majeur. De heldere, klokachtige melodie is nu geschikt voor het bereik van vrouwenstemmen. Bij het volgende concert zullen ze beginnen met Mozart om de vrouwen het zelfvertrouwen te geven dat ze nodig zullen hebben om Ravel te vertolken. Maar eerst moet Norah meer kopieën maken van de partituur van 'Boléro' voor degenen die noten kunnen lezen, terwijl zij de vrouwen dirigeert die dat niet kunnen.

Ze vraagt zuster Catharina of zij enig idee heeft waar ze wat papier en een pen vandaan kan halen. In een van de hutten vist een vrouw het zakelijke briefpapier van haar echtgenoot uit haar bezittingen. Ze geeft met alle plezier een aantal vellen aan Norah, samen met een paar pennen.

Norah en haar orkest zoeken hun weg door het publiek voor hun speciale optreden.

'God weet dat we dit nodig hebben,' zegt Norah tegen Ena. Ook Ena bestudeert het publiek.
'Ze zien er allemaal zo ziek uit,' fluistert ze. 'Zo dun.'
'Daarom is dit zo belangrijk. We moeten geloven dat er nog steeds iets van schoonheid in de wereld is.'
Wanneer de toeschouwers hun plek hebben gevonden, verschijnt Ah Fat.
'Uit de weg, uit de weg,' zegt hij, de vrouwen opzijduwend. Hij wordt gevolgd door Seki en verschillende andere soldaten. 'Kapitein Seki wil jullie concert graag horen,' kondigt hij aan.
'Vertel hem alsjeblieft dat hij van harte welkom is. Ik zal stoelen voor jullie tweeën regelen,' biedt Margaret aan, subtiel duidelijk makend dat ze niet meer dan twee vrouwen zal vragen om hun plek op de voorste rij op te geven.
Wanneer Seki en Ah Fat hebben plaatsgenomen, zegt Seki iets tegen de tolk.
'Begin,' vertaalt Ah Fat.
'We verwelkomen kapitein Seki bij het concert van vanavond.' Margaret buigt naar de commandant.
'Vanavond krijgen jullie muziek van Mozart en Beethoven te horen. En hoe kunnen we een concert houden zonder ons prachtige largo, herinneren jullie je de eerste keer nog dat we het hoorden? Geen van ons zal die avond ooit vergeten. Verder hebben de geweldige musici achter mij vanavond weer een bijzondere nieuwe uitvoering voor jullie in petto. Toen Norah het lied voor mij neuriede, werd ik hevig ontroerd door haar prachtige stem. Maar het was moeilijk, en ik zei tegen haar dat het volgens mij onmogelijk zou zijn.'
Ze lacht. 'Iedereen was het met me eens. Denk je dat ze luisterde? Natuurlijk niet. "Onmogelijk" staat niet in het woordenboek van Norah Chambers. We weten allemaal dat ze zich altijd als eerste aanbiedt voor de smerigste karweitjes. De shitkarweitjes, zeg maar.'
Ze wacht tot iedereen is uitgelachen en gaat dan verder.
'Hoe dan ook, ze luisterde niet naar mij of naar de vierenveertig

vrouwen die jullie zo dadelijk gaan horen, want ze weet dat een mens alles kan, als hij zich er maar toe zet. Het laatste stuk van vanavond is van de fantastische componist Ravel. Zijn kwellende, complexe "Boléro".'

Wanneer Margaret gaat zitten, breekt er een daverend applaus los. Norah laat het over haar en haar meisjes heen spoelen. Dan steekt ze haar handen omhoog om het publiek tot stilte te manen en vormt met haar mond de woorden: 'Dank je wel, laten we de kapitein iets geven wat hij nooit meer vergeet.'

De onderdrukte lachjes in het publiek verstommen wanneer Norah zich omdraait naar haar orkest en haar rechterarm heft. Na een kort handgebaar breken de vrolijke noten los en zweven over het publiek, aanzwellend en wegebbend terwijl de stemmen de muziek tot leven brengen.

Op de laatste noten volgt een staande ovatie. Norah wacht tot het weer helemaal stil is en gaat de zangeressen dan voor in een van Beethovens menuetten. Ze hoeft zich niet om te draaien om te weten dat de vrouwen in het publiek heen en weer wiegen. In hun hoofd staan ze op de dansvloer, gekleed in lange japonnen, gevat in de armen van hun geliefden. Norah doet haar ogen dicht en stelt zich voor dat ze samen met John op het weelderige groene gras buiten hun huis in Malakka danst. Ze zijn omringd door de jungle, waar ze een tijger naar zijn gezel hoort roepen. Ze ziet Sally uit haar slaapkamerraam naar hen kijken, terwijl ze eigenlijk zou moeten slapen.

De muziek eindigt al te snel, en het duurt deze keer even voordat het applaus losbarst. Norah draait zich om en ziet dat een heleboel vrouwen in het publiek net als zij hun ogen hebben gesloten en zich op een andere plek en in een andere tijd bevinden. Het is Seki die begint met klappen, en al snel doet iedereen mee.

Ena stapt naar Norah toe. 'Dat was ongelooflijk, je had ze moeten zien. Ze wiegden allemaal heen en weer op de muziek, het was prachtig.'

'Dat dacht ik al. Het was een goede keus, herinner me eraan dat ik

Audrey bedank voor het feit dat ze ermee kwam. En nu verder met het largo.'

De ontroerende openingstonen brengen de vrouwen terug naar de eerste keer dat ze het orkest hebben gehoord. Ook deze keer worden ze diep geraakt. Voor velen klinkt deze muziek beter wanneer ze door stemmen wordt vertolkt dan door instrumenten; ze kunnen de passie in de stemmen van de zangeressen horen, de vibrerende energie van hun emoties.

Het applaus na afloop is krachtig maar kort; het publiek kijkt vol verwachting uit naar het volgende stuk.

Wanneer ze het sein krijgt, produceert Rita het zachte geroffel van een trom; bewonderende kreten uit het publiek overstemmen de fluiten, maar niet voor lang. Dit willen ze horen. De klarinetten volgen, de harpen en dan de hobo's. Bij de eerste overgang naar een intenser deel drukt Norah haar beide handen tegen haar borst. Ze hoeft de meisjes niet te dirigeren terwijl hun stemmen zich vermengen en versmelten. Het stijgende tempo klopt in haar borst, en ze kan niets anders doen dan vol verwondering staren naar de vrouwen die voor haar staan. De vreugde die het zingen hun brengt, straalt van hun gezichten. In hun ogen schittert een boodschap: *Dank je wel dat je me dit hebt laten doen.*

Wanneer het orkest de laatste indringende noten heeft gezongen, heft Norah opnieuw haar arm, en de muziek stopt.

Dit is de eerste keer dat het orkest samen met het publiek joelt en met de voeten stampt.

Opnieuw hebben ze iets gehoord wat zo magisch is dat het hun de adem beneemt.

Wanneer Norah zich omdraait, ziet ze dat kapitein Seki en Ah Fat ook zijn gaan staan en luid applaudisseren.

Het lijkt een eeuwigheid te duren voordat Margaret het nationale volkslied inzet, en terwijl de vrouwen blijven staan, gaan Seki en Ah Fat zitten.

Wanneer 'Land of Hope and Glory' is gezongen, weten de vrouwen dat ze op hun plek moeten blijven tot Seki is vertrokken. Na een poosje staat hij eindelijk op, kijkt om zich heen, zegt iets tegen Ah Fat en knikt naar Margaret.

'Is dat alles?' vraagt de tolk.

'Ja, het concert is voorbij, voor vanavond.'

Ah Fat wisselt opnieuw een paar woorden met Seki.

'Kapitein Seki zegt dat hij graag zou willen dat jullie een Japans lied zingen. Het maakt niet uit welk lied, als het maar Japans is.'

Margaret wenkt Norah en vertelt haar wat de commandant wil. Ze overleggen heel even, en dan keert Margaret zich weer naar Seki toe. Met een vriendelijke glimlach zegt ze dat ze geen Japanse muziek kennen.

De boodschap wordt overgebracht aan Seki, en er vindt een verder gesprek plaats tussen hem en Ah Fat. Ah Fat vertaalt weer.

'Kapitein Seki wil graag dat jullie Japanse muziek leren en die morgenavond opvoeren.'

'Nee!' zegt Norah verschrikt. 'Hoe moeten we dat voor elkaar krijgen?'

Bij het horen van de felheid in Norahs stem begint Seki te schreeuwen. Ah Fat vertaalt terwijl de commandant tekeergaat.

'Jullie moeten Japans lied leren, anders zal hij jou straffen,' zegt hij, wijzend naar Norah.

'Vertel de commandant alsjeblieft dat ik, zelfs als ik Japanse muziek zou kennen, mijn orkest of mijn koor niet zou vragen om het uit te voeren. En daar blijf ik bij.'

Ah Fat vertaalt voor Seki, die nog iets schreeuwt en zich dan omdraait en boos wegbeent. De Japanse soldaten haasten zich achter hem aan.

'Wat zei hij?' vraagt Margaret.

Wijzend naar Norah zegt Ah Fat: 'Zij moet hier morgenochtend terugkomen. Alleen zij.'

Wanneer Ah Fat wegloopt, wordt Norah onmiddellijk omringd door haar koorleden. Ze bieden aan op zoek te gaan naar Japanse muziek.

'Nee. Dat is heel lief van jullie, maar nee, we gaan niet voor hen optreden. Als ze naar onze concerten komen, kunnen we ze niet tegenhouden, maar we treden niet voor hén op. Ik hoop dat jullie me hierin willen steunen.'

'Maar je zult gestraft worden, en je hebt geen idee wat ze je zullen aandoen,' zegt Margarethe.

Ena slaat haar armen om haar zus heen. 'Ik denk dat Norah dat beseft, en het maakt niet uit. We moeten haar wens respecteren.'

De volgende ochtend loopt Norah met het halve kamp achter zich aan naar de open plek, waar Seki en Ah Fat op haar wachten.

'Gaan jullie Japanse muziek zingen?' vraagt de tolk.

'Nee.'

Seki steekt zijn armen omlaag. Norah weet wat ze moet doen en blijft rechtop staan, recht voor zich uit kijkend en met haar handen langs haar zij.

'Je kon haar niet ompraten?' vraagt Nesta Margaret. Beide vrouwen zijn meegekomen om hun vriendin te steunen.

'Dat heb ik niet geprobeerd.'

Wanneer Seki wegloopt, roept Ah Fat naar de vrouwen: 'Jullie moeten wegblijven. Iedereen die bij haar in de buurt komt, krijgt ook straf. Begrepen?'

Norah kijkt glimlachend naar de vrouwen om haar heen. 'Ga terug naar jullie hutten, uit de zon. Ik red me wel.'

Langzaam lopen de meeste vrouwen weg. Ena, Margaret en de vierenveertig orkestleden blijven staan.

'Ik zorg dat hier de hele dag verpleegsters aanwezig zijn met instructies om haar te helpen, als ze het gevoel hebben dat dat noodzakelijk is,' fluistert Nesta naar Margaret.

De zon is genadeloos, alsof hij uitsluitend tot doel heeft om Norah op haar knieën te dwingen. Ze zwaait heen en weer, ze wankelt, maar ze blijft overeind.

'Nee, Ena!' Nesta slaat haar armen om Ena's middel om te voorkomen dat ze naar Norah toe rent.

De middagzon is meedogenloos.

Ena wordt slap. 'Ik weet het. Ik weet het,' jammert ze.

'Als je naar haar toe gaat, krijgen we allemaal een pak slaag. Houd dat in gedachten. Een van jullie moet er voor June zijn wanneer dit afgelopen is,' zegt Nesta, en ze laat Ena los. 'Waar is ze nu?'

'Bij de Nederlandse vrouwen,' zegt Audrey. 'Ik wilde niet dat ze Norah zo zou zien.'

'Of jou,' voegt Nesta er met een zwak glimlachje aan toe.

De soldaten die de wacht houden in de schaduw wisselen elkaar geregeld af. Er zijn steeds twee verpleegsters aanwezig die Norah in de gaten houden, klaar om in te grijpen als haar situatie levensbedreigend wordt. Wanneer Norah happend naar adem vooroverklapt, loopt Ena eindelijk op een van de soldaten af.

'Laat haar gaan!' smeekt ze. 'Alstublieft, het is mijn zus en dit wordt haar dood.'

Als enige antwoord krijgt ze een harde klap in het gezicht, en ze valt op de grond. Audrey schiet toe en helpt haar overeind.

Norah tilt haar hoofd op en richt zich langzaam en pijnlijk op. Ze probeert te glimlachen met haar gebarsten lippen. 'Het gaat wel, het gaat wel,' zegt ze.

Wanneer de zon achter de heuvel verdwijnt, komt Ah Fat naar Norah toe.

'Je mag nu gaan.'

Hij heeft zich nog niet afgewend, of Norah zakt in elkaar. Nesta rent naar haar toe, op de voet gevolgd door Ena, Audrey en verpleegsters Betty en Jean.

'Laat haar heel even,' zegt Nesta tegen Ena, die Norah overeind probeert te trekken. 'We moeten haar eerst onderzoeken en zorgen dat ze wat drinkt.'

Audrey heeft een emmer met water, een kleine tinnen beker en een lap gehaald.

'Help haar om rechtop te gaan zitten,' instrueert Nesta Ena.

Ena gaat achter haar zus zitten en tilt haar voorzichtig overeind tot Norahs lichaam tegen het hare leunt. Terwijl zij de lap op Norahs voorhoofd legt, houdt Jean haar hoofd een beetje naar achteren en laat langzaam wat water in haar mond druppen. Norah probeert er gretig van te drinken, maar Jean haalt de beker weg.

'Langzaam, Norah, langzaam. We helpen je.'

Margaret knielt naast Norah en pakt zachtjes haar hand.

Norah schenkt haar een klein glimlachje. 'Ik kon ze niet laten winnen.'

Margaret snikt. 'O, mijn lieve meisje, mijn allerliefste meisje.'

'Ik ben vanochtend wakker geworden, Margaret, ik zal vanavond gaan slapen, en morgen zal ik weer wakker worden.'

Nu haar kracht terugkeert, probeert ze te gaan staan. Ena en Nesta slaan ieder een van haar armen om hun eigen nek en slepen haar half mee naar haar hut. Bij binnenkomst worden ze omringd door alle vrouwen die er wonen. Ieder van hen heeft een deel van haar avondrantsoen voor Norah bewaard. Nesta gebruikt een klein beetje van de kostbare rode palmolie om de verbrande plekken op Norahs gezicht te verzorgen, en draagt haar op om de volgende dag alleen maar te rusten.

Seki begint niet meer over de Japanse muziek.

Hoofdstuk 18

Kamp III
Oktober 1943 - oktober 1944

Norah, Ena, Audrey en een paar anderen zijn bijna klaar met het klaarmaken van de lap grond vlak buiten het kamp, zodat die ingezaaid kan worden. Ze hebben weer toestemming gekregen om een moestuin aan te leggen. Tot hun verbazing zien ze een jonge Japanse officier naderen met een jutezak in zijn hand, die hij leegschudt op de grond.

'Deze van kapitein Seki om te verbouwen,' zegt hij met een klein glimlachje.

Geen van de vrouwen doet een poging om te bekijken wat er op de grond ligt. Alleen Audrey besluit de inhoud van de zak nader te bestuderen.

'Dank je wel,' zegt ze met een kleine buiging.

'Deze voor jullie om te verbouwen, voedsel te maken,' zegt de officier trots.

Audrey raapt een aantal van de zaailingen op en bekijkt ze.

De officier doet een paar stappen naar achteren, de andere vrouwen aanmoedigend om dichterbij te komen.

'Bonen,' zegt een van hen. 'Die zullen snel groeien.'

'En zoete aardappelen,' zegt een ander wijzend. 'Die moeten vlug in de grond.'

Nu de officier ziet dat de vrouwen zijn geschenk dankbaar in ontvangst hebben genomen, vertrekt hij.

'Nou, jullie snappen zeker wel hoe we hem gaan noemen, dames?' zegt Audrey.

'Hoe dan?'

'Zaailing!'

Nadat ze een week lang van vijf uur 's ochtends tot zes uur 's avonds hebben gewerkt, is het stuk vruchtbare grond eindelijk klaar. Ze hebben primitief gereedschap gemaakt van takken. Het bewerken van de aarde, die keihard is geworden in de zon, is loodzwaar. De zoete aardappel-, wortel- en tapiocazaadjes zullen alleen opkomen als ze dagelijks water krijgen, maar het voelt alsof de put kilometers ver weg ligt, en de verzwakte vrouwen moeten meerdere keren per dag op en neer. Van tijd tot tijd loopt Zaailing met hen mee en moedigt hen aan.

Dan treft noodweer het kamp, volkomen onverwacht.

'Het moessonseizoen is toch nog niet aangebroken?' vraagt Norah Ena.

'Nee, daar is het nog veel te vroeg voor.'

De hevige regenval en de krachtige windvlagen spoelen veel van de zaailingen weg, maar een grotere zorg is de schade aan de rieten daken van de hutten. Zuster Catharina blijkt een behendig dakdekker te zijn. Op haar blote voeten, met haar habijt omhooggetrokken tot haar dijbenen en haar grote sluier wapperend achter zich aan, zien de vrouwen haar van hut naar hut gaan om de grote gaten in de daken met oude biezenmatten te dichten. Nadat ze de verpleegsters op een avond heeft gered van een stortvloed aan regenwater, neemt ze hun uitnodiging aan om samen met hen een kop thee te drinken, een brouwsel dat is gemaakt van zaadjes, gebrande rijst en al het andere wat de meisjes maar kunnen bemachtigen.

'Hoe kan het dat je nog nooit door een dak bent gevallen?' vraagt Blanche.

Zuster Catharina lacht. 'Soms scheelt het weinig, maar ik weet niet, misschien is er iemand...' Ze kijkt omhoog. '...die een beetje op me past.'

'Als je ooit een lange arm uit de hemel omlaag ziet komen om je te vangen, dan mag je mij een gelovige noemen,' zegt Jean.

'Ik zie je nooit tuinieren,' merkt Betty op. 'Doe je liever mannenwerk?'

'Ik vind het alleen leuk om de opbrengst van het tuinieren te eten,' antwoordt zuster Catharina. 'Ik maak me liever elders nuttig, door dingen te repareren of de kinderen les te geven. Dat is een van de mooie dingen aan dit kamp. We doen allemaal werk dat ons goed ligt. Ik ben op heel jonge leeftijd in het klooster gegaan, en de afgelopen paar jaar heb ik lesgegeven met een aantal geweldige collega's en, natuurlijk, moeder Laurentia. Maar ik heb nog nooit gemeenschapszin gezien zoals hier in het kamp.'

'Och, we zijn niet altijd even vriendelijk, hoor,' zegt Betty. 'Nietwaar, dames?'

'Ja, maar is er iemand hier die je niet zou helpen, verdedigen, voor wie je niet zou vechten?'

'Waarschijnlijk heb je gelijk. Weet je, zuster, als we hier ooit wegkomen, zou je in de politiek moeten gaan,' zegt Blanche. 'Je bent zo diplomatiek.'

'Ik denk niet dat dat zal gebeuren. Wisten jullie dat ik bij de marine wilde? Ik zag niet in waarom ik geen zeeman zou kunnen worden omdat ik een meisje was,' zegt zuster Catharina verontwaardigd.

'Echt? Ik heb nog nooit gehoord van vrouwen bij de marine, behalve als verpleegster natuurlijk,' zegt Betty.

'Nou, ik denk dat het er op een dag van zal komen, alleen zal ik het waarschijnlijk niet meer meemaken.'

Wanneer zuster Catharina is vertrokken, vertellen de vrouwen el-

kaar wat voor werk ze graag zouden hebben gedaan als ze geen verpleegster waren geworden.
'Als jonge meid kon ik alle machines op de boerderij repareren,' vertelt Vivian. 'Ik had monteur kunnen worden.'
'Nou ja, dat ben je ook zo'n beetje, je repareert mensen,' zegt Betty lachend.
'Heel grappig. En jij, wilde jij altijd al verpleegster worden?'
'Nee, niet echt. Mijn vader was boekhouder. Afgezien van naaien en kattenkwaad uithalen heb ik vooral van mijn familie geleerd om mijn steentje bij te dragen, om alles en iedereen te helpen. Ik wist niet wat ik met mijn leven moest doen, en daarom begon ik pas als oude vrouw van negenentwintig aan de opleiding.'
'Je bent nog steeds een oude vrouw,' grapt Jean.
'En jij dan, zat verplegen je in het bloed?'
'Volgens mij is het een interessantere vraag of een van ons er ooit van droomde om dokter te worden,' zegt Jean.
Die vraag heeft een ontnuchterend effect op de vrouwen. Ze schudden hun hoofden.
'Als we terugkeren naar huis en het leger vertellen wat we hebben gedaan, zullen ze hopelijk inzien dat vrouwen prima in staat zijn om tot dokter te worden opgeleid, of als verpleegsters die patiënten kunnen behandelen in plaats van alleen voor ze te zorgen,' zegt Vivian resoluut.

Wanneer de moessonregens beginnen, floreert de moestuin pas echt. Het duurt niet lang voordat de wortelplanten hun kopjes door de aarde duwen en het prachtige groene loof naar de vrouwen wuift terwijl ze aan het werk zijn. Als ze wat aarde weghalen, ontdekken ze het heldere oranje van een wortel die klaar is om geoogst te worden. Ze roepen Zaailing erbij en vragen of ze mogen gaan graven. Hij glimlacht, belooft enthousiast dat hij om toestemming zal vragen en haast zich weg.
Het duurt niet lang voordat hij terugkeert met Ah Fat in zijn kiel-

zog. De vrouwen begrijpen zijn boodschap maar al te goed: het voedsel dat ze hebben geplant en verzorgd is niet voor hen. Het is bedoeld om de edele Japanse officiers te voeden.

Wanneer de vrouwen in het kamp dit horen, verzamelen ze zich op de open plek. Mrs Hinch wringt zich door de meute tot ze vooraan staat. Daar staat een kleine kist waar Seki zo nu en dan op klimt om zijn mededelingen te doen.

'Help me eens omhoog, Norah,' zegt ze.

Mrs Hinch wordt kreunend omhooggehesen, en dan richt ze zich op en kijkt naar haar publiek.

'Stilte, alsjeblieft,' zegt ze met haar kalme, heldere stem; en wanneer Mrs Hinch spreekt, luisteren de anderen. 'Jullie hebben allemaal het nieuws gehoord. Klaarblijkelijk zijn de groenten die jullie met zoveel moeite hebben verbouwd niet voor ons. Als jullie allemaal hier willen wachten, ga ik maar eens een woordje met de commandant spreken. Wil je me er weer af helpen, Norah?'

Met behulp van Norah klautert ze van de kist.

'Jij gaat met mij mee, Norah. Eens kijken hoe hij dit denkt te verdedigen.'

Mrs Hinch en Norah worden buiten het kantoor van de commandant opgevangen door Ah Fat.

'Inchi, wat doe jij hier?'

'Ik eis dat ik kapitein Seki te spreken krijg.'

'Nee, nee! Geen sprake van.'

'Aan de kant, Ah Fat. Ik ga Seki opzoeken, je kunt me niet tegenhouden.'

Ah Fat stapt opzij en laat de vrouwen het kantoor binnengaan. Seki zit aan zijn bureau, maar hij springt overeind wanneer hij hen ziet binnenkomen, met de onwillige Ah Fat in hun kielzog. De tolk weet dat ze hem nodig zullen hebben om te vertalen.

'Kapitein Seki, ik teken protest aan. We hebben begrepen dat alle groenten die de vrouwen onder loodzware omstandigheden hebben verbouwd voor consumptie door de Japanners zijn. Als de vrouwen er niet van mogen eten, waarom hebben ze zich dan half doodgewerkt?'

Ah Fat vertaalt met horten en stoten. Het is duidelijk dat hij de meest diplomatieke manier zoekt om hun boodschap over te brengen. Zodra Mrs Hinch denkt dat de tolk is uitgepraat, gaat ze verder, voordat Seki de kans heeft gekregen om te reageren.

'Het is onvergeeflijk om deze vrouwen om de tuin te leiden, bij wijze van spreken, om hen te laten geloven dat hun harde werk eindelijk een keer beloond zal worden met fatsoenlijk voedsel. We zijn uitgehongerd. Wat heb je daarop te zeggen, man?'

Aanvankelijk is Seki verbijsterd omdat Mrs Hinch hem op deze manier toespreekt. Hoewel hij haar niet verstaat, is het duidelijk dat ze iets van hem eist, en hij is zwaar beledigd.

Wanneer Ah Fat klaar is met vertalen, is het aan Seki om te reageren.

'De commandant wil weten waar je vandaan komt,' zegt Ah Fat tegen Mrs Hinch.

'Ik ben een trotse staatsburger van de Verenigde Staten van Amerika.'

Het wordt duidelijk dat Ah Fat geen idee had dat Mrs Hinch niet Engels of Australisch is.

'Amerikaans?' fluistert hij.

'Amerikaans!' brult Seki tegelijkertijd.

'Ja, Amerikaans. Wat mankeert je? Laat je die vrouwen nu de groenten opeten die ze zelf hebben verbouwd?'

'Nee! Nee! Nee!' is het antwoord.

Ah Fat loodst de vrouwen vlug naar buiten, terwijl Seki tekeer blijft gaan.

'Amerikanen zijn heel slecht,' zegt de tolk tegen Mrs. Hinch. 'Ze brengen Japan veel schade toe.'

'Dat is uitstekend nieuws!' zegt ze. 'Misschien kunnen we hier dan eindelijk weg.'

'Probeer geen voedsel te stelen, Inchi,' roept Ah Fat de vrouwen achterna terwijl ze weglopen. 'Dan krijgen jullie slaag.'

Terwijl Norah en Mrs Hinch teruglopen naar de open plek, ebt de bravoure van Mrs Hinch een beetje weg.

'O jee. Ik ben blij om te horen dat de Verenigde Staten deze oorlog aan het winnen zijn, maar ik ben bang dat het feit dat ik Amerikaanse ben de situatie alleen maar erger heeft gemaakt.'

'Misschien,' beaamt Norah. 'Maar ik denk dat hij dat voedsel sowieso zou hebben afgepakt.'

Deze keer hoeft Mrs Hinch niet te vragen of Norah haar weer op de kist wil helpen.

'Het spijt me. Het is me niet gelukt om de kapitein zover te krijgen dat we ons verbouwde voedsel zelf mogen opeten. Het blijkt dat het nooit voor ons bestemd is geweest.'

De vrouwen reageren boos en protesteren luid tegen de onrechtvaardigheid. Mrs Hinch houdt haar hand omhoog om hen tot stilte te manen.

'Dames, ik vrees dat ik jullie ook moet waarschuwen. Probeer alsjeblieft niet om iets van de groenten mee te nemen; de commandant heeft duidelijk gemaakt dat iedereen die betrapt wordt op een poging tot "diefstal" zwaar gestraft zal worden. Ik twijfel er niet aan dat hij die bedreiging uit zal voeren. Het spijt me vreselijk.'

Norah heeft haar hand al uitgestoken om haar van de kist te helpen.

Het kost Norah moeite om de energie te hervinden die ze eerst had, vóór haar straf in de zon. Het orkest was de perfecte oppepper geweest. Hun laatste concert ligt al weer een paar weken achter hen, het concert dat zo gruwelijk slecht afliep voor haar. Op een avond ontvoeren Ena en Audrey haar en nemen haar mee naar de Nederlandse hut, waar de orkestleden op haar wachten. Na een repetitie waar ze meer plezier maken dan serieus oefenen, keert ze met hernieuwd elan terug naar haar eigen hut. Ze zoekt Margaret op en zegt dat het tijd wordt voor een nieuw optreden. Margarets lauwe reactie verbaast haar.

'Wat is er?'

'Het spijt me, lieverd. Ah Fat heeft duidelijk gemaakt dat de concerten van nu af aan moeten worden goedgekeurd door kapitein Seki. Ik zal Mrs Hinch vragen om morgen met hem te praten, maar ik weet niet wat hij zal zeggen.'

'Dat is niet eerlijk! Het enige wat we doen is zingen, en daar doen we toch niemand kwaad mee? Eerder het tegenovergestelde.'

'Hij heeft zijn zin niet gekregen, en ik denk dat dit zijn manier is om ons te straffen. Maar ik zal proberen om hem om te praten. Laat het maar aan mij over.'

Twee dagen later staat Mrs Hinch met Norah in de keuken wanneer ze het vertrouwde en irritante 'Inchi, Inchi, waar ben je?' hoort.

'O jee, wat nu weer?' vraagt Norah zich hardop af.

Mrs Hinch reageert slechts met een zucht die zo luid is dat alle andere vrouwen in de hut hem kunnen horen.

'Inchi, Inchi,' roept Ah Fat opnieuw voor de deur van de hut.

'Ik denk dat je maar beter kunt gaan,' zegt Norah.

'Dat vrees ik ook.' Mrs Hinch ademt een paar keer diep in en loopt dan langzaam naar de deur. 'Wat is er zo dringend, Ah Fat?'

'Inchi, ik kom vertellen dat de commandant ja heeft gezegd op het concert.'

'En zo hoort het ook.'

'Maar hij is ook erg boos. Hij begrijpt niet waarom jullie willen zingen terwijl het oorlog is en jullie honger hebben en ziek zijn.'

'Dat is precies waarom we zingen. Wil je dat alsjeblieft doorgeven aan de commandant?'

Bedrukt vertrekt de tolk. Hij had duidelijk gedacht dat zijn goede nieuws hem een held zou maken in de ogen van 'Inchi'.

'Eindelijk goed nieuws,' zegt Norah. 'Een kleine overwinning, vind je ook niet, Mrs Hinch?'

'Daar lijkt het wel op.'

Bij het volgende concert klappen de vrouwen onafgebroken wanneer Norah en haar orkest naar voren lopen. Ze zijn allemaal gaan staan om Norah te laten zien hoe moedig ze het van haar vinden dat ze de Japanners heeft getrotseerd.

De tranen biggelen over Norahs wangen wanneer ze zich naar de vrouwen toe keert, zo overweldigd voelt ze zich. Ze draait zich weer naar haar orkest toe, en even is ze bang dat ze niet in staat zullen zijn om op te treden, want ook zij huilen.

'Zal ik beginnen, dat jij het daarna overneemt?' fluistert Margaret tegen haar.

Norah kan alleen maar knikken en terugfluisteren: 'Graag.'

'Wat is het eerste stuk?'

'Beethoven.'

Margaret keert zich naar de orkestleden toe, die meteen begrijpen wat er van hen verwacht wordt.

Ze vormt het woord 'Beethoven' met haar mond.

Norah gaat aan de kant staan zodat Margaret kan dirigeren, en voor het eerst is ze een observant die haar zangeressen op ziet treden. Vanuit haar positie kan ze ook de toeschouwers zien. Hun emotie heeft een sterk effect op haar, en haar adem stokt. Wanneer het menuet is afgelopen, klapt ze samen met het publiek voor het orkest.

Margaret maakt een diepe buiging en steekt dan haar hand uit naar Norah, zodat ze het kan overnemen. Wanneer Norah voor haar meisjes gaat staan, klinkt er een oorverdovend gejuich. Beheerst draait ze zich om en legt een vinger tegen haar lippen.

Omdat ze met haar rug naar het publiek staat, ziet ze de soldaten niet die arriveren terwijl het orkest zingt. De orkestleden merken hun aanwezigheid wel op, maar ze negeren hen, als ware professionals.

Aan het eind van het concert komen ze vlug overeen dat ze geen van allen iets over de komst van de soldaten tegen Norah zullen zeggen. Zij moet kunnen genieten van deze avond en delen in de liefde en de dankbaarheid. Als er in de dagen daarna geen strafmaatregelen volgen, begint Norah te ontspannen.

Bij het volgende concert weet echter iedereen dat dit het laatste zal zijn. Het einde van de uitvoeringen is niet aangekondigd, maar hoe kunnen ze er in vredesnaam mee doorgaan terwijl ze na hun dagtaken nog nauwelijks op hun benen kunnen staan? Het kost zowel het koor als het orkest de grootst mogelijke moeite om te repeteren. Norah weet dat de vrouwen na de lange, zware werkdagen nauwelijks nog energie hebben om te zingen, maar ze weet ook hoe belangrijk de optredens voor hen zijn.

Die laatste avond beleeft ze heel anders. Ze ziet dat de vrouwen proberen hun ziel en zaligheid in de muziek te leggen, maar niets kan verbergen dat ze uitgeput zijn en nauwelijks nog hoop hebben.

Hoofdstuk 19

Kamp III
Oktober 1943 – oktober 1944

'We moeten met kapitein Seki praten over het geweld,' zegt Nesta tegen dokter McDowell, terwijl ze haar helpt het hevige bloeden van de wond van het zoveelste slachtoffer te stelpen.

De Japanse bewakers tonen steeds minder tolerantie jegens de dalende aantallen geïnterneerden die dagelijks op het werk verschijnen. Iedere vrouw die er overdag op wordt betrapt door het kamp te lopen zonder dat ze bezig is met een taak, krijgt een klap in het gezicht, dikwijls zo hard dat ze medische zorg nodig heeft.

'Laten we overleggen met Mrs Hinch.'

Beide vrouwen stoppen met hun bezigheden wanneer ze zware laarzen horen naderen. Drie soldaten komen de ziekenboeg binnen en verspreiden zich onder de patiënten.

'Wat willen jullie? Wat doen jullie hier?' vraagt dokter McDowell, die vlug naar hen toe loopt.

'Te veel vrouwen hier, moeten aan het werk,' roept een soldaat naar haar.

'Ze zijn ziek,' komt Nesta tussenbeide. 'Kijk dan naar hen. Hoe kunnen ze zo werken?'

De soldaat kijkt naar een vrouw die moeizaam probeert rechtop te gaan zitten, geschrokken door de plotselinge verschijning van de soldaten.

'Deze, deze moet werken.'

Voordat dokter McDowell of Nesta kan reageren, slaat de bewaker de patiënt hard in het gezicht. De andere soldaten zien dit en beginnen de andere patiënten aan te vallen.

'Houd op! Houd hier onmiddellijk mee op!' schreeuwt dokter McDowell terwijl ze op de mannen afbeent. 'Jullie kunnen niet zomaar deze ziekenboeg binnenkomen en de patiënten te lijf gaan. En nu wegwezen!'

'Vooruit!' roept Nesta, gebarend dat ze moeten vertrekken.

'We zullen gaan, maar morgen komen we terug voor inspectie. Vrouwen die zouden moeten werken worden door ons gestraft.' De eerste soldaat wenkt zijn collega's, en dan draait hij zich om en vertrekt.

'Dit moet ophouden,' zegt Nesta.

Dokter McDowell knikt, en zij en Nesta gaan onmiddellijk op zoek naar Mrs Hinch.

Net buiten de ziekenboeg ziet Nesta dat Mrs Hinch zich al naar hen toe haast.

'Ik heb het gehoord!' brengt Mrs Hinch hijgend uit. 'Wat is er gebeurd?'

Wanneer Nesta klaar is met haar verslag, draait Mrs Hinch zich direct om. 'Laat dit maar aan mij over!' zegt ze.

Als ze een poosje later terugkomt, is de gebruikelijke verontwaardiging van haar gezicht geveegd.

'Geloof het of niet, de commandant vindt ook dat de straffen, zoals hij ze noemt, te ver zijn gegaan. Van nu af aan krijgen alleen vrouwen die zich misdragen straf. Ik heb tegengeworpen dat niemand zich misdraagt, dat we alleen maar proberen te overleven. Het enige wat we kunnen doen is hopen dat hij de bewakers tot de orde roept. Doet hij dat niet, dan kan hij weer een bezoekje van mij verwachten. Het spijt me dat ik niet meer kon doen.'

'Mrs Hinch, dank je wel,' zegt dokter McDowell. 'We weten allemaal hoe fel je voor ons opkomt, en we zijn je dankbaar.'

'Ik zal de verpleegsters waarschuwen dat ze op hun hoede moeten zijn,' voegt Nesta eraan toe.

'Dames.' Mrs Hinch richt zich tot de vrouwen die zich op de open plek hebben verzameld om haar aankondiging te horen. 'Gezien het feit dat de putten zijn opgedroogd, hebben we toestemming gekregen om het kamp te verlaten en de pomp buiten het hek te gebruiken.'

'Godzijdank,' zegt Norah. 'Ik ga meteen, maar ik kan maar één emmer dragen.'

'We kunnen samen gaan,' biedt Ena aan.

'Nee, Ena. Jij moet bij June blijven, ze heeft je nodig. Ik ben zo bang dat ze ziek zal worden, op deze manier houdt ze het niet lang meer vol. Vertel haar een verhaaltje, zing voor haar als je daar de energie voor hebt. Ze moet weten dat we er altijd voor haar zijn.'

'Ik ga wel met je mee,' zegt Audrey.

Vergezeld door Betty en Vivian lopen ze naar de pomp. Nu en dan blijven de vrouwen staan om aan struiken en wortels te trekken.

'Er is niet veel, hè?' merkt Audrey op.

'Ach,' zegt Betty, 'we hebben de wortels van deze plant een paar dagen geleden gekookt. Het smaakte niet slecht en niemand werd er ziek van, dus we denken dat het veilig is.'

'Zie je er nog meer?' vraagt Norah. 'We hebben dringend eten nodig voor June.'

Vivian haalt een paar lange, dikke, smerige wortels uit haar emmer en geeft die aan Norah. 'Deze zijn voor June. We vinden wel nieuwe, maak je geen zorgen.'

Wanneer ze met het water zijn teruggekeerd in de hut, breken Norah en Audrey de wortels in stukken en leggen ze met een paar korrels zout in kokend water. Het duurt even, maar uiteindelijk zijn ze gaar genoeg om er soep van te maken. Beide vrouwen proeven

een theelepeltje van het brouwsel en verklaren dat het 'niet slecht' is.
Langzaam voert Norah June de soep.
'Dit is de lekkerste wortelsoep die ik ooit heb geproefd,' zegt June, en ze likt haar lippen. 'Dank je wel, tante Norah en tante Audrey. Ik heb een beetje voor jullie bewaard.'
'We willen dat jij het allemaal opeet, meisje,' zegt Audrey.
'O nee, ik zit vol. Er kan niets meer bij. Alsjeblieft,' zegt het meisje terwijl ze haar kom overhandigt.

'Naar binnen! Naar binnen!' schreeuwen de soldaten. Ze stormen door het kamp en slaan naar iedereen die ze tegenkomen, terwijl ze de geïnterneerden naar een schuilplek proberen te jagen.
'Zijn dat vliegtuigen?' roept Norah, terwijl ze omhoogkijkt. 'Geallieerde vliegtuigen?'
'Ik zie ze!' roept Ena terug. 'Kijk, boven de bomen.'
Norah ontwaart de omtrekken van vliegtuigen boven de torenhoge bomen in de jungle. Maar het is de explosie die volgt die paniek veroorzaakt in het kamp.
'Waar is June?' roept Norah. Zij en Ena hadden binnen gezeten toen het begon te rommelen in de lucht, en ze waren het huis uit gerend om zich bij de anderen op straat te voegen.
'Ik weet het niet!' antwoordt Ena in paniek. 'Ze ging bij een van de Nederlandse hutten spelen, maar ik weet niet welke.'
Ondertussen vliegen de toestellen luid ronkend langs de hemel. Het is een chaotisch tafereel; de vrouwen zwaaien met hun armen, ze schreeuwen en joelen om de aandacht van de piloten te trekken, terwijl de bewakers alle kanten op rennen en roepen dat ze naar binnen moeten gaan.
Norah en Audrey hollen naar de Nederlandse hutten aan de overkant van de straat om June te zoeken.
Wanneer ze de eerste hut uit komen, rennen er twee soldaten op hen af die hun zwaaiend met hun geweren bevelen om weer naar binnen te gaan.

'We vinden haar wel wanneer dit voorbij is,' roept Norah, een bajonet ontwijkend.

Op dat moment klinkt er een hoogst ongebruikelijk geluid door het kamp. Een luchtalarm.

De vrouwen en kinderen wachten binnen tot de sirene zwijgt. Dan wagen ze zich langzaam weer naar buiten om hun vermiste kinderen te zoeken, en hun vriendinnen.

Norah en Ena vinden een opgewonden June, die hun trots vertelt dat ze het vliegtuig heeft gezien. Keer op keer beschrijft ze hoe luid de explosie die ze hadden gehoord wel niet was.

In hun huis tellen Margaret en Mrs Hinch de hoofden en worden eraan herinnerd dat de drie ontbrekende vrouwen in de ziekenboeg liggen.

Wanneer het luchtalarm stopt met loeien, haasten alle verpleegsters zich naar de ziekenboeg om te kijken hoe het met hun patiënten gaat. Ze komen bij elkaar voor een vlug gesprek.

'Is het zover?' vraagt een opgewonden Betty. 'Denken jullie dat we gered gaan worden?'

'Ik weet niet wat het betekent, we kunnen alleen maar hopen,' zegt Nesta.

'Misschien moeten we een signaal maken voor de piloot?' stelt Vivian voor.

Dokter McDowell schudt haar hoofd. 'Dat lijkt me geen goed idee. De bomen staan te dicht op elkaar, en als een bewaker het ziet, kun je er donder op zeggen dat er problemen van komen.'

Terwijl de verpleegsters met elkaar praten komt Mrs Hinch de ziekenboeg binnen. 'Ik heb kapitein Seki zojuist gesproken,' zegt ze.

'En?' vraagt Nesta.

'Wanneer de sirene gaat, moet iedereen de dichtstbijzijnde hut binnengaan en daar blijven. Hij is van plan om alle ramen onmiddellijk dicht te laten timmeren, en iedereen die buiten of bij een raam wordt betrapt, zal gestraft worden.'

'Laten we de anderen meteen waarschuwen,' zegt dokter McDowell.

De volgende dag maken verpleegsters Ray en Valerie de fout om hun deur open te maken en naar buiten te kijken. Hun timing had niet slechter kunnen zijn. Een van de soldaten ziet hen en stormt de hut binnen, waar hij wordt geconfronteerd met het hele huishouden, met z'n allen bij elkaar op een kluitje.

'Kan ik iets voor je doen?' vraagt Nesta hem.

'Ik zag er twee buiten.' Hij wenkt met zijn hand en zegt: 'Jullie moeten meekomen.'

De verpleegsters verroeren zich niet.

'Ik heb geen idee waar je het over hebt, agent. Kun je aanwijzen welke vrouwen je hebt gezien?'

'Ik zag er twee. Kom mee, of jullie krijgen allemaal straf.'

De soldaat legt zijn hand op zijn wapen. Hij ademt zwaar, en zijn uitdrukking is wreed.

De twee verpleegsters stappen naar voren; Ray en Valerie willen niet dat hun vriendinnen worden gestraft vanwege hun fout.

Nesta gaat naast hen staan en maakt een diepe buiging.

'Het spijt ons dat we de regels hebben overtreden, dat zullen we niet meer doen.'

Ze ziet de hand niet die op haar afkomt tot hij haar gezicht hard raakt, waarna ze wankelt en wordt opgevangen door de verpleegsters achter haar.

De soldaat duwt de twee schuldigen de deur uit en voert ze weg.

Een paar uur later keren Ray en Valerie terug in de hut.

'We werden naar Seki gebracht,' zegt Ray.

'Heeft hij jullie iets aangedaan?' vraagt Nesta.

'Nog niet, maar morgen moeten we in de zon staan. Zoals Norah. Zonder hoed,' vertelt Valerie.

De volgende ochtend krijgen Ray en Valerie de waterrantsoenen van de andere verpleegsters. Ze proberen te weigeren, maar daar willen de anderen niets van weten.

'Jullie hebben zoveel vloeistof nodig als je maar kunt drinken,' zegt Jean tegen ze. 'Jullie weten allebei wat uitdroging met een lichaam doet.'

'Maar als we dit allemaal opdrinken, plassen we in onze broek,' zegt Ray grinnikend.

'Ik heb liever dat jullie in je broek plassen dan dat jullie nieren het begeven,' zegt Jean.

De verpleegsters lopen met z'n allen naar de centrale open plek, waar geen enkele schaduw op de droge aarde valt. Seki, vergezeld door Ah Fat, beent naar de twee verpleegsters die met gebogen hoofd voor hem staan.

'Ik ga met hem praten,' fluistert Jean tegen Nesta.

'Lijkt dat je verstandig?'

'Ray is al bij me sinds we naar Malakka kwamen, en ik weet iets over haar wat niemand anders weet. Ze heeft een hartaandoening. Dat hebben we ontdekt toen ze niet lang na onze aankomst malaria kreeg.'

'Oké, kijk wat je kunt doen, maar wees wel zo voorzichtig dat ze jou niet ook in de zon zetten. Dat zou Ray niet willen.'

Met gebogen hoofd loopt Jean naar Seki en Ah Fat, die haar nieuwsgierig gadeslaan.

'Wat wil je?' vraagt Ah Fat.

'Mag ik de commandant met het diepste respect vragen om zuster Ray deze straf niet te geven? Ze heeft een hartaandoening en het zou bijzonder gevaarlijk voor haar zijn om in de brandende zon te staan.'

Ah Fat vertaalt. Het antwoord van Seki is zoals gebruikelijk langdradig en pompeus. De vertaling van de tolk is bondiger.

'Nee.'

Ray, die het gesprek heeft gevolgd, roept: 'Het geeft niet, zuster. Ik red me wel.'

De verpleegsters zoeken elk stukje schaduw op dat ze kunnen vinden. In de loop van de ochtend halen Norah, Margaret en verschillende andere vrouwen water en geven dat aan Ray en Valerie als de soldaten even niet opletten. Wanneer de zon zijn hoogtepunt aan de hemel bereikt, wordt het duidelijk dat Ray het zwaar heeft.

Mrs Hinch en dokter McDowell smeken de bewakers om haar te laten gaan. Hun smeekbedes worden afgewezen.

Wanneer ze Ray zien worstelen om overeind te blijven, roepen alle vrouwen: 'Laat haar gaan.' Het duurt niet lang voordat Ray in elkaar zakt, en het is duidelijk dat ze niet meer overeind zal komen.

'Ga haar halen!' roept Mrs Hinch terwijl ze naar de bewusteloze verpleegster stormt.

Iedere verpleegster rent nu, en dokter McDowell ook. De Japanse bewakers, die hun bajonetten in de aanslag houden, beseffen dat ze in de minderheid zijn en laten zich door de vrouwen uit de weg duwen. Dokter McDowell onderzoekt Ray kort en geeft de verpleegsters opdracht om haar terug te dragen naar hun hut.

'Ik ga met ze mee,' zegt Jean tegen Nesta. 'Blijf jij bij Val.'

Valerie blijft staan, omringd door haar vriendinnen, en dat houdt ze vol tot de zon onder is gegaan.

'Kom op, zo is het genoeg, we nemen haar mee,' zegt Nesta. Ze haast zich naar Val toe, die in haar armen in elkaar zakt.

Tegen de tijd dat ze Val terug hebben gebracht naar de hut, is ze bewusteloos. Nesta en Vivian ontfermen zich over haar. Jean heeft Ray naar de ziekenboeg gebracht. Ze is er zo slecht aan toe dat ze wil dat dokter McDowell voor haar zorgt.

Margaret klopt op de openstaande deur en steekt haar hoofd naar binnen. 'Ik weet dat het een domme vraag is, maar kan ik iets doen?'

Nesta wenkt Margaret om naar de bewusteloze verpleegster te komen. Natte lappen bedekken haar hele lichaam en haar hoofd, alleen haar gezicht is nog zichtbaar.

'Dank je, Margaret. Behalve zorgen dat we hier allemaal weg kunnen, valt er niet echt veel te doen,' zegt ze sardonisch. 'Wij zorgen voor Val. Haar hartslag is gelukkig weer krachtig en regelmatig, hoewel ze naast de verbranding een paar dagen nodig zal hebben om te herstellen van de zonnesteek.'

Margarets ogen vullen zich met medeleven. 'En Ray?'

'Jean heeft haar naar het ziekenhuis gebracht. Daar zal ze vannacht blijven.'

'Norah en haar team maken avondeten voor jullie allemaal, dus jullie hoeven geen vuur te stoken of te koken. Ze komen het zo dadelijk brengen.'

'O, Margaret, ik had niet eens gedacht aan eten voor de verpleegsters.' Nesta's gezicht vertrekt van de pijn en de vermoeidheid. 'Wat mankeert me? Ik hoor hun leider te zijn.'

Margaret geeft een kneepje in haar arm. 'Zuster James, je bent een geweldige leider. Ik weet zeker dat geen van je vriendinnen vandaag aan zichzelf gedacht heeft. Het avondmaal komt eraan.'

'Weet je,' zegt Norah tegen Audrey, 'volgens mij is er iets veranderd.' De vrouwen lopen samen naar de waterpomp, een paar weken nadat de eerste vliegtuigen boven het kamp zijn verschenen.

'Dat gevoel heb ik ook,' zegt Audrey. 'De soldaten zijn bang, wat goed is, maar ook slecht.'

'Slecht in de zin dat ze eerder los zullen gaan op ons.'

'En goed,' voegt Audrey eraan toe, 'omdat we misschien binnenkort worden gered.'

'In elk geval vinden de luchtaanvallen alleen nog maar 's nachts plaats.' De vrouwen zijn bij de pomp, en Norah vult haar emmer. 'Wat betekent dat we overdag veilig water kunnen halen.'

Mrs Hinch krijgt te horen dat er post is voor verschillende vrouwen. Wanneer ze het nieuws horen, zijn de verpleegsters het erover eens dat er waarschijnlijk niets voor hen bij zal zitten. En dus besluiten ze dat Nesta namens de verpleegsters zal gaan, in plaats van dat ze allemaal in de rij gaan staan om te zien of er een envelop is met hun naam erop.

Het kost de soldaten een eeuwigheid om de post met de hulp van Mrs Hinch te sorteren – of in elk geval voelt het zo in de middaghitte.

'Ik ben gekomen om te zien of er post voor de verpleegsters bij zit.' Eindelijk heeft Nesta de voorkant van de lange rij bereikt.

Mrs Hinch glimlacht hartelijk. 'Er is post voor Betty, Wilma en Jean. Niet voor jou, vrees ik, lieverd.'

'Dank je wel, ik ga ze meteen halen,' zegt Nesta, met tranen in haar ogen. Ze zou er alles voor overhebben om nu iets van haar moeder te horen.

Betty snikt het uit wanneer ze haar naam op de verkreukelde envelop ziet staan. Het handschrift is van haar moeder, en de brief is twee jaar oud. Ze neemt hem mee naar haar hut en houdt het ongeopende bericht van thuis in haar hand. Ze verdraagt het niet om de gezichten van haar collega's en vriendinnen te zien, die ook dolgraag iets van hun familie zouden horen. En dus gaat ze naar buiten, naar het verste hoekje van de tuin, en verschuilt zich achter een boom om de brief te lezen waar ze zo naar heeft verlangd. Het is donker voordat ze weer naar binnen gaat. Ze vertelt iedereen dat ze geen nieuws heeft over de oorlog. Haar moeder heeft duidelijk te horen gekregen wat ze wel en wat ze niet mocht schrijven.

In de hut van Norah en Ena kijken de gezusters toe terwijl een paar van hun huisgenoten hun brieven van thuis lezen en herlezen.

'Wat kijken ze gelukkig, hè?' fluistert Ena tegen Norah.

'Nou!' beaamt Norah, die omwille van haar zus haar eigen teleurstelling probeert te verbergen.

'Ik had niet verwacht dat ik post zou krijgen. Ken en moeder en vader zijn waarschijnlijk net als wij gevangengezet,' zegt Ena. Het lukt haar niet om haar blik af te wenden van de vrouwen die hun brieven keer op keer herlezen.

'Dat is waar. Maar Barbara is er nog.' Norahs stem hapert. Ze zou er alles voor overhebben om nieuws over Sally te krijgen. 'Ik vraag me af of ze heeft geprobeerd om ons te schrijven.'

'O, Norah, Sally is veilig bij haar, we weten alleen niet waar ze zijn en wat ze haar hebben verteld over onze verblijfplaats.'

'Je hebt natuurlijk gelijk. Ik wil niet ondankbaar klinken, ik ben echt heel blij dat er überhaupt post in het kamp komt.'

De rantsoenen zijn nog niet gearriveerd, en de vrouwen, die zich in kleine groepjes bij het hek hebben verzameld, worden nerveus. Verschillende plaatselijke kooplui hebben weer toestemming gekregen om het kamp te bezoeken en vers voedsel aan te bieden aan iedereen die ervoor kan betalen.

Norah slentert naar Betty, die iets verderop loopt te ijsberen.

'Denk je dat de rantsoenen nog komen?' vraagt ze.

'Niemand heeft gezegd van niet,' zegt Betty met een zucht. 'Maar we hebben ze gisteren wel gekregen en de dag daarvoor niet, dus misschien krijgen we van nu af aan nog maar om de dag te eten.'

'Het lijkt wel of ze ons eerst uithongeren, ons dan genoeg geven om iets van onze kracht terug te krijgen, om ons vervolgens weer voedsel te onthouden. Zou dat onderdeel zijn van een of ander kwaadaardig plan?'

'Zo wil ik niet denken, maar je zou best weleens gelijk kunnen hebben. Hoe gaat het met June? Krijgt zij genoeg?'

'Hangt af van wat je verstaat onder "genoeg",' zegt Norah grimmig. 'Ze is niet slechter af dan de andere kinderen, en beter dan de meeste volwassenen. Sommige Nederlandse moeders geven haar weleens wat van het eten dat ze bij de marktlui kopen.'

'Het moet heerlijk zijn om geld te hebben, of sieraden, of iets anders wat je kunt verhandelen. Wij hadden de pech dat we op een schip terechtkwamen dat werd gebombardeerd.'

'We mogen dan alles zijn kwijtgeraakt, maar we leven nog, toch? Er zijn zoveel passagiers omgekomen.' Even denkt Norah terug aan die afschuwelijke dag, aan het dobberen in de zee zonder hoop dat iemand hen zou komen helpen. 'Sorry, Betty,' voegt ze er haastig aan toe. 'Ik wilde niet bot klinken, en ik wil je niet herinneren aan de omgekomen verpleegsters. Ik weet dat er heel veel collega's samen met jou aan boord zijn gegaan die hier niet zijn.'

'We denken nog elke dag aan ze,' zegt Betty zacht, en haar gedachten dwalen naar vriendinnen die ze misschien nooit meer terug zal zien.

'Je weet maar nooit,' zegt Norah, en ze wrijft over de schouder van de jonge verpleegster. 'Misschien zijn ze wel gevonden en ergens gevangengezet, net als wij.'

'Zou kunnen,' zegt Betty, maar overtuigd klinkt ze niet.

Terwijl Betty bedrukt wegslentert, voelt Norah spijt over het hele gesprek. Hun leven is al moeilijk genoeg zonder dat ze worden herinnerd aan de verliezen die ze hebben geleden.

Jean en Vivian lopen naar het uiteinde van het hek, waar de kooplui met geïnterneerden onderhandelen. Zelf hebben ze niets te ruilen, maar ze zijn gefascineerd door de deals die worden gesloten. Hun nabijheid wordt beloond wanneer een Nederlandse vrouw hun twee zoete aardappels geeft.

'Moeder Laurentia, u wilde me spreken?' zegt Nesta, en ze pakt de hand van de non. Ze is gevraagd om langs te komen bij de hut van de nonnen, en nu speurt ze de verschijning van de moeder-overste bezorgd af op tekenen van ziekte.

'Ik maak het prima, zuster James. Je hoeft niet zo naar me te kijken,' zegt de non met een glimlach. Dan haalt ze een envelop uit een onzichtbare zak in haar habijt. 'Ik wilde je dit geven, voor jou en je verpleegsters.'

Nesta kijkt naar de envelop. 'Wat zit erin?'

'Geld, lieverd. Jullie doen zoveel voor deze wanhopige gemeenschap dat jullie zo nu en dan wat eten zouden moeten kunnen kopen.'

'Ik kan uw geld niet aannemen, moeder. U hebt het vast zelf nodig,' protesteert Nesta, maar ze kijkt verlangend naar de envelop.

'Het is niet mijn geld, als dat het makkelijker maakt om het aan te nemen. Kapitein Seki heeft het me gisteren gegeven. Het komt van het Nederlandse Rode Kruis, en hoewel het bedoeld is voor mijn landgenotes, komen zij minder tekort dan jullie.'

Nesta aarzelt nog steeds. 'Ik denk niet dat mijn vriendinnen het zullen aannemen als ze weten dat het eigenlijk voor andere behoeftigen bestemd is. Jullie hebben het van jullie regering gekregen.'

'Wat kan ik zeggen om je over te halen?' De non, die al even koppig is als Nesta, heeft haar hand met de envelop nog steeds niet laten zakken.

Nesta denkt diep na. Ze wil moeder Laurentia niet beledigen. Ze denkt aan haar vriendinnen, hun honger, hun afnemende kracht, hun immer tanende hoop op vrijheid. Ze heeft ook gezien welke producten er worden verhandeld: eieren, fruit, gedroogde vis, beschuitbollen.

'Ik wil het wel aannemen, maar op één voorwaarde,' zegt ze ten slotte.

'Wat je maar wilt.'

'Dat het een lening is, die we weer terugbetalen als we hier weg zijn.'

'Akkoord.'

Nesta neemt de envelop dankbaar aan.

'Hallo, dames,' zegt Nesta opgewekt wanneer ze de hut binnengaat.

'Waarom kijk jij zo vrolijk?' vraagt Ena somber. 'Er zitten meer insecten dan rijst in deze lading.'

'Ik ben vrolijk omdat ik iets voor jullie heb. Moeder Laurentia heeft ons geld geleend dat ze van het Nederlandse Rode Kruis heeft gekregen. We willen ons voedsel delen met jullie en de anderen van de Vyner Brooke die hier met lege handen zijn gekomen.'

'Maar jij hebt het gekregen, voor de verpleegsters, neem ik aan,' zegt Norah, die haastig overeind komt. Nu er voedsel in het verschiet ligt, weet ze niet hoelang het haar zal lukken om beleefd te weigeren.

'Jullie hebben niets, Norah. Natuurlijk delen we met jullie,' zegt Nesta resoluut.

Ook Ena staat op. 'Dank je wel! Ik wilde dat ik meer kon zeggen, maar op dit moment maak ik me zo'n zorgen om June en de rest van ons in het huis dat elk beetje voedsel een groot verschil zal maken.'

Er arriveert opnieuw post in het kamp, en gretig opent Betty haar tweede brief. Binnen een paar seconden huilt ze en rent ze vanuit de hut de tuin in. Nesta en Jean gaan achter haar aan.

'Betty, wat is er?' vraagt Nesta. 'Heb je slecht nieuws gekregen?'
Snikkend duwt Betty de brief in Nesta's handen.
'Weet je zeker dat je wilt dat ik hem lees?'
Betty knikt.
'Van wie is het?' vraagt Jean, terwijl Nesta begint te lezen.
'O, mijn god! Hij is van Phyllis.' Nesta's handen beven.
'Phyllis P?' vraagt Jean, en ze probeert de brief te bekijken.
'Ze hebben het gered!' zegt Betty snikkend. 'Ze zijn weer thuis.'

Er zijn nog meer verpleegsters naar buiten gekomen om te kijken of het wel goed gaat met hun vriendin. Iedereen weet dat slecht nieuws erger is dan geen nieuws.

'Meisjes! Betty heeft een brief gekregen van Phyllis P. De anderen zijn veilig thuisgekomen, hun schip is erdoor gekomen,' vertelt Nesta hun.

Binnen enkele tellen staan alle verpleegsters uit de hut in de tuin en omhelzen elkaar snikkend. Het is een enorme opluchting voor hen om te weten dat de vriendinnen en collega's die Singapore de dag voor hun rampzalige reis hebben verlaten weer veilig thuis zijn.

'Ik ga naar het ziekenhuis om het de anderen te vertellen,' zegt Nesta, terwijl ze de brief teruggeeft aan Betty. 'Laat iedereen de brief zien, dit is precies wat we nodig hebben.'

De brief wordt gretig doorgegeven onder de verpleegsters. Ze staan allemaal te springen om de woorden zelf te lezen, zodat ze het nieuws echt tot zich door kunnen laten dringen. Betty ziet dat

Blanche haar vingers snikkend om de brief klemt. Ze gaat op zoek naar Nesta.

'Ik heb Blanche beloofd dat ik wat lekkers voor haar zou regelen als zij geen post zou krijgen voordat ik een tweede brief ontving. Zou ik wat geld kunnen krijgen om een maankoek voor haar te kopen? Of is het verkeerd om dat te vragen?'

'Een maankoek? Waar ga je die vandaan halen?'

'Een van de Nederlandse meisjes vertelde me dat ze alleen maankoeken van de marktlui koopt. Iedereen neemt groente of fruit of rijst, maar zij koopt koeken.'

Nesta loopt naar de keukenla waarin ze het geld van moeder Laurentia bewaart. Ze geeft Betty twee briefjes.

'We hebben iets te vieren, kijk maar wat je kunt krijgen.'

Wanneer Betty terugkeert, laat ze opgewonden haar buit zien: vier kleine maankoeken, elk met de omvang van een golfbal, en twee beschuitbollen. Zij en Nesta pakken er een mes bij en nemen het lekkers mee naar buiten, naar de anderen.

Net wanneer de verpleegsters de laatste verrukkelijke kruimels in hun mond stoppen, verschijnt Mrs Hinch in de tuin.

'O jee, het spijt me zo…' begint ze.

'Wat is er aan de hand?' vraagt Nesta, terwijl ze haar laatste hapje doorslikt.

'Slecht nieuws, vrees ik. De marktlui zijn weer verbannen.'

Nesta slaakt een onderdrukte zucht.

'Nou, dames,' zegt ze tegen haar verpleegsters, 'in elk geval hebben we onze maankoeken gehad.'

'En er zaten geen insecten in,' voegt Jean eraan toe.

Hoofdstuk 20

Kamp III
Oktober 1944

'De helft van jullie zal het kamp morgen verlaten!' kondigt Ah Fat aan. Seki heeft de vrouwen weer opgedragen om bij elkaar te komen. 'En verpleegsters, de helft van jullie gaat morgen al, dus zorg dat jullie er klaar voor zijn.'
Na het horen van het nieuws loopt Nesta vlug naar Seki en Ah Fat toe, die op het punt staan te vertrekken. Bewakers richten onmiddellijk hun geweren op haar. Nesta laat zich niet intimideren. Ze loopt naar de commandant en staart hem vastberaden aan.
'We laten ons niet opsplitsen,' vertelt ze hem. 'We gaan allemaal, of we blijven allemaal.'
Seki loopt weg, maar wanneer Ah Fat hem probeert te volgen, pakt Nesta zijn arm.
'Zeg alsjeblieft tegen hem dat hij ons niet uit elkaar moet halen,' smeekt ze.
'Kapitein Seki heeft besloten. De helft van de verpleegsters vertrekt morgen.' En dan buigt de tolk zijn hoofd. 'Het spijt me,' zegt hij.

Die nacht praten de verpleegsters tot in de kleine uurtjes. Net nu ze het gevoel kregen dat de redding nabij was, moeten ze weer vrezen dat ze nooit gevonden zullen worden.

Ze stellen een noodplan op voor het geval ze inderdaad gescheiden zullen worden en besluiten wie in welke groep komt. Het is duidelijk dat Nesta en Jean allebei een groep zullen aanvoeren.

De volgende middag worden zestig vrouwen, inclusief de helft van de verpleegsters, Norah, Ena, Audrey en June in een kleine vrachtwagen geladen en weggereden, met hun karige bezittingen in hun armen geklemd.

De zon is al onder wanneer ze bij de riviermonding aankomen. Ze krijgen bevel om aan boord van een klaarliggende rivierboot te gaan. Wanneer ze een plekje zoeken, wijzen de soldaten zes vrouwen aan die weer van boord moeten gaan, onder wie Betty. Er is een tweede, grotere vrachtwagen tot stilstand gekomen bij de pier, en ze krijgen bevel om de vracht daarvan uit te laden en naar de rivierboot te dragen. Er zijn zakken met voedsel, kisten met fraai porselein, tafelzilver, stoelen; duidelijk de kostbare bezittingen van een rijke huiseigenaar. Onder de goederen bevinden zich ook tientallen grafkisten.

'We moeten een manier vinden om ze te helpen,' fluistert Norah tegen Audrey. 'We kunnen ze niet al het werk met z'n zessen laten doen.'

'Wat stel je voor?'

'Daar komt Betty aan met een kist. Ik loop naar haar toe, en wanneer ze de kist aan boord wil brengen, duw ik haar opzij en neem ik het over.'

'Maar wat als ze je zien?' zegt Audrey, weifelend over dit briljante plan van Norah.

'Ik moet het in elk geval proberen. Als het werkt, kun jij het voor iemand anders doen. Niet zuster Catharina natuurlijk, maar afgezien van haar zien we er in de ogen van de soldaten vast allemaal hetzelfde uit.'

Norah haast zich naar Betty toe, die een zware kist naar het laadruim van de rivierboot sjouwt. Norah vangt haar blik en gebaart dat ze naar haar toe moet komen. Als Betty haar knieën buigt om de kist neer te zetten, fluistert Norah: 'Blijf laag.'

Wanneer Norah zich opricht en naar de loopplank loopt, komt ze oog in oog te staan met een woedende soldaat die schreeuwt dat ze op haar plek moet blijven. Hij keert zich naar Betty toe, die nog steeds gehurkt tussen de kisten zit, en gebaart met zijn geweer dat ze op moet staan en weer aan het werk moet gaan. Ze duikt onder het zwaaiende geweer van de soldaat door.

De commotie is de soldaten op de pier niet ontgaan, en als de soldaat zich afwendt om de anderen te vertellen wat er zojuist is gebeurd, grijpt Norah de afleiding aan om terug te rennen naar de veiligheid van de menigte vrouwen aan boord. Daar zoekt ze meteen Ena en June op.

'Wat was dat allemaal?' vraagt Ena.

'Niets,' mompelt Norah. 'Je weet hoe ze zijn.'

Ze brengen de nacht door op de rivierboot, die voor anker bij de pier blijft liggen. Zodra het dag is, begint de boot aan zijn trage tocht over de rivier. De warme, vochtige lucht zuigt alle energie uit de vrouwen. Er verstrijken uren voordat ze de riviermond verlaten en de Straat Banka op varen. De geur van zout water en een mild briesje bieden de uitgeputte vrouwen een beetje troost.

Jean tuurt over de rand van de boot en zegt zacht: 'Hier is de Vyner Brooke gezonken.'

Een voor een pakken de vrouwen de handen van hun vriendinnen vast.

'En daar ligt het eiland Banka,' zegt Jean.

'Het bloedbad...' begint Betty, maar de woorden blijven in haar keel steken. Het is genoeg om eraan te denken; ze hoeven er niet over te praten.

De verpleegsters schuilen bij elkaar en denken terug aan hun gesneuvelde vriendinnen. Ze zien de stranden van het eiland en vragen zich af in welke inham hun vriendinnen zijn vermoord.

Het is al donker wanneer de boot voor anker gaat bij de pier van Muntok. Een stinkende afvalboot komt naast de rivierboot liggen, en de vrouwen krijgen bevel om over te stappen. Ze worden in het ruim gedreven, waar een laag kerosine van een paar centimeter staat. Hun bezittingen worden achter hen aan gegooid. Wanneer boven hun hoofd een luchtalarm klinkt, wordt het luik van het ruim dichtgesmeten, zodat het plotseling stikdonker is. De damp van de kerosine is zo overweldigend dat de vrouwen overgeven en naar adem happen. Ze zakken in elkaar in een plas van vettige vloeistof.

'Probeer allemaal rustig te blijven,' roept Jean.

'We stikken,' jammert een stem in het donker.

'We gaan dood,' roept een ander.

'Jullie moeten kalm blijven. Probeer rustig te ademen, zodat je zo min mogelijk dampen binnenkrijgt,' dringt Jean aan.

'Maar de kinderen...' smeekt een wanhopige stem.

'Moeders, help je kinderen, laat ze met je meeademen. Langzaam, langzaam, langzaam.'

Kort daarna stopt het snikken.

'Is alles goed met je, June?' fluistert Ena. 'Ik kan je niet zien.'

Tussen de moeizame ademtochten door lukt het June om een paar woorden uit te brengen. 'Het gaat wel, tante Ena, maar ik vind die geur niet lekker.'

'Ik weet het.' Ena tast naar de hand van het kleine meisje en pakt hem vast. 'Zullen we samen ademen? Heel rustig, één, twee, drie. Het duurt nu vast niet lang meer.'

'Mag ik voorstellen dat we niet praten?' zegt Jean. 'Spaar je energie en adem oppervlakkig door je neus.'

Uren later botst de boot tegen de pier en wordt het luik opengegooid. Misselijk en haast te zwak om de ene voet voor de andere te zetten, laten de vrouwen zich door de soldaten uit het ruim trekken. Wanneer ze als zandzakken op de pier gedumpt worden, weten ze maar met moeite overeind te blijven. Ze ondersteunen elkaar tijdens de lange wandeling naar de kade. Voor het eerst sinds ze gevangen zijn genomen, zijn ze blij om de vrachtwagens te zien die op hen staan te wachten.

Deel 3
De laatste dagen van de oorlog

Hoofdstuk 21

Kamp IV
November 1944 – maart 1945

'Nesta, Vivian, we zijn hier!'
Nesta en Vivian zien Norah, Ena, Audrey en June naar hen toe komen.
'Eindelijk zijn jullie er!' roept Norah met iets van vreugde in haar stem. Het kamp staat op het punt om herenigd te worden.
'Weten jullie waar Jean en de andere verpleegsters zijn?' vraagt Nesta.
'Ze wachten in de ziekenboeg op jullie. Kom op, dan helpen we jullie een handje. June, liefje, wil jij naar de ziekenboeg rennen en vertellen dat Jean, Nesta en de anderen zijn gearriveerd?' vraagt Ena.
'Ik ga al, tante Ena.' June rent voor hen uit om de belangrijke boodschap over te brengen.

'Eindelijk!' roept Jean terwijl ze Nesta stevig omhelst. 'Wacht tot je onze hutten ziet!'
'Lekkende daken en geen bedden, gok ik,' zegt Nesta grijnzend.
'Nee! Het zijn nieuwe gebouwen. Ze zijn gigantisch. Er kunnen wel honderd mensen slapen.'

'En het allerbeste,' zegt Betty, die zich bij hen voegt en haar arm om Nesta's schouder slaat, 'is dat er grasmatten op de grond liggen. Met genoeg ruimte eromheen om je uit te kunnen rekken zonder dat je de persoon naast je in het gezicht slaat. Niet te geloven, toch?'

Nesta wordt naar het midden van het kamp geleid, waar de anderen haar de grote keuken wijzen, en twee kleinere keukens met bescheiden haarden waar ze kunnen koken. De houten slaaphutten zijn licht en ruim, een hele verbetering na het laatste kamp.

'Dit is beter,' zegt Nesta, die eindelijk een beetje ontspant. 'Latrines?'

'Toiletten!' zegt Betty. 'Echte toiletten. En... tromgeroffel... negen betonnen putten.'

'Schoon water?' vraagt Nesta. 'Dit zou weleens onze levens kunnen redden.'

Een paar dagen later groeit het aantal geïnterneerden explosief wanneer tweehonderd Engelse vrouwen het kamp worden binnengebracht. Onder hen bevinden zich een aantal jonge Indische vrouwen die prachtige kleren dragen; zij worden door de soldaten naar een groep kleine hutten op de helling van een heuvel achter het kamp geleid. Het is overduidelijk dat zij het nieuwe 'vermaak' voor de Japanse officieren zijn. Elke dag zien de vrouwen de borden met vlees, groenten en rijst die naar hun hutten worden gebracht.

Binnen een paar dagen zijn alle negen putten leeg. Nesta klaagt tegen Mrs Hinch dat de zieke vrouwen niet beter zullen worden als ze ook nog eens uitgedroogd raken. Mrs Hinch eist een gesprek met kapitein Seki, en Ah Fat begeleidt haar en Nesta naar het nieuwe kantoor van de commandant.

Mrs Hinch valt direct met de deur in huis; het stadium van beleefde introducties zijn ze wel voorbij. 'De faciliteiten zijn een verbetering, en daar zijn we dankbaar voor. Maar die putten zijn nutteloos; er zit geen druppel water meer in.'

'De vrouwen zijn ziek en ze hebben dorst,' voegt Nesta eraan toe. 'We hebben echt water nodig.'

Seki luistert naar de vertaling van Ah Fat. Na zijn langdradige antwoord buigt de tolk naar Seki en wendt zich dan weer tot Mrs Hinch.

'Kapitein Seki zegt dat er meer water komt als het regent.'

'A-Als het regent?' stamelt Nesta.

'En wanneer zal dat zijn? Kunnen jullie ons een betrouwbare weersvoorspelling geven?' zegt Mrs Hinch. 'Dit is belachelijk.'

Ah Fat doet geen poging om te vertalen. Seki grijnst naar Mrs Hinch en dan naar Nesta.

'Waarom lacht hij? Het is niet grappig, Ah Fat!'

Ah Fat doet geen enkele poging om zijn dwaze grijns te verbergen. 'Inchi, Inchi. Ik maak grapje. Kapitein Seki is geen monster. Hij zegt dat jullie water kunnen halen uit de beek buiten het kamp.'

Mrs Hinch kan er niet om lachen. Vechtend om haar boosheid te onderdrukken bijt ze op haar onderlip, knikt naar beide mannen en stormt naar buiten, op de voet gevolgd door Nesta.

Norah en Nesta sluiten aan in een rij van vrouwen die alles bij zich hebben wat ze maar konden vinden om water in te vervoeren. De rij loopt door een jungle die schittert van de kleuren. De tropische begroeiing heeft de weelderige roze-, paars- en oranjetinten die zo'n groot deel van dit landschap kenmerken. Al even kleurrijke veldbloemen vormen een tapijt op de grond waarop ze lopen.

'Zoveel schoonheid,' zegt Norah tegen Nesta.

'En het enige wat we willen is water,' antwoordt Nesta. 'Ik zou al die bloemen omruilen voor een kraan.'

In een kleine vallei vinden ze een kabbelende beek. Norah en Nesta wisselen een blik en volgen het voorbeeld van de andere vrouwen, die hun kleren uittrekken en in het koele water springen. Wanneer ze zich verfrist voelen, gaan ze op de rotsen aan de oever zitten en gebruiken het zand uit de bedding om hun haar te wassen.

'Het is zo fijn dat we nog leven,' zegt Nesta.

'En dat we geen dorst meer hebben!'

Wanneer ze terugkeren naar het kamp, schoon en voorzien van emmers, potten en pannen vol met vers water, blijft Nesta staan om een bos bloemen te plukken.

'Dames.' Mrs Hinch heeft iedereen bij elkaar geroepen om de nieuwste verordening van kapitein Seki door te geven. 'Ik heb te horen gekregen dat we werkploegen moeten vormen om taken in het kamp uit te voeren.'

'Maar we hebben al taken!' protesteert iemand. 'De toiletten schoonmaken, de straat, de hutten.'

'Nou, we krijgen er nieuwe bij. Ze willen dat we een hek van prikkeldraad rond de ziekenboeg bouwen. Verder moet er hout worden verzameld en bij de keukens opgestapeld, en we moeten rijst naar de voorraadschuren brengen. Wie biedt zich aan?' Niemand zegt iets, tot Norah uiteindelijk haar hand opsteekt.

'Ik help wel,' zegt ze.

'Ik ook,' zeggen Audrey en Ena tegelijkertijd.

Norah vraagt zich af hoe verstandig het was om hun hulp aan te bieden voor het plaatsen van het hek van prikkeldraad. Zonder handschoenen om hun handen te beschermen gaat het werk traag. Het kost moeite om de draad te spannen zonder hun vingers eraf te snijden.

'Het heeft ook een voordeel,' zegt Ena, die het bloed uit een snee in haar vinger zuigt. 'We krijgen grotere rantsoenen.'

'Dat is waar,' zegt Audrey. 'Ik heb gehoord dat er haai op het menu staat.'

'En Seki heeft ons zelfs nog meer olie gegeven,' voegt Norah eraan toe.

Het menu van gefrituurde haai, gemengde groenten en rijst die ze wegspoelen met volle koppen thee doet de vrouwen goed. Voor het eerst in haar leven doet Nesta haar mond open om de verpleegsters voor te gaan in een lied. Binnen de kortste keren zingt iedere vrouw in het kamp 'Waltzing Matilda' en galmen hun stemmen door de straat.

Nesta is aan het werk in de ziekenboeg wanneer de deur openvliegt. Ze kijkt op en ziet dat Vivian en Jean een slap lichaam naar binnen dragen.

'Het is Betty!' roept Vivian. 'Ze is bewusteloos.'

'Breng haar hiernaartoe,' zegt Nesta, wijzend naar een rustig hoekje van de ruimte. 'We leggen haar op de vloer, en dan tillen we haar zo snel mogelijk op een bed.'

Dokter McDowell voegt zich bij de verpleegsters om Betty te onderzoeken. 'We hebben water en lappen nodig; we moeten haar snel afkoelen.'

Vivian en Jean rennen weg om de benodigde spullen te halen, terwijl Nesta en dokter McDowell de zieke Betty uitkleden.

'Dit verdraaide water is warm; ze heeft koud water nodig,' zegt Vivian kreunend wanneer ze terugkeren met water uit de put.

'Ja, maar dat hebben we niet,' zegt dokter McDowell. 'Dit is wat we hebben, en daar zullen we het mee moeten doen. Maak de lappen nat en geef ze aan mij.'

'Kun jij dat doen, Nesta?' vraagt Vivian, en dan wendt ze zich tot Jean. 'Pak jij een emmer en kom met me mee.'

Voordat Nesta tegenwerpingen kan maken, heeft Vivian Jean een emmer in de handen geduwd en er eentje voor zichzelf gepakt. Samen haasten ze zich de ruimte uit en rennen naar de beek.

'Vertel kapitein Seki alsjeblieft dat er koorts heerst in het kamp. Om te herstellen moeten de vrouwen beter te eten krijgen. Waarom hebben jullie onze rantsoenen weer ingeperkt?' Mrs Hinch krijgt de woorden maar nauwelijks haar mond uit. De haai was nog niet gearriveerd of hij was al weer verdwenen, samen met de groenten. Ze moeten het weer doen met rijst met insecten. Nesta is met haar meegegaan voor dit gesprek met kapitein Seki; ze staat naast Mrs Hinch en kan zich niet langer inhouden.

'We moeten de feiten onder ogen zien,' zegt ze. 'Er staan vrouwen op het punt om te sterven. We moeten ons voorbereiden. Vertel ons gewoon hoe.'

'Alles wat jullie krijgen, is een geschenk van de Japanners. Wees dankbaar voor het voedsel, Inchi,' zegt Ah Fat, voordat hij zich tot Seki richt om hun boodschap door te geven.

Na een kort antwoord van de commandant schraapt Ah Fat zijn keel. 'Kapitein Seki weet dat veel vrouwen erg ziek zijn en dood zullen gaan. Hij zegt dat hij wil dat jullie ze net buiten het kamp begraven. Daar is een kleine plek, we hebben kisten om ze in te leggen, maar jullie moeten het doen.'

'Natuurlijk doen wij het. Kunnen we alsjeblieft scheppen krijgen om gaten te graven, en hout om kruizen te maken?' dringt Mrs Hinch aan.

'Kapitein Seki zal jullie een machete geven om mee te graven, en wat hout voor kruizen.'

'Een machete? Daar hebben we niet veel aan. Als we ons een weg door de jungle zouden moeten banen, zou die van pas komen, maar hoe kunnen we in de keiharde aarde graven met een groot mes?'

'Dan krijgen jullie twee machetes. Dat is alles, nu moeten jullie weggaan, Inchi.'

Zonder zelfs maar een kleine buiging te maken naar de commandant haasten Mrs Hinch en Nesta zich Seki's kantoor uit.

'Mrs Hinch, wat gebeurt er?' Audrey houdt de twee vrouwen op straat staande.

'We hebben zojuist het moeilijkste gesprek gehad dat ik ooit met iemand heb gevoerd. De arme Nesta moest hardop zeggen dat sommigen van ons dood zullen gaan, en snel, en dat we ons daarop moeten voorbereiden.'

'Dat moet afschuwelijk zijn geweest,' zegt Norah meelevend. 'Maar je hebt gelijk. We komen net uit de ziekenboeg en Jean vertelde ons dat er verschillende vrouwen zijn van wie ze vrezen dat ze niet meer te redden zijn.'

'Inchi, Inchi, wacht!' roept Ah Fat terwijl hij naar hen toe komt rennen.

'O nee. Ik zit nu echt niet op hem te wachten,' verzucht Mrs Hinch. Ze draait zich om naar de tolk en roept: 'Ga alsjeblieft weg, tenzij je goed nieuws hebt.'

'Inchi, ik heb deze voor je,' zegt Ah Fat hijgend, en hij geeft haar twee lange machete-achtige messen.

Mrs Hinch grist ze uit zijn handen, draait hem de rug toe en loopt weg. Norah en Audrey haasten zich achter haar aan.

'Ik zal maar niet hardop zeggen wat ik het liefst met deze twee wapens zou doen, maar ik dénk het wel,' zegt Mrs Hinch, en er flitst een klein glimlachje over haar gezicht.

'We zouden het voor je doen, Mrs Hinch, je hoeft het maar te zeggen,' verzekert Audrey haar.

'Dank je wel. Maar we hebben ze gekregen om ze ergens anders voor te gebruiken.'

'Waar zijn ze voor?' vraagt Norah.

'Om gaten te graven voor grafkisten,' antwoordt Nesta. 'Zeg maar niks, ze zijn totaal onpraktisch, maar iets anders wilde Seki ons niet geven. We hebben ook om hout gevraagd om kruizen te maken.'

Audrey en Norah wisselen een blik.

'Geef ze maar aan ons, dan maken wij de begraafplaats gereed. We zullen er anderen bij halen om te helpen, maar het zal onze verantwoordelijkheid zijn,' zegt Norah. 'Vinden jullie dat goed?'

Mrs Hinch blijft staan en kijkt van de ene vrouw naar de andere. 'Weten jullie het zeker? Ik weet niet of dit van korte of lange duur gaat zijn. Het is een hele opoffering, en veel om van jullie te vragen.'

'Laat ons jullie dit uit handen nemen, jullie doen al zoveel,' zegt Audrey.

Even hapert Mrs Hinch' legendarische stoïcijnse houding. Ze overhandigt beide vrouwen een machete en zegt met trillende stem: 'Dank jullie wel. Jullie hebben de vrouwen in dit kamp al zoveel gegeven met jullie stemmen, en nu, nu doen jullie dit.'

Binnen een paar dagen zijn er drie vrouwen gestorven en hebben Audrey en Norah ondiepe gaten gegraven op een plek net buiten het kamp, waar de veldbloemen weelderig groeien. Seki heeft woord gehouden en hun hout gegeven om kleine kruizen uit te snijden.

Norah en Audrey zitten op kleine houten krukjes voor een brandende vuurkuil. Ze verdragen de hitte van de vlammen terwijl ze ieder een roestige schroevendraaier in het vuur houden, waarna ze de namen van de dode vrouwen in de kruizen branden. Het is een tijdrovend en vermoeiend karweitje, maar toch koesteren ze deze handeling, het laatste wat ze kunnen doen voor de ongelukkige vrouwen die aan een ziekte zijn bezweken. Op de begraafplaats leiden moeder Laurentia en zuster Catharina de dienst, en er worden liefdevol bloemen op de graven gelegd.

Mrs Hinch roept Margaret, moeder Laurentia en Nesta bij zich voor overleg.

'Morgen is het eerste kerstdag; ik heb begrepen dat we wat varkensvlees bij onze rijst zullen krijgen. En met varkensvlees bedoel ik dat we twee biggetjes zullen krijgen om te bereiden.'

'Vertel me alsjeblieft dat we ze niet zelf hoeven te d-doden?' stamelt moeder Laurentia.

'Dat denk ik niet, maar ik weet het niet zeker. Als we ze levend krijgen, dan slacht ik ze wel. Er zijn te veel vrouwen die ziek zijn en honger hebben om moeilijk te doen over dat soort dingen. Toch, zuster James?'

'Wat we nodig hebben, is een paar sterke vrouwen die 's ochtends de vuren opstoken, met een hoop brandhout, want ik vermoed dat het wel een poos zal duren om een heel dier te braden.'

Zodra alle drie de keukens vol zijn gestapeld met brandhout, worden de vuurkuilen aangestoken, en al vlug branden ze volop. Tegen het eind van de ochtend arriveren er drie soldaten, van wie twee de biggetjes bij zich hebben (die gelukkig al dood zijn) en de derde een zak met rijst. Ze leggen de karkassen op een tafel, trekken hun bajonetten en snijden de poten van de dieren om ze vervolgens mee te nemen.

'Nou ja, dan doen we het maar met varkens zonder poten,' zegt Mrs Hinch, terwijl ze haar mouwen oprolt om te helpen het vlees te bereiden.

De zon is al ondergegaan wanneer de vrouwen en kinderen hun hutten verlaten om te gaan eten. De stemming is bedrukt, want er sterven nog steeds geïnterneerden, en dit jaar zal kerst niet gevierd worden met handgemaakte cadeautjes. De vrouwen hebben hun eigen stoelen meegebracht en zitten nu op de open plek in het midden van het kamp, wachtend op de komst van het voedsel. De geur van gebraden varken is het enige gespreksonderwerp.

Margaret roept een paar leden van haar oorspronkelijke koor bij zich, en samen gaan ze in het midden van de verzamelde groep staan.

'Ik weet dat we allemaal vinden dat er niets is om over te zingen, dat deze dag ons geen vreugde brengt. Ik ga zeker geen preek houden, die tijd ligt al lang achter ons. Maar als niemand bezwaar heeft, zullen we dan misschien een paar kerstliedjes zingen terwijl we op het eten wachten?'

Niemand maakt bezwaar; ze ziet zelfs hier en daar een klein glimlachje, maar het zijn vooral de kinderen die opgewonden kijken.

'We beginnen met "Stille nacht",' zegt Margaret tegen de vrouwen van het koor.

Wanneer ze haar geheven arm langzaam laat zakken, klinken de eerste tonen. Een voor een zingen de toeschouwers mee met een lieflijke uitvoering van het bekendste en meest geliefde kerstlied. De stemmen van de geteisterde, uitgehongerde, zieke en uitgeputte vrouwen galmen door het kamp. Ze zijn nog niet gebroken.

Wanneer ze verdergaan met 'Oh, Come, All Ye Faithful' komen patiënten uit de ziekenboeg wankelend naar hen toe, ondersteund door Nesta en haar verpleegsters. Ze voegen hun zwakke, schorre stemmen bij het gezang.

Wanneer het voedsel eindelijk wordt geserveerd, heffen ze nog één keer het bezielende refrein van 'Land of Hope and Glory' aan.

Wanneer ze beginnen te zingen, verschijnt kapitein Seki. Hij blijft net buiten de groep staan, een klein gebaar van respect voor het lied dat luitenant Miachi ooit als toegift had gevraagd.

Terwijl ze hun kerstmaal eten, ziet Audrey dat Ena beetjes van haar eigen bord naar dat van June overhevelt. Met de wijsheid en het vernuft van een kind dat veel ouder is dan zij leidt June Ena af door naar iets of iemand te wijzen en legt het eten dan stiekem weer op het bord van Ena.

'Wat vonden jullie ervan dat Seki vanavond kwam?' vraagt Audrey later aan Ena en Norah.

'Het verbaasde me niet,' zegt Norah. 'Net als Miachi is hij kennelijk gek op dat lied, wat op zijn zachtst gezegd vreemd is.'

'Ik sprak moeder Laurentia en zij vroeg of het stemmenorkest ooit weer zal optreden,' vertelt Ena.

'Wat heb je gezegd?' vraagt Norah.

'Ik wist niet wat ik moest zeggen. Ik mompelde iets over hoe moeilijk het is om te repeteren nu niemand nog energie heeft. Ik hoop dat we het kunnen, maar eerlijk gezegd denk ik van niet.'

'Ik zou dolgraag weer bij elkaar komen, maar ik denk dat die tijd voorbij is,' zegt Norah spijtig. 'Maar ik stel voor om onze avond en deze speciale dag daar niet door te laten bederven.'

'Ik denk dat we op een dag weer zullen zingen. Ik moet wel geloven dat we nog niet het laatste van Ravel hebben gehoord,' zegt Audrey met een glimlach naar haar twee beste vriendinnen.

Het jaar 1945 begint zonder dat iemand er aandacht aan besteedt. De vrouwen begraven nu dagelijks vriendinnen. Bijna alle verpleegsters hebben malaria. Ena is getroffen door bankakoorts. Norah en Audrey dragen haar naar het ziekenhuis, terwijl June de hand van haar lievelingstante stevig vasthoudt.

'We zullen goed voor haar zorgen,' belooft Nesta, die gelukkig niet is getroffen.

'Wat kunnen wij doen?' vraagt Norah. 'Ik wil alles voor haar doen.'

'Als jullie ons koel water uit de beek kunnen brengen, zal dat helpen om haar koorts te laten zakken. En uiteraard zou een driegangenmaaltijd haar herstel ook bevorderen,' zegt Nesta in een poging tot humor.

'Ze mag mijn rantsoen hebben,' zegt Audrey.

'En het mijne ook,' zegt June.

'Ik weet dat je haar je voedsel wilt geven, kleintje. Maar je bent nog in de groei en je hebt al het eten nodig dat we je kunnen geven,' zegt Norah.

'Ik ben al groot, ik ben acht.'

Norah wendt abrupt haar blik af en slikt haar emotie weg.

'Ja, liefje, je bent al groot, maar grote meisjes moeten ook eten. Oké?'

'June, hoe kun je tante Ena nu helpen als zij voor jou moet zorgen wanneer ze weer beter is?' vraagt Nesta haar. 'We zorgen dat ze zoveel mogelijk te eten krijgt. Jij mag hier blijven en haar natte lappen verwisselen, dat zou heel fijn zijn.'

'Ik moet ergens naartoe, kunnen jullie bij haar blijven?' vraagt Norah Audrey en June.

'Wat kan nu belangrijker zijn dan voor je zus zorgen?' vraagt Audrey.

Norah is echter al vertrokken, en de deur van de ziekenboeg zwaait achter haar dicht.

Ze haast zich naar het hek van prikkeldraad en kijkt vlug om zich heen. Wanneer ze ziet dat er geen soldaten in de buurt zijn, kruipt ze onder het hek door en rent naar de hutten op de heuvel. Naar de huizen van de vrouwen die in het kamp zijn om de Japanse officiers te vermaken.

Ze klopt op de deur van de eerste hut die ze ziet. Als er niemand reageert, doet ze de deur voorzichtig open.

'Hallo, is daar iemand?' roept ze.

Wanneer ze naar binnen stapt, komt er een vrouw uit de keuken. 'Kan ik iets voor je doen?' vraagt ze.

Norah begint te ratelen. 'Het gaat om mijn zus, ze is heel erg ziek. Ze heeft voedsel nodig, en ze geven ons niet genoeg, maar ik moet haar helpen. Ze is mijn zus, de beste zus die je je kunt wensen... En...' Haar stem sterft weg wanneer ze de verwarde uitdrukking op het gezicht van de vrouw ziet.

'Je zus is ziek, dat begrijp ik, maar hoe kan ik helpen? Ik ben geen dokter. Ik ben een –'

'Nee, nee! Ik vraag je niet om haar te bezoeken.'

'Wat wil je dan van me?'

'Voedsel. Jullie krijgen een heleboel extra voedsel. We hebben het afgeleverd zien worden. Ik wil alleen maar een beetje. Voor mijn zus. Ik smeek het je.'

'Hoe heet je? Ik ben Tante Peuk.' Tante glimlacht, en meteen voelt Norah zich hoopvol.

'Ik ben Norah, Norah Chambers, en mijn zus heet Ena. Sorry dat ik zo onbeleefd ben, maar ik ben de wanhoop nabij. Als ik iets te eten voor haar zou kunnen vinden, overleeft ze het misschien.'

'Hoelang ben je al in handen van de Japanners?'

'Sinds februari 1942.'

'O. Wat erg, zo lang al. Ja, ik heb extra voedsel. Heb je iets waarmee je kunt betalen?'

'Wat? Betalen? Ik... Ik heb geen geld. Ik zou hier niet zijn als ik geld had. Ik heb alleen de kleren aan mijn lijf. Ga je me werkelijk eten weigeren dat het leven van mijn zus kan redden omdat ik je niet kan betalen?'

Tante Peuk kijkt naar Norahs linkerhand. 'En die dan?'

Norah brengt haar hand omhoog en kijkt naar haar trouwring. Ze zucht. Dit is het enige aandenken aan John dat ze heeft. Hij bungelt halverwege haar magere vinger en dreigt eraf te vallen.

'Mijn trouwring?'

'Wil je iets te eten voor je zus of niet?'

Norah speelt even met de ring en schuift hem dan van haar vinger. Ze drukt er een kus op en geeft hem aan Tante Peuk.

In de daaropvolgende week geeft Norah Ena steeds kleine beetjes groenten en gedroogde vis bij haar rijstrantsoen. Wanneer haar koorts eindelijk daalt, keert Ena's kracht langzaam terug. Audrey heeft Norah een aantal keer gevraagd waar ze het eten vandaan heeft, maar Norah kan zich er niet toe brengen om haar te vertellen dat ze haar trouwring heeft verkocht. Nu ze haar zus ziet herstellen, heeft ze er geen spijt van dat ze er afstand van heeft gedaan. Ze weet dat John het zal begrijpen en achter haar beslissing zal staan, de enige beslissing die ze kon nemen. Een ring kun je vervangen, een zus niet.

In de eerste maand van 1945 sterven er zevenenzeventig vrouwen. Er moet nog meer begroeiing rondom de begraafplaats worden verwijderd om ruimte te maken voor het toenemende aantal grafkisten. Een menselijke keten van twintig sterke vrouwen geeft de kisten vanuit het kamp door naar de begraafplaats.

'Hoelang gaat dit nog door?' vraagt Norah. Zij en Audrey zitten het grootste deel van de dag voor de vuurkuil om namen en sterfdata in kleine, misvormde kruizen te branden, die ze daarna in de harde aarde duwen.

'Alsjeblieft niet veel langer,' zegt Audrey. 'Ik weet dat deze kruizen zijn bedoeld om de doden te eren, maar het is zo'n droevige en afschuwelijke taak.'

'Maar de verpleegsters hebben het zwaarste werk,' merkt Norah op. 'Degenen die niet ziek zijn, zorgen voor alle anderen.'

'En ze hebben net zuster Ray verloren. De eerste verpleegster die doodgaat.'

'Afschuwelijk. Die dag in de zon heeft haar vast verzwakt en het moeilijker gemaakt om te vechten tegen wat het ook was waar ze uiteindelijk aan overleden is.'

'Haar uniform is klaar.' Nesta heeft Rays uniform gelucht en de vlekken er met een beetje water af geschrobd.

Er is geen tijd om te rouwen, en de verpleegsters trekken Ray meteen haar uniform aan.

'Het is de eerste keer dat we deze dragen sinds we gevangen zijn genomen,' zegt Betty. De uniformen slobberen om hun uitgemergelde gestaltes. 'Ik ben blij dat het ons is gelukt om ze bij ons te houden.'

'Ray krijgt een eervolle uitvaart,' zegt Nesta. 'De grafkist stelt niet veel voor, maar ze heeft het respect van de Royal Australian Army.' Nesta's stem stokt wanneer zes verpleegsters naar voren stappen om Ray naar haar laatste rustplaats te brengen. 'Nog één ding.' Ze legt een klein bosje veldbloemen op Rays borst.

De verpleegsters vormen een rij achter de kistdraagsters en beginnen aan hun trage mars naar de begraafplaats.

'Kijk,' zegt Vivian ontroerd. Langs de hele straat staan geïnterneerden, als een erewacht voor de overledene die naar de uitgang van het kamp wordt gedragen. Zelfs de soldaten nemen hun petten af wanneer de vrouwen hen naderen. Moeder Laurentia en Margaret staan allebei klaar met een bijbel in hun hand. Tientallen vrouwen verzamelen zich op de begraafplaats.

Een verpleegster stapt naar voren, met een geleende bijbel in haar hand, en ze begint te lezen.

'"Zij zullen niet meer hongeren, en zullen niet meer dorsten, en de zon zal op hen niet vallen, noch enige hitte."'

De prachtige korte dienst is voorbij en Norah en Audrey beginnen het graf met aarde te vullen. Nesta houdt hen echter tegen.

'Dank je wel, maar wij zullen dit doen. Het is het laatste wat we voor haar kunnen doen.'

'Nesta, Nesta! Ik weet niet of ik het nog volhoud,' roept Betty, terwijl ze de tuin in stormt waar haar vriendin net een korte pauze neemt in de schaduw. Snikkend laat ze zich op de grond zakken.

'Wat is er gebeurd? Vertel het me. Ben je ziek?'

'Het is Blanche!' brengt Betty uit. 'Ik vind het vreselijk dat ik haar niet kan helpen. Ze heeft mij en zoveel anderen gered toen we in de zee waren beland. Het is niet eerlijk.'

Nesta omhelst haar vlug en roept dan een van de andere meisjes om bij haar te gaan zitten. Daarna haast ze zich naar Blanche toe. Ze knielt naast de zieke vrouw en pakt zachtjes haar hand.

'Het spijt me zo,' fluistert Blanche. 'Ik zou jullie moeten helpen.'

'Het geeft niet, ik ben hier. Ik ben hier.'

Blanche doet haar ogen open. 'Nesta, o, Nesta. Wil je tegen de anderen zeggen dat ik het vreselijk vind om hun tot last te zijn?'

'O, lieve Blanche, je bent niemand tot last. Je hoeft alleen maar te rusten en beter te worden.'

'Ik doe er te lang over.'

'Je wordt beter wanneer je zover bent, en tot die tijd zorgen we voor je.'

'Ik word niet meer beter, Nesta.'

Nesta's adem stokt wanneer ze in de bleke, waterige ogen van haar vriendin kijkt, met Blanche' trillende hand nog in de hare. Nu begrijpt ze waarom Betty zo overstuur is. Ze gaat op het bed liggen en slaat haar armen om Blanche heen. Het lichaam van Blanche schokt terwijl ze vecht tegen de diepe snikken die haar uitgemergelde gedaante uitputten.

'Sst,' fluistert Nesta, 'ik ben bij je, en ik ga niet weg.'

Het is al donker wanneer Betty Nesta zachtjes wakker schudt.

'Nesta, word wakker. Blanche is er niet meer.'

Blanche ziet eruit alsof ze slaapt. Ze oogt vrediger dan toen ze nog leefde.

'Er staat een grafkist klaar,' vertelt Betty Nesta. 'We zullen haar morgenochtend begraven.'

'En bloemen, ze was gek op bloemen.'
'Morgenochtend vroeg plukken we meteen verse.'
Nesta strekt haar pijnlijke ledematen. De andere verpleegsters houden elkaar vast terwijl ze zachtjes snikken. Alweer is een van hen overleden in dit troosteloze kamp, zonder ooit nog vrijheid te hebben gekend.

Betty en Nesta lopen voor de grafkist uit, met geheven hoofd, op weg naar de begraafplaats. Het gewicht van Blanche' laatste woorden drukt zwaar op hun schouders. De voorgaande avond hadden de verpleegsters hun hart uitgestort en die pijnlijke laatste woorden steeds weer herhaald, de verontschuldiging van Blanche dat ze er te lang over deed om te sterven, dat ze niemand tot last wilde zijn. Hun woede jegens de Japanners was in alle hevigheid opgelaaid, maar uiteindelijk waren ze uitgeput en zielsverdrietig in elkaars armen in slaap gevallen.

Ena, Norah en Audrey helpen de verpleegsters om het graf van Blanche met aarde uit de jungle te bedekken. Een groep vrouwen is veldbloemen gaan plukken, en al snel is de berg aarde bedekt met een zee van kleur.

'Ga jij maar naar huis, dan ga ik naar de beek om vers water te halen. Audrey en ik moeten vandaag een hoop kruizen maken,' fluistert Norah tegen Ena terwijl ze teruglopen naar het kamp.

'Zal ik gaan?' biedt Ena aan. 'Tenzij je behoefte hebt aan een wandeling.'

'Ik vind het wel fijn om een stuk te lopen voordat ik weer de hele dag voor het vuur zit. Bovendien moet jij kijken hoe het met June gaat. Ze was zo stil vanochtend, ik ben bang dat ze misschien koorts heeft.'

Norah pakt een emmer en loopt naar het water. Verschillende vrouwen nemen een bad, anderen vullen emmers, kerosineblikken, wat ze ook maar bij de hand hebben om water in te vervoeren. Als ze voorzichtig midden in de beek gaat staan om haar emmer te vullen, ziet Norah vanuit haar ooghoek iets bewegen op de heuvel erachter. Een vrouw beklimt wankelend de helling. Ze struikelt en valt. Dan kruipt ze naar haar hut, hijst zich overeind, duwt de deur open en zakt op de drempel in elkaar. Norah herkent haar als Tante Peuk, de vrouw van wie ze eten heeft gekocht voor Ena.

Ze steekt de beek over en beklimt de heuvel. Tante ligt in de deuropening. Norah valt naast haar op haar knieën.

'Water, water,' mompelt Tante.

Norah denkt aan haar emmer met water en brengt een handvol van de koele vloeistof naar de lippen van de jonge vrouw. Daarna helpt ze haar naar haar bed.

Zodra Tante gemakkelijk ligt, kijkt Norah of ze iets te eten heeft. Ze blijkt meer te hebben dan Norah, June en Ena in een week te eten krijgen. Ze giet het laatste water uit de emmer in een kan, die ze samen met een beker naast het bed van Tante zet.

'Morgen kom ik weer bij je kijken,' belooft ze voordat ze vertrekt. Zo te zien is Tante in slaap gevallen. 'En dan breng ik nog meer water.'

Hoofdstuk 22

Kamp IV
April 1945

'We kunnen niet nog een keer verhuizen, dat weigeren we, hoor je me?' zegt Mrs Hinch dringend tegen kapitein Seki.
Norah had erop gestaan om haar te vergezellen voor morele ondersteuning. Mrs Hinch moest het inmiddels toch wel zat zijn om in haar eentje de confrontatie met de commandant aan te gaan.
'Kapitein Seki zegt dat jullie moeten doen wat jullie wordt opgedragen,' vertelt Ah Fat hun botweg, na een lange monoloog van de commandant.
'Laten we opnieuw beginnen.' Mrs Hinch weigert te vertrekken voordat ze alles heeft gezegd wat ze te zeggen heeft. 'We hebben geruchten gehoord van de soldaten dat we weer naar een ander kamp verplaatst gaan worden. Kunnen jullie me alstublieft vertellen dat dit niet gaat gebeuren? We gaan hier pas weg als de geallieerden het kamp bestormen om ons te bevrijden.'
Ah Fat kijkt naar Mrs Hinch en dan naar Norah, die naar hem glimlacht. Seki bromt iets, erop aandringend dat Ah Fat in elk geval íéts zegt, maar zelfs Mrs Hinch weet dat de tolk de commandant

nooit zal vertellen over haar diepgewortelde overtuiging dat de gevangenen bevrijd zullen worden.

'Kapitein Seki zegt dat het hem spijt, maar jullie verlaten kamp over vier dagen. Jullie moeten de vrouwen vertellen dat ze zich moeten voorbereiden.'

'Zich voorbereiden? Dat meen je niet!' Norah ontploft bijna. 'Hoe moet het met de zieken? De stervenden? We zijn dood aan het gaan! Hoe verwacht je dat we gaan verhuizen wanneer minstens de helft van ons niet eens meer rechtop kan staan? En waar gaan we naartoe?'

'Kapitein Seki zegt dat jullie de zieken moeten dragen, maar jullie zúllen gaan. Hij kan niet vertellen waarnaartoe. Dat is alles.'

Mrs Hinch plant haar handen op haar heupen, doet een stap naar het bureau van Seki en kijkt indringend op hem neer. Langzaam kijkt hij naar haar op. Ze draait zich om en stormt het kantoor uit. Norah moet het op een drafje zetten om haar bij te houden.

Ah Fat vangt de deur op voordat hij achter hen dichtslaat.

De daaropvolgende paar dagen brengt Norah nu en dan een bezoekje aan Tante Peuk. Ze brengt haar water, snijdt fruit voor haar en ziet tot haar genoegen dat Tante geleidelijk opknapt. De anderen vertelt ze niets over deze bezoekjes; dan zou ze moeten uitleggen hoe ze de jonge vrouw überhaupt kent. Ze wil niet aan Ena bekennen dat ze haar trouwring heeft verkocht voor eten.

'Dit is de laatste keer dat ik je kan bezoeken,' vertelt ze de jonge vrouw. 'We worden morgen naar een ander kamp verplaatst.'

'Het spijt me dat te horen. Waar gaan jullie naartoe?'

'Dat weten we niet. Maar ik kan niet meer komen, er zijn te veel zieken onder ons.'

'Kom naast me zitten, Norah.' Tante Peuk klopt op haar bed.

Norah pakt haar hand vast. 'Ik zal je nooit vergeten. Je hebt het leven van mijn zus gered.'

'En jij hebt het mijne gered. Volgens mij staan we quitte. Toe maar, ga maar naar je familie,' zegt Tante, en ze omhelst haar vriendin.

'Nesta, kun je alsjeblieft even hier komen?' roept zuster Catharina.
De vrouwen staan om zes uur 's ochtends klaar, zoals opgedragen. Ze wachten in de hitte en de incidentele regenbui tot de vrachtwagens arriveren. Vijf uur later rijden die het kamp binnen. Als de brancards zijn ingeladen, klimmen de vrouwen in de laadruimtes. Opnieuw rijden ze naar de pier van Muntok, waar deze nachtmerrie is begonnen. Daar ligt een kleine sloep aangemeerd, klaar om hen naar het wachtende schip te brengen.
Als de volle sloep naar het schip is vertrokken, wacht Nesta met de andere verpleegsters op de pier tot het vaartuig terugkeert.
Zuster Catharina knielt naast een patiënt op een brancard.
'Kan ik je helpen?' vraagt Nesta.
'Volgens mij is ze dood. Zou jij het willen controleren?'
Nesta onderzoekt de vrouw en zucht. 'Je hebt gelijk. Het spijt me. Kende je haar?'
'Ja. Ik weet niet wat ik moet doen.' Zuster Catharina houdt de hand van de dode vrouw vast.
'Als de sloep terugkomt, dan brengen we haar aan boord. Het enige wat we kunnen doen is haar vanaf het schip een zeebegrafenis geven.'

Wanneer de sloep terugkeert, brengen Nesta en zuster Catharina het lichaam aan boord, en zuster Catharina gaat naast haar zitten.
Terwijl het dek van het schip zich vult met patiënten op brancards, verzamelen de meeste anderen zich benedendeks, waar het overvol en verstikkend heet is.
Als het schip aan zijn reis begint, roept Nesta de gezonde verpleegsters bijeen op het dek. 'Het lijkt me verstandig als de vrouwen hierboven afwisselen met de vrouwen beneden, zodat iedereen af en toe wat frisse lucht krijgt.'

'Helemaal mee eens,' antwoordt Jean. 'Het probleem is alleen, hoe krijgen we degenen die hier een plekje geclaimd hebben zover dat ze doen wat juist is?'

'Ik weet zeker dat iedereen zal inzien dat we geen keus hebben,' zegt Nesta. 'Eerst kijken we wie er het meest dringend aandacht nodig heeft, aan dek en benedendeks. Laten we proberen zoveel mogelijk kinderen aan dek te krijgen.'

'Nesta?' roept zuster Catharina, terwijl ze op de verpleegsters afloopt. 'Ik zie dat we ruimte tekortkomen, dus waarom houden we de begrafenis niet voordat we de Straat verlaten? Dan hebben we hierboven weer wat extra plek.'

De tranen springen Nesta in de ogen. Ze kijkt naar de jonge non en raakt van slag bij het idee dat dit meelevende en ja, engelachtige meisje zou moeten helpen om een lichaam langs de zijkant van het schip te laten zakken.

'Dank je wel, zuster. Ik denk dat we met genoeg zijn om de begrafenis te kunnen regelen.'

De verpleegsters splitsen zich in twee groepen: één groep gaat de vrouwen en kinderen in het ruim onderzoeken, en de andere doet dit aan dek. Nesta voegt zich bij de groep die naar de krochten van het schip gaat, en ze krijgt meteen gezelschap van Norah en Audrey.

'Hoe kunnen we helpen?' vraagt Norah.

'Dank jullie wel, dames. We willen de kinderen zo vlug mogelijk aan dek brengen, samen met de vrouwen die er erg slecht aan toe zijn. Mijn andere verpleegsters proberen de vrouwen op het dek over te halen om ook een poosje naar beneden te gaan.'

Tegen de avond verloopt het wisselen tussen het dek en het ruim soepel. Er sterven echter nog meer vrouwen en dus worden er nog meer begrafenissen op zee gehouden. Wanneer het schip voor anker gaat bij de monding van de Musirivier, is iedereen te verbrand door de zon en te uitgeput door de hitte om opluchting te voelen. Ze weten allemaal dat de nacht weliswaar een verkoelend briesje zal brengen, maar dat dat vergezeld zal gaan van hele pelotons van muggen.

'Zo te zien gaan we terug naar Palembang,' zegt Margaret. Naast haar ligt June te slapen op de schoot van Ena, en Audrey streelt zachtjes haar voorhoofd. Ena's voeten en benen zijn gezwollen door de beriberi, een aandoening die veroorzaakt wordt door een tekort aan vitamine B1.

'Mag ik eerlijk tegen je zijn, Margaret?' vraagt Ena. Met een vertrokken gezicht probeert ze wat gemakkelijker te gaan zitten zonder June wakker te maken.

'Natuurlijk. Maar ik denk dat ik wel kan raden wat je gaat zeggen. Iets wat we allemaal denken.'

'Ik begin de hoop te verliezen.' Ena ontwijkt de blik van haar vriendin. Het voelt afschuwelijk om deze woorden hardop uit te spreken. 'Het voelt alsof deze terugkeer naar de jungle het eind voor ons betekent. Hoe zullen ze ons ooit kunnen vinden?'

'Ik wilde dat ik iets positiefs over deze verplaatsing kon zeggen, maar dat lukt me niet, ik heb het er ook moeilijk mee,' zegt Margaret. 'Het enige wat we kunnen doen is voor elkaar zorgen, voor de kinderen zorgen en –'

'Zeg alsjeblieft niet bidden.'

'Je hebt gelijk, lieverd. Dat is mijn standaardzinnetje. Maar je vindt het vast niet erg als ik voor jullie allemaal bid.'

'Ik bid… ik hoop dat je dat zult doen,' zegt Ena, en beide vrouwen weten er een glimlachje uit te persen.

Wanneer de dag aanbreekt, vaart het schip langzaam de Musirivier op en gaat voor anker bij de werf van Palembang. Japanse soldaten staan hen op te wachten. Wanneer de vrouwen van boord gaan, blijven de soldaten op hun plek staan, zonder hulp aan te bieden. Het is een deprimerende aanblik. Al snel is de werf afgeladen met brancards met zieken en stervenden, met dode lichamen die nog niet begraven zijn, en met dodelijk vermoeide, uitgehongerde vrouwen. Ten slotte worden ze naar een grasveld achter een treinspoor gebracht, waar ze wat water krijgen.

Er verstrijkt een aantal uur, waarin de vrouwen dommelen en wakker schrikken, dommelen en wakker schrikken, tot een trein het station binnenrijdt. De patiënten op de brancards en de doden worden in de veewagons geladen; alle anderen krijgen bevel om plaats te nemen in de rijtuigen. En daar blijven ze de hele nacht, opgesloten in benauwde coupés, met de ramen potdicht.

'Eindelijk,' zegt Nesta gapend. Iedereen wordt wakker wanneer de trein in beweging komt. Er ontsnapt een lange sissende stoot stoom en de trein begint aan zijn reis.

Uren later, na een lange ongemakkelijke reis over het platteland en langs kleine gemeenschappen, arriveren ze in het dorp Loeboek Linggau.

Nesta gaat samen met anderen staan en beukt op de deur van de coupé om naar buiten gelaten te worden.

'Jullie blijven! Jullie blijven!' blaft een soldaat, met zijn geweer naar het raam zwaaiend.

'Hoelang nog?' roept Nesta terug.

De soldaten keren zich echter van de vrouwen af en laten hen achter in de trein, waar ze opnieuw een benauwde, hete nacht moeten doorstaan.

'Dames.' Nesta roept haar verpleegsters bij zich om hun te laten weten dat er die nacht zeven patiënten op brancards gestorven zijn. 'En er gaan er nog meer dood als ze ons niet snel uit de trein laten.'

De woorden hebben haar lippen nog niet verlaten, of het bevel klinkt. 'Nu naar buiten! Naar buiten!' De gevangenen stappen uit en worden meerdere keren geteld.

'Niet het juiste aantal!' schreeuwt een soldaat.

'Dat komt doordat er vannacht een paar vrouwen zijn doodgegaan,' vertelt Nesta hun, met zoveel venijn in haar stem als ze kan opbrengen.

Ten slotte krijgen ze bevel om in de wachtende vrachtwagens te klimmen en worden ze verder de jungle in gereden, over wegen die zo smal zijn dat de voertuigen er maar nauwelijks op passen.

Wanneer ze na lange tijd eindelijk tot stilstand komen, zit Nesta achter in een van de vrachtwagens en probeert patiënten op brancards met vriendelijke woorden gerust te stellen. Als ze zich omdraait, ziet ze Norah. De ogen van haar vriendin staan ongerust.

'Nesta, je moet vlug komen. Het is Margaret.'

Als bij toverslag verschijnt Jean naast Norah.

'Ik regel het hier wel, Nesta. Ga jij maar naar Margaret,' zegt ze, en ze klimt in de vrachtwagen om Nesta's taak over te nemen.

Op de grond naast een andere vrachtwagen heeft een grote groep vrouwen zich rond de broze gestalte van Margaret Dryburgh verzameld. Ze gaan opzij om Norah en Nesta door te laten. Ena zit op de grond met Margarets hoofd op haar schoot, terwijl Audrey June zachtjes meeloodst.

'Hoelang is ze al zo?' vraagt Nesta.

'De eerste nacht in de trein stopte ze met praten,' antwoordt Ena. 'Ik zei dat ik jou of een van de andere verpleegsters wilde halen om haar te onderzoeken, maar ze weigerde, ze zei dat ze gewoon moe was en rust nodig had. Toen ik de volgende ochtend wakker werd, kreeg ze haar ogen nog maar nauwelijks open.'

Nesta controleert Margarets hartslag en neemt haar hand in de hare. 'Margaret, ik ben het, Nesta. Kun je je ogen voor me opendoen? Alsjeblieft? Een klein beetje maar.'

Nesta voelt een zwak kneepje in haar hand. Langzaam, moeizaam, opent Margaret haar ogen en kijkt naar de vrouwen om haar heen. Een klein stralend glimlachje verschijnt op haar gezicht, en dan sluit ze haar ogen voor de laatste keer.

Overal klinken ontzette kreten.

Mrs Hinch klimt uit haar vrachtwagen en rent naar Margaret toe. Ze wringt zich tussen de rouwenden door om naast haar geliefde vriendin te kunnen knielen. Ze kijkt naar Nesta, die haar hoofd schudt. Voor het eerst sinds ze gevangen is genomen, staat Mrs Hinch zichzelf toe om te huilen.

Het nieuwe kamp, Belalau, is een in onbruik geraakte rubberplantage. De hutten zijn vervallen en vochtig, en toch zijn sommige vrouwen blij om te zien dat het kamp door een stromende beek in tweeën wordt gedeeld. De zwaksten onder hen nemen de eerste hutten die beschikbaar zijn. Alle anderen moeten een kleine heuvel afdalen en een smalle houten brug oversteken naar de overgebleven hutten. De verpleegsters blijven aan de heuvelkant van de beek, en daar dragen ze het lichaam van Margaret een van de hutten binnen en leggen het respectvol neer.

Terwijl Norah en Audrey elf namen en sterfdata in elf houten kruizen branden om de vrouwen te eren die zijn gestorven sinds ze het schip hebben verlaten, blijft het twaalfde kruis op de grond liggen, als een uitdaging om aan de naam van Margaret te beginnen.

Ze zien een stoet van vrouwen het lichaam van Margaret bezoeken. In een rij buiten de hut wachten ze op hun beurt om voor de laatste keer dank uit te spreken en afscheid te nemen van de vrouw die zoveel vreugde en licht heeft gebracht in hun levens in de jungle.

'Ik kan het niet!' Snikkend duwt Norah het twaalfde kruis in Audreys handen.

'Ik vind dat we het samen moeten doen,' zegt Audrey zacht. 'Jij moet in elk geval haar naam schrijven, je was haar beste vriendin. Dan doe ik de rest,' biedt ze aan, terwijl ze het kruis teruggeeft.

Norah stemt met een klein knikje in. Ze houdt haar schroevendraaier boven de vlammen, vlak bij de intense hitte, hopend dat de lichamelijke pijn de doffe pijn in haar borst zal overstemmen.

Audrey ziet dat de schroevendraaier rood begint te gloeien en trekt Norahs hand weg van het vuur. Norah ontwaakt uit haar trance en kijkt naar het kruis in haar ene hand en de schroevendraaier in de andere.

Voorzichtig legt ze het kruis op haar schoot, en langzaam begint ze de letters in het hout te branden: M... A... R... G... Haar tranen vallen sissend op de gebrande initialen.

Audrey slaat haar armen om Norahs schouders en trekt haar stevig tegen zich aan om haar te steunen en zich te laten steunen bij de zware plicht waar ze zich van kwijten.

Nesta stapt haar hut uit en kijkt naar de twee vrouwen. Haar handen beven, de woede in haar binnenste dreigt tot ontploffing te komen.

'Zuster James! Zuster James, kan ik je spreken?' De stem van Mrs Hinch versplintert het brullende lawaai in Nesta's hoofd.

'Wat?' snauwt Nesta, haar hoofd omdraaiend. 'O, Mrs Hinch, het spijt me. Ik weet niet wat me mankeert, ik...' Haar blik glijdt weer naar Norah, die nog bezig is met het kruis van Margaret.

'Gaat het wel?' vraagt Mrs Hinch bezorgd.

'Niet echt, maar dat doet er niet toe. Kan ik iets voor je doen?'

'Ik had nooit gedacht dat ik dit weer zou moeten doen, maar ik ben naar de commandant geweest om te vragen waar we een begraafplaats mogen aanleggen. Ze hebben me een kleine open plek vlak buiten het hek laten zien, en ze zullen wat gereedschappen voor ons achterlaten. Maar wat ik je kwam vragen, is of je me zou willen helpen om een perfect plekje te kiezen voor... voor...'

Nesta begrijpt het. 'Natuurlijk. Zullen we meteen gaan?'

Nesta en Mrs Hinch inspecteren de open plek. Iets verderop staan bananenbomen die een koele schaduw over het stuk droge grond werpen.

'Wat dacht je van daar? In de schaduw van de bomen,' stelt Nesta voor.

'Ja, dat is een mooie plek. En ze zal omringd zijn door vrouwen die van haar houden.'

'Ik zal regelen dat de graven worden uitgegraven en...' Nesta zwijgt en kijkt naar Mrs Hinch. 'Begraven we ze tegelijkertijd? Ik weet niet of we een aparte dienst moeten houden voor... voor... Ik bedoel, er zullen heel veel vrouwen bij willen zijn, en misschien hebben ze niet de kracht om te wachten terwijl we de anderen begraven. Wat denk jij?'

'Ik denk dat we haar als eerste moeten begraven.'

'Jij kunt haar naam ook niet uitspreken, hè?' zegt Nesta met een zucht.

'Nog niet,' geeft haar vriendin toe. 'Het is nog te vers.'

Hoofdstuk 23

Kamp v, Belalau
April 1945 – september 1945

'Inchi, Inchi!' roept Ah Fat. Nesta vertraagt haar pas, maar Mrs Hinch niet. 'Inchi, Inchi!'
Mrs Hinch grijpt Nesta's hand vast en sist: 'Nesta, ik zweer dat ik... Niet vandaag. Alsjeblieft niet vandaag.'
Maar Ah Fat draaft al naast de twee vrouwen, en uiteindelijk blijft Mrs Hinch staan, haalt een paar keer diep adem en draait zich dan naar de tolk toe.
'Ga weg,' zegt ze krachtig. 'Nu.'
'Inchi, o, Inchi, zo erg. Ik heb gehoord over Miss Margaret, z-zo erg,' stamelt Ah Fat. Hij veegt de tranen van zijn wangen met de achterkant van zijn hand.
Mrs Hinch staart hem aan. Ze vertrouwt zichzelf niet genoeg om iets te zeggen. Ten slotte schenkt ze hem een klein knikje, een flauw glimlachje. Ze wendt zich af en loopt weg, en Nesta haast zich achter haar aan.
'Je kent mijn voornaam,' zegt Nesta tegen haar, meer dan wat ook om de stilte te verbreken die tussen hen is gevallen.
'Natuurlijk.'

'Maar ik ken de jouwe niet.'
Deze keer glimlacht Mrs Hinch warmer, en dan laat ze Nesta achter en loopt naar de hut van moeder Laurentia.

Norah en Audrey gaan de kistdraagsters voor terwijl ze moeder Laurentia het kamp uit volgen. Ena, die nog steeds gezwollen benen heeft van de beriberi, wordt ondersteund door dokter McDowell en zuster Catharina. Terwijl de stoet zich naar de begraafplaats begeeft, staan alle vrouwen en kinderen in het kamp die nog kunnen lopen langs de route of volgen de kist. De bewakers staan respectvol aan de kant, met hun petten in de hand. Ah Fat huilt openlijk.

Het kost de vrouwen hun allerlaatste beetje kracht om de kist in het ondiepe graf te laten zakken. Als hij eenmaal in de grond ligt, begint moeder Laurentia de dienst door een gedicht van Margaret Dryburgh voor te lezen: 'The Burial Ground'.

En dan houdt Nesta de grafrede.

'Hoe kunnen we zelfs maar beginnen onze dankbaarheid te tonen aan de vrouw die ons een reden gaf om te leven, al was het maar om iedere zaterdagavond naar haar ongelooflijke muziek te luisteren? Ze gaf ons onze stemmen terug om vol passie en trots onze nationale volksliederen te zingen. Margaret schreef toneelstukken, gedichten en liederen, en ze wankelde geen moment in haar geloof dat we het zouden overleven, ook al gingen anderen om ons heen dood. Ze schiep schoonheid waar ziekte en dood de boventoon voerden, en hoelang of hoe kort we ook zullen leven, we zullen haar nooit vergeten...' Nesta schraapt haar keel, maar het lukt haar niet om verder te gaan.

Norah stapt naar voren en pakt Nesta's hand. 'We zullen naar boven blijven kijken, ook al zijn we omringd door ellende en ziekte. Dat is haar grootste geschenk aan ons allemaal,' zegt ze met vochtige ogen.

'Ik zou deze dienst graag willen afsluiten,' zegt moeder Laurentia tegen de menigte van rouwenden. 'Margaret vond het heerlijk om

"Land of Hope and Glory" te zingen, en er is geen beter lied om ons nu allemaal te verbinden en haar te gedenken.'

Vogels vliegen op uit de gigantische bomen en cirkelen boven de hoofden van de vrouwen terwijl hun stemmen opstijgen. Het zijn niet de meest krachtige stemmen, en zeker een stuk minder robuust dan een jaar geleden, maar evenzogoed zingen ze met passie. Vandaag zijn hun harten gevuld met liefde, en dat is genoeg.

Iedere vrouw wil een handje aarde op de kist gooien. Wanneer Margaret eindelijk begraven is, wordt het hele graf met bananenbladeren bedekt. Terwijl iedereen een stap naar achteren doet, duwen Norah en Audrey samen het kleine kruis in de aarde.

Margaret Dryburgh
21 april 1945

Uitgeput voegt Norah zich bij haar zus, die vlak buiten de begraafplaats op de grond zit. June wringt zich tussen hen in.

Wanneer Norah haar hand in haar zak steekt om er een zakdoek uit te halen die ze niet heeft, stuiten haar vingers op een klein metalen voorwerp. Ze haalt het tevoorschijn en staart vol ongeloof naar de gouden ring in haar handpalm. Haar trouwring. Ze denkt terug aan het moment dat ze op het bed van Tante zat en haar ten afscheid had omhelsd.

Plotseling wordt ze licht in het hoofd, en ze valt bijna flauw, tot ze Ena's stevige arm om haar schouders voelt. Gehuld in de omhelzing van haar zus schuift ze de ring weer aan haar vinger.

'Inchi, Inchi!' Mrs Hinch wordt opgejaagd door Ah Fat wanneer zij en Norah terugkeren van de beek met emmers die halfvol zitten met water; ze hebben geen van beiden nog de kracht om een volle emmer te dragen. Het is weken geleden dat ze in het kamp arriveerden, en naast de ziektes die huishouden onder de geïnterneerden hebben ze te kampen met hevige moessonregens. Ze kunnen zich nauwelijks nog voorstellen dat ze ooit weer droog zullen zijn.

'Hm?' bromt Mrs Hinch tegen de tolk.

'Kapitein Seki wil jullie spreken.'

'We brengen het water weg, en dan komen we naar het kantoor.'

'Nee, jullie moeten nu meekomen. Laat het water achter. Kapitein Seki wil jullie nú spreken.'

'We komen nadat we dit water hebben weggebracht, Ah Fat,' zegt Mrs Hinch, en ze loopt koppig door. 'We hebben al zo weinig macht,' verklaart ze tegen Norah. 'We moeten onze kleine overwinningen koesteren.'

De vrouwen arriveren bij de hut die dienstdoet als het kantoor van kapitein Seki, waar ze worden opgewacht door Ah Fat. Wanneer ze naar binnen gaan, staat de commandant op achter zijn bureau en zegt iets tegen de tolk.

'Kapitein Seki zegt dat het hem spijt te horen dat Miss Margaret is gestorven. Hij vond haar aardig, hij vond haar muziek mooi.'

'Bedank de commandant voor zijn woorden, ik zal ze doorgeven aan de vrouwen.'

Ah Fat vertaalt. Seki knikt en gaat zitten.

'Is dat alles?' vraagt Mrs Hinch.

'Ja, jullie kunnen weer gaan.'

'Maar ik moet de commandant spreken over wat er in het kamp gebeurt.'

'Inchi, ik zei –'

'Nee!' Norah stapt naar voren. 'We moeten de commandant vertellen hoe ernstig de situatie is.' Even vergeet ze haar verdriet en haar toenemende zwakte. 'De moessonregens hebben het kamp onder water gezet. De brug is opgeslokt door de beek, zodat we de hutten aan de andere kant niet kunnen bereiken.' Ze ademt diep in, zich voorbereidend om verder te gaan, maar Mrs Hinch neemt het al over.

'We zijn ziek, en zo zwak dat we geen weerstand meer hebben tegen infecties. Wisten jullie dat de muizen aan onze tenen knagen terwijl we slapen? De wind heeft de daken weggeblazen en de regen stroomt de hutten in... en... en...'

'En de soldaten doen hun behoefte stroomopwaarts in de beek en de zooi loopt het kamp in wanneer de oevers overstromen,' maakt Norah haar zin af.

Beide vrouwen staan ademloos voor Ah Fat en kapitein Seki.

Ah Fat doet geen poging om te vertalen.

'Ga nu!' is het enige wat hij zegt.

'Concert! Concert! Nu naar buiten!' brullen de bewakers terwijl ze door het kamp stormen.

'Wat is er aan de hand?' Norah grijpt de arm van Ah Fat vast terwijl hij achter de bewakers aan draaft en hun kreten vertaalt.

'Kapitein Seki nodigt jullie uit voor een concert!' zegt hij. 'Wat Miss Margaret voor jullie deed, doen wij nu voor jullie. Meteen naar buiten.'

De bewakers jagen iedereen de heuvel op. Zwaaiend met lange stokken drijven ze de vrouwen voort, hen dwingend om door te lopen.

'Opschieten, opschieten,' vermanen ze hen.

Degenen die aan de kop van het kamp wonen, draven door de vallei en slepen zich de heuvel op, elkaar helpend om omhoog te komen.

De zieken mogen achterblijven.

De grote rubberbomen bieden schaduw, en om zich heen zien de vrouwen een idyllisch decor dat uitzicht biedt op de weelderige overvloed van de jungle en de beek eronder, die melodisch over de kiezeltjes kabbelt. Ze hoeven niet lang te wachten tot kapitein Seki een groep van dertig musici de heuvel op leidt.

De daaropvolgende twee uur vermaken ze de vrouwen met muziek die bestaat uit Duitse walsen en marsliederen. Ze worden ook getrakteerd op de prachtige stem van een man die, zo vermoeden de vrouwen, in het westen getraind is. Heel even verliezen de geïnterneerden zich in de ritmes, de mooie omgeving en de troostrijke aanwezigheid van hun vriendinnen.

'Ik vraag me af wat Margaret hiervan gevonden zou hebben,' zegt Ena peinzend.

'Ze zou het talent zeker gewaardeerd hebben,' zegt Norah meteen. 'Er zitten uitstekende musici bij.'

'En ze hebben echte instrumenten,' voegt Audrey eraan toe. 'Hoelang is het geleden dat we instrumenten hebben gehoord?'

'O, ik weet niet, wat Norah met haar stemmenorkest deed was best wel geweldig,' zegt Ena grijnzend.

'Het was meer dan geweldig,' zegt Audrey. 'Ik zou tien keer liever naar jullie luisteren dan naar dit orkest.'

'We waren niet slecht, hè?' beaamt Norah.

De maanden juni en juli van het jaar 1945 verstrijken voordat Mrs Hinch weer naar het kantoor van de commandant wordt geroepen.

'Ik vraag me af of er iets speelt?' zegt Mrs Hinch peinzend terwijl ze samen met Nesta naar het kantoor loopt.

'Wat dan?' vraagt Nesta.

'De soldaten gedragen zich anders. Ze staan steeds op kluitjes bij elkaar te ruziën, heb je dat niet opgemerkt?'

Nesta denkt hier even over na. 'Nu je het zegt, inderdaad. Maar eerlijk gezegd hebben we het zo druk met zorgen voor iedereen dat we er niet echt op letten.'

'Kapitein Seki, wat is er aan de hand?' vraagt Mrs Hinch de commandant wanneer Ah Fat de vrouwen het kantoor heeft binnengeleid.

'Kapitein Seki wil dat alle vrouwen, ook de zieken, nu naar de heuvel komen. Ga ze alsjeblieft halen.'

Mrs Hinch doet haar mond open om te protesteren, maar ze sluit hem weer.

'Er speelt zéker iets,' concludeert Nesta wanneer ze het kantoor verlaten.

'Viel het je op dat hij me niet aankeek?' vraagt Mrs Hinch.

'Ik maak me vooral zorgen om hoe we alle vrouwen bij elkaar moeten krijgen,' zegt Nesta met een zucht. 'Ik bedoel, er zijn er zoveel die te ziek of te zwak zijn om hun hut uit te komen.'

'Ik zal je helpen waar ik kan, Nesta,' biedt Mrs Hinch aan. 'Je maakt je zorgen om Norah, hè?'

'Ja. Haar been is ernstig ontstoken geraakt door die mierenbeet,' zegt Nesta. 'En het zijn niet alleen de zieken die onze aanmoediging nodig zullen hebben. Alle anderen zijn het geraas en getier van Seki spuugzat.'

'We zullen gewoon ons best moeten doen,' zegt Mrs Hinch kordaat.

Uiteindelijk moet Nesta de hulp inroepen van dokter McDowell, Ena, Audrey en alle verpleegsters om de vrouwen over te halen zich te verzamelen.

Nesta helpt Norah de heuvel op, want zelf kan ze niet meer lopen.

Wanneer de vrouwen allemaal bij elkaar staan, arriveren kapitein Seki, Ah Fat en een aantal soldaten. De commandant steekt zijn borst naar voren en begint, zo denken de vrouwen, aan zijn zoveelste nutteloze toespraak. Terwijl ze luisteren bidden ze dat ze niet opnieuw verplaatst gaan worden. Wanneer Seki uitgesproken is, knikt hij naar Ah Fat.

'Kapitein Seki zegt dat de oorlog voorbij is, de Engelsen en de Amerikanen komen snel. We zijn nu vrienden.'

Als de commandant had verwacht dat de vrouwen in juichen zouden uitbarsten, vergist hij zich. De vrouwen verroeren zich niet en staren elkaar verward aan. Seki krijgt zijn moment niet. Hij stormt de heuvel af, haastig gevolgd door de soldaten en Ah Fat.

Langzaam komen de vrouwen overeind en keren terug naar hun hutten. De stemming is somber. Hoe vaak kunnen ze op de proef worden gesteld? Als de oorlog voorbij is, waar zijn hun redders dan? Waar is hun toevluchtsoord? Ze kunnen zich geen van allen voorstellen dat ze hier zullen weggaan.

'Gebeurt het echt?' vraagt Jean Nesta wanneer ze terugkeren naar hun hut. Zolang er geen tastbaar bewijs is dat er iets is veranderd, weet ze net zo goed als iedere andere verpleegster dat ze hun taken moeten voortzetten. Voordat Nesta antwoord kan geven, vliegt de deur van hun hut open.

'Kom vlug!' roept Mrs Hinch. 'Naar het hek. Nu meteen.'

Nesta en Jean volgen Mrs Hinch naar de ingang van het kamp, waar een paar vrachtwagens zijn gearriveerd en waar soldaten grote Rode Kruispakketten uitladen.

Nesta krijgt een doos overhandigd, die ze haastig opent. 'Niet te geloven!' roept ze uit. 'Medicijnen. Verbandmiddelen.'

Jean graaft verder in de doos en haalt er een klein pakje uit waar een klamboe in blijkt te zitten. De tranen springen haar in de ogen terwijl ze de eenvoudige stof tussen haar vingers wrijft.

'Hoeveel levens had dit stukje stof kunnen redden, Nesta?' zegt ze.

'En dan te bedenken dat ze het al die tijd al hadden,' zegt Nesta met een zucht.

In de daaropvolgende dagen worden er nog meer pakketten van het Rode Kruis bezorgd. Er arriveren nog meer kisten met medicijnen, en de vrouwen mogen zoveel fruit van de bomen plukken als ze willen. Er vliegen regelmatig geallieerde vliegtuigen over het kamp, die steeds lager cirkelen als groet aan de vrouwen die vanuit de jungle naar hen zwaaien.

Langzaam, in groepjes van twee en drie, testen Nesta, de verpleegsters en de vrouwen die sterk genoeg zijn om te lopen hun vrijheid door het kamp te verlaten. Ze gaan voorbij het hek van prikkeldraad en draaien zich dan om en keren terug naar het kamp. Ze kunnen nergens anders naartoe.

'Geloof jij het, Nesta? Geloof jij dat de oorlog werkelijk voorbij is?' stamelt Norah. Ze is te zwak om enthousiast te klinken. Ze zitten in de geïmproviseerde ziekenboeg, en Nesta wikkelt voorzichtig het verband van Norahs been. De laatste laag is geel van kleur en plakt aan Norahs huid.

'Als het waar is, heb ik geen idee hoe ze ons hier weg gaan krijgen. Er is nauwelijks een weg, en we kunnen geen van allen nog ver lopen.'

'Als het moet, dan kruip ik het kamp uit. Ik moet John en Sally vinden.'

'En als het moet, kruip ik met je mee.'

'Hoe ziet het eruit?' vraagt Norah, terwijl Nesta het verband los probeert te krijgen.

'Niet slechter, misschien zelfs een klein beetje beter. Laten we hopen dat de medicijnen van het Rode Kruis vlug aanslaan.'

'Zeg je nou gewoon wat ik wil horen?'

'Nee, Norah, dat zou ik je niet aandoen. De ontsteking lijkt zich sinds gisteren niet verder te hebben verspreid. Dat is een goed teken.'

'Gelukkig. Ik dacht al niet dat je dat zou doen.'

Zonlicht stroomt naar binnen wanneer Betty plotseling binnenkomt. Ze blijft in de deuropening staan, een silhouet in de donkere hut.

'Mannen!' brengt ze uit. 'Er komen mannen aan. Norah, ze zijn Brits.'

Nesta springt overeind. 'Bedoel je het leger? Om ons hier weg te halen?'

'Nee, nee. Gevangenen, net als wij. Ze zijn vrijgelaten uit hun kamp hier vlakbij, en klaarblijkelijk zijn ze op weg naar ons. Nu! Kunnen jullie het geloven? Mannen, onze mannen!'

Het nieuws dringt eindelijk door.

'John!' roept Norah uit. 'O, mijn god! Zou John erbij zijn?'

'Ik weet het niet! Ik hoop het, Norah. Ik hoop het echt,' zegt Betty.

'Verbind mijn been, Nesta, vlug, en help me dan om hier weg te komen. Hij komt eraan, John komt eraan. Ik voel het gewoon.'

'Blijf stilliggen, ik zal het zo snel mogelijk doen en dan help ik je naar buiten.'

Zorgvuldig brengt Nesta wat rode palmolie aan op het ontstoken gedeelte van Norahs been. Dan buigt ze voorzichtig haar knie, zet haar voet op de grond en verbindt het been met het schone verband. Het uiteinde stopt ze in om het op zijn plek te houden. Zodra ze klaar is, helpt ze Norah overeind en ondersteunt haar rond haar middel terwijl ze naar buiten hinkt. Norah hijgt van de inspanning; het helpt niet mee dat Nesta zoveel kleiner is dan zij.

'O, Norah,' zegt Nesta. 'Je bent zo zwak. Houd me stevig vast, dan zoeken we een plekje waar we kunnen zitten.'

Zich vastklampend aan de piepkleine verpleegster hinkt Norah de zon in. Nesta laat haar tegen de muur zakken en gaat dan naast haar zitten.

'Ik blijf bij je terwijl je wacht, als je dat goedvindt,' zegt ze, en Norah pakt haar hand.

'Ik zal je nodig hebben, mijn vriendin. Welke kant het ook op gaat,' zegt ze. Als John erbij is, zal ze het samen met Nesta vieren, maar zo niet, dan zal ze haar troost hard nodig hebben. 'Hij komt eraan, ik voel het gewoon,' herhaalt ze opnieuw en opnieuw. 'Maar wat als hij niet komt? Ik bedoel, hij was zo ziek, en er zijn drieënhalf jaar verstreken... en...'

'Norah, luister.' Nesta knijpt in haar hand, en beide vrouwen draaien hun hoofd naar de ingang van het kamp. Ingespannen luisteren ze naar een geluid dat ze in lange tijd niet hebben gehoord.

'Ze spreken Engels.' Ze horen lage mannenstemmen die hun kant op drijven.

'Ze zijn er,' fluistert Norah, en dan, luider: 'John! John!'

Nesta en Norah kijken toe terwijl gehavende, uitgemergelde mannen het kamp in strompelen en direct worden omringd door de overlevende Engelse vrouwen. De nonnen en de anderen kijken van een afstandje toe. Er klinken kreten van opluchting en uitputting wanneer echtgenoten en hun vrouwen worden herenigd. Wanhopig gejammer wanneer de ene man na de andere te horen krijgt dat de slechte omstandigheden in het kamp zijn vrouw, en in veel gevallen ook zijn kinderen, noodlottig zijn geworden. Angstige kinderen verstoppen zich achter hun moeders, geschrokken van de haveloze mannen die beweren dat ze hun vaders zijn.

Ena rent naar de hut en treft Norah buiten aan met Nesta. De zusters wachten zwijgend af, hun handen stevig in elkaar geklemd.

De stroom mannen die het kamp binnenkomt, begint uit te dunnen. Nesta trekt Norah dicht tegen zich aan. Ena vecht tegen haar tranen. Ze is hier niet klaar voor, ze is er niet klaar voor om woorden van troost te zoeken, mochten ze te horen krijgen dat John is gestorven. Nesta doet haar ogen dicht, overweldigd door de emotie, zichzelf dwingend de dreigende tranen te onderdrukken. Ze voelt Norah meer fluisteren dan dat ze haar hoort.

'Daar is John…'

Nesta doet haar ogen open en kijkt naar de onbekende die naar hen toe komt strompelen.

'Weet je het zeker?' vraagt Ena. Hij is zo mager en hij ziet er zoveel ouder uit dan John.

Norah steekt haar armen uit en vecht om haar stem te vinden. 'John, John,' brengt ze uit.

Op dat moment, op die plek, lijkt al hun ellende weg te vallen. De hitte van de jungle, de gonzende muggen, de honger en de ziekten, alles lijkt even te verdwijnen wanneer een vrouw de man van wie ze houdt in de ogen kijkt. De scheve glimlach waar ze al die jaren geleden verliefd op is geworden, verspreidt zich langzaam over zijn gezicht, en hij strekt zijn handen naar haar uit.

'O, mijn god, het is hem echt, het is John,' fluistert Ena.

Nesta komt overeind en gaat een stukje verderop staan. Dit is een familiehereniging, maar niet van haar familie. Ze ziet Johns ogen oplichten wanneer hij Norah ziet. Hij richt zich op, en de uitputting die zoveel lijnen in zijn gezicht heeft geëtst, lijkt weg te smelten.

Hij probeert te rennen, maar zijn lichaam kan zijn vreugde niet aan, net als dat van Norah. Hij struikelt en valt vlak bij de zussen op de grond.

Dan schraapt hij alle kracht bij elkaar die hij nog heeft, werkt zich overeind en zet de ene voet voor de andere.

'O, mijn god, John,' roept Norah huilend. 'Wat hebben ze je aangedaan?'

Nesta vertelt haar maar niet dat hij er precies zo uitziet als zijn uitgemergelde vrouw.

'Haast je niet, liefste,' fluistert Norah. 'Ik ga nergens naartoe.'

Na een laatste moeizame stap zakt John vlak voor Norah op de grond. Ze omhelzen elkaar en houden elkaar stevig vast, alsof ze nooit meer willen loslaten. Gescheiden van elkaar waren ze beschadigd, niet compleet, maar samen zijn ze heel, of bijna heel. Er ontbreekt nog één persoon uit hun gezin.

John ziet Ena naast zijn vrouw zitten en omhelst haar ook.

Ze snikken alle drie.

John wringt zich tussen de twee vrouwen in en slaat zijn armen om zijn vrouw en zijn schoonzus, die ieder hun betraande gezicht op een van zijn schouders leggen. Nesta huilt ook, en hoewel John geen idee heeft wie ze is, voelt hij dat ze een vriendin van de twee vrouwen is.

'Tante Ena! Tante Ena!' roept June.

De schok treft John als een blikseminslag. 'Sally! Is het Sally?' roept hij.

'O nee, nee, liefste,' zegt Norah vlug. 'Dit is June.'

'Maar waar is Sally?' John kijkt verwoed om zich heen, in een poging door de massa van mannen en vrouwen heen te kijken die elkaar omhelzen en troosten.

Norah draait zijn gezicht liefdevol naar haar toe. 'Sally is bij Barbara en de jongens, weet je nog?' zegt ze zacht. 'June is een klein meisje dat, nou ja, je zou kunnen zeggen dat ze Ena geadopteerd heeft. Weet je nog dat we allemaal samen waren in Muntok, voordat ze je meenamen? Er was een klein meisje dat aan Ena's rok hing. Dat was June. We denken dat haar moeder is omgekomen bij de aanval op het schip, en Ena en ik zijn haar tantes geworden.'

June ploft op Ena's schoot en kijkt naar de vreemde man die tussen haar tantes in zit. John doet zijn best om zijn ademhaling onder controle te krijgen terwijl hij naar het kleine meisje kijkt. Ze is ongeveer even groot als zijn dochter was toen hij haar voor het laatst zag. Ze glimlacht naar hem, en zijn hart smelt.
Voorzichtig raakt hij haar haar aan.
'Hallo, June, weet je nog wie ik ben?'
'Nee.'
'Dit is John, de man van tante Norah,' vertelt Ena haar.
'Waarom noemde hij me Sally?'
'Tante Norah en oom John hebben een dochtertje dat Sally heet. Hij dacht dat jij haar misschien was.'
'Dat ben ik niet, sorry. Maar jullie vinden haar vast, maak je geen zorgen. Net als ik mijn papa zal vinden.'
'Dat zul je zeker, liefje,' fluistert Ena, en ze trekt haar stevig tegen zich aan.

Nesta kan haar ogen niet afwenden van de herenigde familie. Ze is niet in staat om weg te lopen, om iets te zeggen, terwijl zich zoveel pijn en zoveel vreugde voor haar ogen afspelen. Plotseling wordt ze duizelig, en ze glijdt langs de muur omlaag.
Een hand raakt haar aan.
'Nesta? Gaat het wel?'
Vivian staat naast haar; ook haar ogen zijn vochtig.
'Zullen we wat thee gaan drinken? We hebben nu zelfs het echte spul.'
Nesta neemt haar hand aan en komt overeind.
'Het wordt tijd dat je pauze neemt, zuster James. Je hebt je plicht gedaan, je dienst is voorbij.'
Terwijl Nesta zich door Vivian laat wegleiden, kijkt ze op naar haar collega, haar vriendin, de vrouw die zoveel meer heeft gezien, meegemaakt en geleden dan welke geïnterneerde dan ook.
'Het is een verdraaid lange dienst geweest, Bully, een verdraaid lange dienst.'

'Drie jaar en zeven maanden, maar wie houdt het bij?' zegt Vivian lachend.

De daaropvolgende week stijgt de opwinding in het kamp wanneer twee jonge Nederlandse soldaten en een hoge Chinese militair letterlijk het kamp in vallen aan een parachute.
Mrs Hinch, dokter McDowell en Nesta gaan in gesprek met de bezoekers.
'Wij zijn vooruitgestuurd,' vertelt de Chinese officier hun. 'De geallieerden zullen er snel zijn. Nog even geduld, en dan zorgen we dat jullie naar huis kunnen.'
'Wanneer zal dat gebeuren?' vraagt Nesta.
'Tja, hoe graag we ook hier zouden blijven en jullie verhalen zouden horen, we kunnen jullie het best helpen door terug te keren naar onze basis en het hoofdkwartier te laten weten dat we jullie hebben gevonden.'
'Daar ben ik het helemaal mee eens,' zegt Mrs Hinch. 'Hoe ver is jullie basis hiervandaan?'
'We zijn gestationeerd in Loeboek Linggau.'
'Die plek ken ik! Daar stopte de trein voordat we hiernaartoe werden gebracht.'
'Ja, de spoorlijn houdt daar op. We kunnen jullie helaas niet verplaatsen tot we een manier hebben gevonden om jullie allemaal van het eiland af te krijgen. Het spijt me, maar het zou weleens een paar dagen kunnen gaan duren. Maar nu we weten waar jullie zijn, zullen we jullie per vliegtuig van voorraden voorzien.'
'Zouden jullie iets voor ons willen doen?' vraagt Nesta.
'Natuurlijk, we zullen alles doen wat in onze macht ligt.'
'Kunnen jullie de Australische legerleiding laten weten dat jullie hun verpleegsters hebben gevonden?'
De officier staart Nesta aan. 'Ben je verpleegster?'
'In Australische militaire dienst.'
'We zullen onmiddellijk contact met hen opnemen.'

Twee dagen later lopen er drie mannen in een militair uniform het kamp binnen. Ze zijn lang, fit, jong, en twee van hen dragen baretten met het Australische militaire insigne.

Vivian stormt de hut van de verpleegsters in.

'De aussies zijn er! O, mijn god, de aussies zijn er!'

Voordat iemand kan reageren, komen er twee paratroepers door de deur. De tijd staat even stil wanneer de mannen de grauwe, uitgemergelde lichamen van de vrouwen in zich opnemen.

'Zijn jullie de verpleegsters?' vraagt een van hen. Hij is niet in staat om de schok uit zijn stem te weren.

Nesta stapt naar voren. 'Ja, sir. Wij zijn verpleegsters van de Royal Australian Army. Ik ben zuster James.'

'Zusters. Ik ben Bates, en dit is Gillam. Is... is alles goed met jullie?'

'Nu jullie er zijn wel. Zijn jullie echt aussies?'

'Jazeker, en onze prioriteit is om jullie hier weg te krijgen. Er zijn heel wat mensen thuis die willen weten of jullie nog leven.'

'We leven nog, maar ternauwernood,' vertelt Jean hun, 'en we hebben veel verliezen geleden. Zijn jullie maar met z'n tweeën?'

'Met z'n drieën, we zijn hier met majoor Jacobs van de Zuid-Afrikaanse paratroepers. Hij is op zoek gegaan naar het Japanse administratiekantoor.'

Alle ogen zijn gericht geweest op de officier die het woord voerde, Bates, en aanvankelijk valt het niemand op dat Gillam zwaar ademt en zijn vuist balt. Zijn rechterhand rust op de revolver aan zijn heup.

'*Sarge!* Moet je die vrouwen zien!' roept hij plotseling.

'Het komt goed, Gillam. We zijn er nu, we kunnen ze helpen.'

Voordat iemand kan reageren, rent Gillam de hut uit. 'Ik vermoord ze!' schreeuwt hij.

Bates gaat hem achterna, op de voet gevolgd door de verpleegsters. Gillam heeft zijn wapen getrokken en rent op een Japanse soldaat af. Hij bespringt de soldaat, die op de grond valt. Dan rukt hij hem overeind en sleurt hem mee naar twee andere soldaten die hij heeft ontdekt.

Bates vraagt Nesta waar het Japanse administratiekantoor zich bevindt, en dan sprint hij weg. Hij stormt binnen bij kapitein Seki, die met hulp van Ah Fat in gesprek is met majoor Jacobs.

'Sir, we hebben de Australische verpleegsters gevonden,' kondigt Bates aan. 'Maar ze zijn er slecht aan toe. En Gillam is doorgedraaid, sir. Hij dreigt alle Japanse soldaten dood te schieten. U kunt maar beter vlug meekomen, want hij doet het nog ook.'

Jacobs haast zich samen met Bates de hut uit. Ze lopen naar een grote menigte toe die zwijgend toekijkt terwijl Gillam langs een rij Japanse soldaten marcheert die hij zojuist bijeen heeft gedreven. Ze staan met hun ruggen tegen het hek van prikkeldraad terwijl Gillam in hun doodsbange gezichten schreeuwt en vloekt. Hij zwaait nog steeds met zijn revolver.

Majoor Jacobs loopt langzaam naar hem toe.

'Gillam, luister naar me, jongen,' zegt hij kalm. 'Doe het niet. Dit is niet het juiste moment. Ze zullen gestraft worden, maar niet door jou. Doe je wapen weg, beste kerel.'

Gillam kijkt van zijn meerdere naar de Japanse bewakers.

'Sergeant, ik beveel je om je wapen te laten zakken.'

Langzaam stopt Gillam zijn revolver weg.

'Ik háát jullie,' zegt hij tegen de soldaten.

Bates wendt zich tot Nesta. 'Ik zal hem naar jullie hut brengen. Kunnen de verpleegsters voor hem zorgen? Ik moet de majoor even spreken.'

'Natuurlijk.'

'Zuster, als ik vragen mag, met hoeveel zijn jullie – ik bedoel hier, op dit moment?'

'Vierentwintig.'

'Maar jullie waren met vijfenzestig. Klopt dat?'

'Niet meer.'

Er valt een lange stilte.

'Dank je, zuster.'

De menigte verspreidt zich wanneer Gillam en de zusters terugkeren naar de hut. Bates loopt samen met Nesta naar het administratiekantoor.

'Majoor, ik zou u willen vragen om een noodverzoek naar het hoofdkwartier van de Royal Australian Army te sturen,' zegt Bates.

'Zeker, Bates. Schrijf je boodschap op, dan zorg ik dat die verstuurd wordt.'

'Weet je hoeveel vrouwen er in totaal in het kamp zijn?' vraagt Bates aan Nesta.

'Zo'n tweehonderdvijftig,' zegt Nesta. 'Het waren er meer…'

Bates knikt en neemt het schrijfblok en het potlood aan dat Ah Fat hem geeft. Hij schrijft:

250 HERHAAL 250 BRITSE VROUWELIJKE GEÏNTERNEERDEN AANGETROFFEN IN KAMP LOEBOEK LINGGAU STOP ZUSTER NESTA JAMES EN 23 ANDERE OVERLEVENDE LEDEN VAN AUSTRALIAN ARMY NURSING SERVICES RESTANT VAN CONTINGENT A.A.N.S. GEËVACUEERD UIT MALAKKA OP VYNER BROOKE STOP MET OOG OP HUN SLECHTE GEZONDHEID VERZOEK OM ZO SNEL MOGELIJK RECHTSTREEKS LUCHTVERVOER NAAR AUSTRALIË TE REGELEN STOP BEZIG MET VERZAMELEN DETAILS BLOEDBAD A.A.N.S. OP EILAND BANKA OM LATER TE VERZENDEN

Wanneer hij het bericht leest, schudt majoor Jacobs in boze verbijstering zijn hoofd.

'Niet te geloven,' zegt hij.

'En toch is het gebeurd,' zegt Nesta.

'Dank u, sir,' zegt Bates. 'We gaan terug naar de hut van de verpleegsters, waar Gillam verzorgd wordt. En we dachten nog wel dat wij hier waren om voor hen te zorgen.' Hij weet er een strak glimlachje uit te persen.

'De ironie ontgaat me niet, sergeant,' zegt de majoor. 'Ik kom naar je toe wanneer het tijd is om te vertrekken, want we hebben veel te plannen.'

'Zuster James,' begint Bates wanneer ze teruglopen naar de hut. 'Er is heel wat gebeurd terwijl jullie opgesloten waren in de jungle.'

'Dat kan ik me voorstellen,' zegt Nesta. 'Maar we hebben gewonnen, en dat is het belangrijkste, toch?'

'Ja. Maar de prijs was veel te hoog.' Bates ademt diep in. 'De Amerikanen hebben twee atoombommen op Japan gegooid en daarmee een eind gemaakt aan de oorlog.'

'Atoombommen?' vraagt Nesta aarzelend. 'Maar die zijn... die zijn...'

'Catastrofaal voor de ongelukkige bewoners van Hiroshima en Nagasaki.'

Nesta voelt een huivering langs haar ruggengraat trekken.

Bates legt een hand op haar schouder. 'Oorlog is een smerige zaak, zuster James.'

Nesta kan slechts knikken.

De dag nadat Gillam, Bates en majoor Jacobs zijn vertrokken, verschijnt er een laagvliegend toestel boven de bomen dat kisten vol voorraden aan parachutes in het kamp laat vallen.

'Hier zitten medicijnen in! Die moeten vlug naar de ziekenboeg,' roept iemand.

'En kijk eens hoeveel voedsel hierin zit. Een banket!' verkondigt een ander.

'Op deze staat een boodschap.'

Een grote kist, dichtgetimmerd met extra houten plankjes, staat een stukje bij de rest vandaan.

Betty haast zich ernaartoe en begint te lezen.

'Vanochtend met liefde gebakken door de koks van de Royal Australian...' Ze zakt op haar knieën en slaat haar armen snikkend om de kist heen.

Een andere verpleegster gaat verder.

'Vanochtend met liefde gebakken door de koks van de Royal Australian Navy.'

De krat wordt opengewrikt.

'Aan de binnenkant staat nog een boodschap. Ik zal hem voorlezen,' zegt Jean. Terwijl haar blik over de woorden vliegt, bijt ze op haar lip. Dit zal niet meevallen. '"Vanochtend moesten de koks van HMAS Warrego en HMAS Manoora hun hele crew op afstand houden toen ze probeerden de mess binnen te gaan en te helpen met het bakken van dit kleine teken van onze dankbaarheid, ons respect en onze liefde voor de moedige vrouwen en kinderen die hebben overleefd in de jungle van Sumatra. Neem alsjeblieft deze scones met aardbeienjam en room aan en geniet ervan. We zullen jullie naar huis brengen, dames, jullie allemaal. Luitenant-ter-zee 1e klasse Leslie Brooks."'

Het voedsel – fruit, groenten, vlees, eieren – wordt uitgebreid bekeken en doorgegeven onder de vrouwen. Nu hebben ze alles wat ze nodig hebben om zichzelf te voeden en de weg naar herstel in te slaan.

Met militaire precisie worden er tafels in het kamp neergezet, en de scones, jam en room worden onder de geïnterneerden verdeeld. Zwijgend genieten de mannen en vrouwen van dit feestmaal. Ze zijn het er unaniem over eens dat dit de lekkerste scones zijn die ze ooit hebben geproefd.

'Wat is dit? Vege… Vegemite?' roept een van de Engelse vrouwen terwijl ze een klein potje met dikke donkerbruine stroop omhooghoudt.

De verpleegsters slaken verraste kreten en stromen toe om het potje te inspecteren.

'Dat ruikt afschuwelijk,' zegt de Engelse vrouw nadat ze het deksel eraf heeft geschroefd en het onder haar neus heeft gehouden.

Vingers verdwijnen in de pot en worden in monden gestoken, gevolgd door tevreden gekreun van de verpleegsters.

'Eet je het zo?'

Tussen het kreunen door antwoordt een van de verpleegsters: 'Ja! Ik bedoel, nee, normaal gesproken smeer je het op toast of gewoon op brood.'

'Hier is brood!' roept iemand. 'Laten we het allemaal proberen.'

Norah treft Nesta en de andere verpleegsters in hun hut, waar ze druk bezig zijn hun uniformen klaar te maken voor vertrek.

'Wat zullen jullie er netjes uitzien,' zegt Norah tegen hen.

'Nou ja, we hebben ze gewassen en de gaten zoveel mogelijk gerepareerd,' zegt Nesta. 'Maar ze passen niet goed meer.'

'Dat komt doordat we allemaal zoveel zijn afgevallen,' zegt Jean.

'Ik repareer het kogelgat in het mijne niet,' vertelt Vivian. 'Ik wil nooit vergeten wat er is gebeurd.'

Even valt er een stilte terwijl Nesta opstaat om haar vriendin te omhelzen. Een voor een glimlachen de verpleegsters naar Vivian, kloppen haar op de arm of spreken een paar troostende woorden.

'Zal ik naar je been kijken?'

'Graag,' zegt Norah. 'Ik denk dat het aan het genezen is, maar lopen gaat nog steeds moeilijk.'

'Laten we naar de tuin gaan,' stelt Nesta voor.

Ze helpt Norah om de paar treden naar de tuin af te schuifelen. Dan pakt ze een stoel, waarop Norah neerploft.

'Ik wil het verband verversen.' Nesta haalt een pakje helder wit verband uit haar zak en legt Norahs voet voorzichtig op haar schoot. Norah krimpt ineen van de pijn.

'Hoe gaat het met John?' vraagt Nesta, terwijl ze het verband van Norahs been wikkelt. De infectie is aan het genezen, en ze slaakt een zucht van opluchting.

'Veel beter. Hij wil alleen nog maar naar huis en naar ons meisje.'

'Ik ben blij voor jullie, maar ik zal jou en Ena en June missen.'

'O, Nesta, je hebt geen idee hoe vaak we aan jullie allemaal zullen denken,' zegt Norah. 'Aan alles wat jullie voor ons hebben gedaan.'

'Ik zou willen dat we geen afscheid hoefden te nemen,' zegt Nesta, terwijl ze het nieuwe verband aanbrengt. Ze geeft een zacht tikje op Norahs been. 'Klaar.'

Norah pakt haar hand. 'Ik meen het, Nesta. Jij hebt deze plek bijna draaglijk gemaakt. En Margaret...'

De vrouwen zwijgen en denken terug aan hun geliefde metgezel.
'We zullen haar altijd in ons hart dragen,' zegt Nesta, en ze helpt Norah overeind. De vrouwen omhelzen elkaar, en dan helpt Nesta Norah terug naar haar hut.

Ena en John helpen Norah om te gaan zitten naast de berg aarde met het houten kruis waarop Norah en Audrey Margarets naam zo liefdevol hebben gebrand.

'Ze zou niet willen dat we om haar huilen,' zegt Ena.

'Het kan me niet schelen wat ze zou willen,' zegt Norah, die haar tranen maar nauwelijks kan bedwingen. 'Hoe kan ik afscheid nemen van de geweldigste vrouw die ik ooit heb gekend zonder om haar te huilen?'

Ena huilt ook. Geen van beide vrouwen probeert haar tranen weg te vegen. Ze laten ze op de aarde vallen, op Margaret. Het maakt John van slag om de vrouwen zo verdrietig te zien. Hij hoort hier niet, en toch is hij hier. Als hij Margaret wil leren kennen, al is het maar een beetje, dan moet hij begrijpen hoe diep de gevoelens van de vrouwen voor haar gaan.

'Nesta is er,' fluistert John.

Norah en Ena kijken op en zien Nesta een stukje verderop staan om de rouwende vrouwen niet te storen. Norah steekt haar hand uit en Nesta komt naar hen toe. De drie vrouwen omhelzen elkaar.

Na een poosje richt Norah zich tot Nesta. 'Wil jij namens mij afscheid nemen van… van jullie doden? Het spijt me, ik kan niet naar de begraafplaats lopen.'

'Natuurlijk. Dat zal iedereen begrijpen. Bij zonsondergang houden we een kleine dienst voor hen. We weten niet wanneer we vertrekken, maar het zou al snel kunnen zijn, en we moeten afscheid nemen nu het nog kan.'

'Mag ik ook komen?' vraagt Ena.

'Dat zouden we fijn vinden. Dank je wel, Ena.'

Wanneer de zon ondergaat, verzamelen de overlevende verpleegsters, Ena, Mrs Hinch, dokter McDowell, moeder Laurentia en zuster Catharina zich op de begraafplaats, ieder met een klein bosje bloemen in de hand. Langzaam lopen ze van graf naar graf terwijl Nesta alle namen uitspreekt en moeder Laurentia de zegen uitspreekt voor de levens die te vroeg zijn geëindigd.

Wanneer de verpleegsters die avond gaan liggen, wachtend tot de slaap zal komen, horen ze iemand zachtjes op de deur kloppen.
 'Zuster James, kan ik je even spreken?'
 Nesta doet de deur open en ziet Mrs Hinch staan. Wanneer ze naar buiten stapt, pakt Mrs Hinch haar hand.
 'Vlug. Er is een telefoontje voor je in het administratiegebouw.'
 'Wacht even,' zegt Nesta, en ze steekt haar hoofd weer naar binnen. 'Ik ben zo terug. Er is telefoon voor me!' Ze doet de deur dicht, maar ze vangt de verraste en blije kreten nog net op.
 Mrs Hinch vergezelt Nesta naar het kantoor en blijft naast haar staan wanneer ze de hoorn van de haak pakt.
 'Hallo, met zuster James.'
 'Hallo, zuster James! Geweldig om je stem te horen. Ik ben vliegeniersofficier Ken Brown, Australian Air Force. Ik haal jullie morgen in Lahat op en vlieg jullie dan naar Singapore. Ik heb opdracht gekregen om te vragen of de verpleegsters om vier uur 's ochtends klaar kunnen staan. Majoor Jacobs zal jullie met een vrachtwagen naar Loeboek Linggau brengen, jullie op de trein zetten en jullie naar de startbaan brengen. Zuster James, ben je daar, heb je me gehoord?'
 'Ja! O ja! Bedankt, hartelijk bedankt! We zullen klaarstaan.'
 'Zuster James, je hoeft mij niet te bedanken, ik bedank jou.' De onderdrukte tranen klinken door in de stem van de officier. 'Ik dank jou en alle moedige verpleegsters die ik morgen zal ontmoeten voor wat jullie overleving voor het Australische volk heeft betekend. Jullie zijn onze helden.'

Wanneer Nesta heeft opgehangen, wordt ze omhelsd door Mrs Hinch.

'Ik loop met je mee terug naar je hut,' zegt Mrs Hinch.

'Graag, dan kunnen we afscheid nemen. Hoewel ik niet weet hoe ik afscheid van je moet nemen, Mrs Hinch, je hebt zoveel voor ons gedaan, voor ons allemaal, niet alleen voor ons verpleegsters.'

'Nesta. Zeg maar Gertrude. Ik heet Gertrude.'

Arm in arm lopen de twee vrouwen terug naar de hut van de verpleegsters. Mrs Hinch stapt naar binnen en ziet een zee van verwachtingsvolle gezichten.

'Dames, het was een voorrecht en een eer om jullie te kennen. Ik wens jullie veel geluk.'

Nesta omhelst haar voor de laatste keer.

'Dank je wel, Gertrude, er is niemand zoals jij. Ik zal je nooit vergeten.'

'Ik jou ook niet, zuster Nesta James.'

Niemand probeert te slapen. Er moeten karige bezittingen worden ingepakt, uniformen geïnspecteerd en aangetrokken, en dan is er natuurlijk de opwinding over het feit dat ze eindelijk 'naar huis gaan'.

De kamplichten beschijnen de hutten in het donker wanneer de vrouwen zich verzamelen voor hun laatste transport. Wanneer ze naar buiten stappen voor hun laatste momenten in de vochtige jungle waar ze hebben 'gewoond', barst er een oorverdovend applaus los in de nacht. Overal klinkt gejuich en gefluit. Vrouwen en mannen vormen een pad naar twee vrachtwagens die met draaiende motoren klaarstaan.

'Hoe wisten jullie het?' vraagt een van de verpleegsters.

Voordat iemand iets kan zeggen, antwoordt Nesta: 'Mrs Hinch!'

'Riep je me, zuster James?' Een glimlachende Mrs Hinch stapt naar voren. 'Jullie zouden ongetwijfeld het liefst stilletjes in de nacht verdwijnen, maar dat konden we niet laten gebeuren. Het kan zijn dat ik heb laten vallen dat jullie vandaag zouden vertrekken, maar zij hebben de rest gedaan.' Ze gebaart naar de kampbewoonsters.

Moeder Laurentia, zuster Catharina en dokter McDowell stappen naar voren en omhelzen alle verpleegsters.

'Ik heb je bijbel nog,' zegt Betty tegen zuster Catharina.

'Houd hem maar.'

'Ik zal jullie nooit vergeten,' zegt de dokter tegen de verpleegsters. 'We hebben geleden en dierbaren verloren, maar zonder jullie zorg en toewijding zouden er nog veel meer levens verloren zijn gegaan.'

Tegen de tijd dat de verpleegsters de wachtende vrachtwagens bereiken, na onderweg talloze vrouwen te hebben omhelsd en gedag te hebben gezegd, komt de zon al boven de bomen uit. Ena en John, die Norah ondersteunen, zijn de laatsten in de rij.

Wanneer de verpleegsters naderen, steekt John Nesta de hand toe. 'Er valt nog zoveel te horen over jou en wat je voor mijn vrouw hebt gedaan, en voor alle vrouwen hier. Ik sta voor altijd bij je in het krijt. Mijn dankbaarheid is niet genoeg, maar dat is het enige wat ik je op dit moment kan geven. Weet alsjeblieft dat het uit de grond van mijn hart komt.'

Nesta knikt, niet in staat om iets uit te brengen. Ze kijkt naar Norah, die ook knikt en net als haar vriendin geen woord over haar lippen krijgt. Nesta steekt haar hand uit en streelt zachtjes Norahs gezicht, haar tranen wegvegend.

'Ik ga iets zeggen, ik moet wel,' zegt Ena. 'Zuster James, Nesta, lieve vriendin, de rest van mijn leven zal ik iedereen die ik ontmoet vertellen over de ongelooflijke Australische verpleegsters die ik ooit mocht leren kennen in een ver land, en over hun piepkleine, dynamische leider. Je hebt mijn leven gered, je hebt zoveel levens gered, en je hebt de zwaarste prijs betaald toen je je eigen collega's en vriendinnen verloor. We zullen elkaar terugvinden.'

'Ik ben geen enig kind meer, dankzij jullie heb ik nu twee zussen,' weet Nesta uit te brengen. 'Jullie hebben allebei zoveel gegeven aan zoveel vrouwen... Sorry. Ik heb moeite met praten. Ik houd van jullie allebei. We zien elkaar terug.'

Vechtend tegen haar tranen laat Nesta zich in een vrachtwagen helpen. Wanneer de verpleegsters het kamp uit rijden, klinken overal afscheidsgroeten en gejuich. Dan rijden ze een smal pad op en verdwijnen in de jungle.

Twee dagen nadat de verpleegsters het kamp hebben verlaten, krijgen Norah, Ena, June en John van Ah Fat te horen dat ook zij zullen vertrekken.
'Voor één keer kom je eens niet met een onheilstijding, Ah Fat,' zegt Mrs Hinch tegen de tolk.
'Onheilstijding?'
'Ja, man. Ken je dat woord niet? En je bent nog wel zo'n goede vertaler. Het betekent slecht nieuws.'
'Maar nieuws is goed,' houdt Ah Fat vol. 'Jullie gaan naar huis.'
'O, laat maar,' zegt Mrs Hinch met een glimlach. 'Vandaag kun zelfs jij mijn stemming niet verpesten.'
'Dank je, Inchi.'

De vrouwen pakken hun spullen en melden zich samen met tientallen anderen bij de vrachtwagens die hen naar Lahat zullen brengen. De mannen en vrouwen die achterblijven, onder wie de Nederlandse nonnen, komen hen uitzwaaien.
'Ik wil niet vertrekken zonder jou,' zegt Norah tegen zuster Catharina.
'Het geeft niet, wij zijn ook snel aan de beurt. Uiteindelijk gaan we hier allemaal weg,' stelt de non haar gerust. 'Wat jij hebt gedaan om de zielen van zoveel vrouwen te redden, zal nooit worden vergeten, daar zal ik voor zorgen. Jij en Miss Dryburgh gaven ons hoop toen die er niet was, jullie hebben onze gekwelde geesten genezen en onze lichamen de emotionele voeding gegeven die we nodig hadden om de volgende dag wakker te worden.'
'Wat? Heb je gekwelde geesten genezen?' vraagt John. Hij staart perplex naar de non, gekleed in haar zware habijt.

'Jij moet John zijn, ik heb veel over je gehoord. Ik kan je niet zeggen hoe blij ik ben om je te ontmoeten, zelfs op deze plek.'

'Je bedoelt deze godverlaten plek, toch, zuster?'

'Dat woord zou ik niet gebruiken. In feite zou ik zeggen dat God hier aanwezig was, in de vorm van je vrouw.'

'Alsjeblieft, zuster, we hebben allemaal ons steentje bijgedragen,' zegt Norah. 'Hoe kan ik ooit de nacht vergeten waarin we het dak van onze hut vasthielden toen een storm ons allemaal dreigde weg te blazen? Je leek wel een heks, boven op dat dak, met je habijt wapperend in de wind.'

'En toch ging je met me mee naar boven. Wat ik me herinner, is dat jij hysterisch moest lachen om de absurditeit van de situatie.'

'En ik weet nog wat voor woorden jij gebruikte, woorden die ik nooit had verwacht uit de mond van een non te horen.'

'Tja, Norah, wanneer we tot het uiterste worden gedreven, is kleurrijk taalgebruik soms gepast.'

'Wil je me vertellen wat mijn vrouw heeft gedaan, behalve dan haar leven riskeren door in een storm op een dak te klimmen?' dringt John aan.

Zuster Catharina lacht. 'Ze heeft ons op onze donkerste momenten het gulle geschenk van muziek gegeven. We zullen het geen van allen ooit vergeten. Ik kan de woorden niet vinden, kleurrijk of anderszins, om je te vertellen hoeveel verschil je vrouw heeft gemaakt.'

'Ze heeft gelijk, John,' zegt Ena. 'Wat Norah en Margaret hebben gedaan, met de oprichting van het koor en het orkest, ging ons voorstellingsvermogen te boven. Ik zal nooit meer muziek kunnen horen zonder aan deze plek te denken, en aan de mensen hier, onder wie jij, mijn lieve zus. Je zult nooit vergeten worden.'

'De vrachtwagens zijn er, het is tijd om te gaan,' zegt zuster Catharina zacht.

Norah, Ena en Catharina omhelzen elkaar. John raapt al zijn kracht bij elkaar en tilt zijn vrouw voorzichtig op. Het is niet al te moeilijk; ze weegt bijna niets meer. Ena tilt June op, die haar armen om haar hals slaat en zich tegen haar borst vlijt.

Mrs Hinch loopt langs de rij vrouwen, van wie sommigen elkaar omhelzen en anderen nog vlug herinneringen ophalen aan de tijd die ze samen in het kamp hebben doorgebracht. Wanneer ze bij Norah en Ena is, lijkt ze, misschien voor het eerst, geen woorden te kunnen vinden.

'Waarom ga je niet met ons mee?' vraagt Ena.

'Ik vertrek wanneer de laatste van ons vertrekt, en niet eerder,' antwoordt haar vriendin.

'Ik weet niet wat ik tegen je moet zeggen,' zegt Norah.

'Nou, er is een heleboel wat ik tegen jullie twee wil zeggen, maar niets wat werkelijk zal uitdrukken hoe ik me voel. We hebben gelachen en gehuild, liefgehad en verloren, maar we gaan verder, en we dragen de herinneringen met ons mee aan de vrouwen die niet met ons meereizen. Ik zal jullie de rest van mijn leven niet vergeten, en gezien het feit dat ik dit heb weten te overleven, kon dat weleens een heel lange tijd zijn.'

'Je bent uniek, Mrs Hinch,' zegt Norah.

'Net als jij en je zus. Ik denk niet dat ik het eerder heb gezegd, maar ik heet Gertrude. Het beviel me prima om Mrs Hinch genoemd te worden, hoe pretentieus dat ook klonk, want ik heb mijn naam nooit mooi gevonden, en ik ben gewoon geen Gertie.' Zo goed en zo kwaad als het gaat omhelst Mrs Hinch Norah in Johns armen, en dan Ena, die June vasthoudt. 'Ik wens jullie het allerbeste,' zegt ze.

En dan is het tijd om afscheid te nemen van Audrey, die de zussen in Engeland zullen terugzien. Norah en Audrey omhelzen elkaar zwijgend, allebei terugdenkend aan de uren die ze bij het vuur hebben doorgebracht met het kerven van de namen van de doden in houten kruizen.

Vlakbij staat een open vrachtwagen met stationair draaiende motor, en de overgebleven Engelse mannen en vrouwen helpen elkaar om in de laadbak te klimmen. Voor ze vertrekken, draaien de vrouwen zich om en kijken een laatste keer naar het kamp. Hoe hebben ze dit overleefd, en hoe zullen ze aan hun tijd hier terugdenken? Of willen ze het liever vergeten? Eén ding weten ze allemaal: ze zullen nooit meer dezelfde zijn. Er zijn meer dan drieënhalf jaar verstreken. Ze zijn op de proef gesteld, ze hebben gefaald, ze hebben het overleefd.

Langzaam rijdt de vrachtwagen weg.

Ze zijn nog maar net aan hun reis begonnen wanneer ze de muziek horen.

'Help me om rechtop te gaan zitten, John,' smeekt Norah.

'Lieve hemel!' roept Ena. 'Norah, kijk!'

De vrachtwagenchauffeur remt wanneer het gezang luider wordt. Het is Norahs muziek.

John en Ena helpen Norah om zo te gaan zitten dat ze over de rand van de laadbak kan kijken. John tilt haar op zijn schoot, en samen kijken ze naar de nonnen die de vrachtwagen volgen.

'Wat doen ze?' vraagt John.

De stemmen van de Nederlandse nonnen, die de vrachtwagen uitgeleide doen, die Norah uitgeleide doen, die eer betonen aan de rol die zij in hun overleving heeft gespeeld, brengen het vertrouwde geluid van 'Boléro', de geliefde – en vanwege haar complexiteit zelfs gehate – vocale uitvoering van Ravels meesterstuk.

Norah snikt onbeschaamd.

'Heb jij hun dat geleerd? Norah?' Johns stem trilt wanneer de omvang van datgene wat hij hoort hem treft, het besef dat zijn vrouw de ontvanger is van dit ongelooflijke eerbetoon. 'Het is Ravel... Ravels "Boléro",' stamelt hij.

Langzaam begint de vrachtwagen weer te rijden, en de laatste tonen van 'Boléro' volgen hen terwijl ze hun gevangenschap achter zich laten en de vrijheid tegemoet gaan.

'O, mijn liefste, ik heb nog nooit zoveel van je gehouden als op dit moment,' fluistert John.

Epiloog

Laatste optreden

Twee dagen lang hebben de verpleegsters langs de Australische kustlijn gezeild. Voor het eerst in bijna vier jaar zien ze het land terug dat ze hebben achtergelaten. Ze staan aan dek wanneer ze de haven van Fremantle, Perth binnenvaren. Het is een lange reis geweest. Vanaf Lahat zijn ze naar Singapore gevlogen, in het bloedrode licht van de ondergaande zon. Nesta had uit het raampje gekeken terwijl ze over de Straat Banka vlogen. Ze had de stranden gezien, de palmbomen en de weelderige begroeiing die hen ooit hadden verwelkomd en toen hun gevangenis waren geworden. De verpleegsters hadden hun opgewonden gekwetter gestaakt toen ze zagen dat de haven vol lag met geallieerde oorlogsschepen. Toen ze in Singapore waren geland, werden ze direct naar het ziekenhuis gebracht voor een volledig medisch onderzoek, en daarna waren ze aan boord gegaan van dit schip, met als bestemming thuis.

Nu beweegt Nesta zich tussen de verpleegsters door. 'Gaat het?' vraagt ze om beurten aan ieder van hen.

'Nee,' klinkt het antwoord steeds opnieuw.

'Ik ben hier als je me nodig hebt.'

Ze vindt een rustig plekje aan de andere kant van het schip en staart naar de voorbijglijdende buitenwijken van Perth. Wanneer ze omlaagkijkt naar de golven, denkt ze terug aan de vorige keer dat ze deze haven in zeilde, samen met Olive Paschke, later hoofdzuster Paschke. Ze waren allebei opgewonden geweest, vol verwachting over deze tussenstop in Perth.

'Je zou bij me moeten zijn, Olive. Je zou naast me moeten staan terwijl we naar huis zeilen,' schreeuwt ze in de wind, tegen de zeemeeuwen die rond het schip cirkelen. 'Maar je bent er niet, en ik denk niet dat ik zonder jou naar huis kan gaan.'

Ze heeft zoveel mensen verloren. Maar niet allemaal, niet haar liefste vriendinnen, die deze lange reis samen met haar hebben gemaakt. Ze stelt zich het gezicht van dokter Rick voor, dat naar haar glimlachte tijdens die lange nachtdiensten. Ze vraagt zich af of ze hem ooit zal terugzien.

'Nesta, Nesta, we zijn er!' roept Jean. 'We gaan aanleggen!'

'Ik kom eraan.' Nesta ontwaakt uit haar mijmeringen. Ze neemt even de tijd om haar ogen te drogen, zichzelf te herpakken en een glimlach op haar gezicht te plakken. Ze hoort het gejuich vanaf de werf wanneer het schip aanlegt.

Ze voegt zich bij de anderen, en samen zien ze duizenden mensen op de kade staan die met vlaggetjes en bloemen zwaaien. Ongeduldig wachten ze tot de loopplank omlaag is gelaten. Ze worden begroet door kolonel Sage, het hoofd van de Australische militaire verpleegsters.

'Welkom thuis, zusters. Jullie hebben Australië verlaten om je plicht te doen, en jullie keren terug als heldinnen die veel meer hebben bereikt dan redelijkerwijs van jullie verwacht kon worden. Ik wil jullie vertellen wat hier vandaag is gebeurd. Eerder deze ochtend kondigde de plaatselijke ABC-radiozender aan dat jullie vandaag zouden terugkeren, en ze vroegen of mensen die bloemen overhadden in hun tuin die zouden willen afgeven bij het ziekenhuis waar jullie zo dadelijk naartoe worden gebracht.' Kolonel Sage zwijgt even om zichzelf te herpakken. 'Er is geen bloem meer over in de tuinen van

Perth. De rij van mannen en vrouwen die ze willen afgeven bij het ziekenhuis strekt zich kilometers ver uit, en elke zaal is gevuld. Ik heb gehoord dat er zelfs bloemen aan de plafonds hangen. Het is een klein gebaar van zovelen die jullie net als wij willen bedanken voor jullie diensten. Dank jullie wel voor wat jullie hebben gedaan voor de vriendinnen en collega's die niet met jullie zijn teruggekeerd. Ze zullen nooit worden vergeten.'

Een mannenstem zegt: 'Daar sluit ik me bij aan.'

De verpleegsters draaien zich om en zien de premier van de staat West-Australië staan, met een enorm boeket in zijn armen.

'Meneer de premier, mag ik u voorstellen aan zuster Nesta James?'

De premier drukt de bloemen in Nesta's handen. 'Welkom thuis,' zegt hij stralend.

In Singapore zijn Norah, John, Ena en June onafscheidelijk. Op een middag liggen de zussen te dommelen in ligstoelen in de tuin van hun hotel, wanneer John een man op hun kleine groepje ziet afkomen. De man ondersteunt een oudere vrouw met een wandelstok.

'O, mijn god! Norah, Ena, word wakker!'

'Wat is er?' vraagt Norah terwijl ze langzaam haar ogen opendoet. June, die in Ena's armen lag te slapen, schrikt wakker wanneer haar tante rechtop schiet.

'Nee!' roept Ena.

De man die langzaam naar hen toe komt lopen, is Ken, Ena's man, en aan zijn arm heeft hij Margaret, de moeder van de zussen.

'Mama!' roept Norah, terwijl Ena opspringt om Norah uit haar stoel te helpen.

Ken houdt Margaret stevig vast terwijl de oudere dame naar haar dochters strompelt. Het liefst zou hij naar Ena toe rennen, maar hij kan Margaret niet loslaten. Wanneer ze bij elkaar zijn, helpt Norah haar moeder voorzichtig om op het gras te gaan zitten, zodat ze elkaar kunnen omhelzen. Met ogen vol tranen staren ze elkaar aan. Ken en Ena omhelzen elkaar snikkend en lachend tegelijk.

John tilt de geschrokken June op en loopt naar hen toe. Het kleine meisje wordt voorgesteld aan Ken en meteen opgenomen in een familieomhelzing. Langzaam helpen ze elkaar overeind en lopen terug naar de stoelen onder de boom. Pas wanneer ze allemaal zitten, stelt Ena de vraag. 'Papa?'

'Het spijt me zo, lieverds,' zegt Margaret, en nieuwe tranen biggelen over haar wangen. 'Een paar dagen na onze overplaatsing naar Changi is hij overleden. Hij was zo ziek, hij zou het nooit hebben overleefd. Ik ben blij dat het zo snel ging.'

Ena en Norah houden elkaar vast en huilen, dochters die rouwen om een vader van wie ze nooit afscheid hebben kunnen nemen.

'Zaten jullie in het krijgsgevangenenkamp in Changi?' vraagt John.

'Ja, daar zijn we een week of twee na jullie vertrek naartoe gebracht,' antwoordt Ken. 'We waren met duizenden. Ik weet nog steeds niet hoe we het hebben overleefd.'

'Ik weet wel hoe ik het heb overleefd,' zegt Margaret.

'Je bent een sterke vrouw,' zegt John.

'Dat kan wel zijn, maar ik heb het vooral aan Ken te danken dat ik het heb gered. Hij offerde zijn rantsoenen op, riskeerde zijn leven om met de plaatselijke bewoners te handelen, verdroeg de pakken slaag wanneer hij werd betrapt en vertelde me elke dag dat we lang genoeg in leven moesten blijven om mijn meisjes terug te zien. Ena, ik ben hier dankzij jouw echtgenoot.'

'Jij hebt mij ook gered toen ik ziek was,' zegt Ken tegen haar. 'Je vond voedsel voor me, water. We hebben elkaar gered.'

'Luister niet naar hem, meisjes. Dat ik een week voor hem gezorgd heb, is niets vergeleken bij de drieënhalf jaar dat hij voor mij gezorgd heeft.'

Norah en Ena wisselen een blik, en bij allebei verschijnt er een brede glimlach op het gezicht.

'Wat is er zo grappig?' vraagt Ken.

'Ik denk dat we met veel plezier verhalen zullen uitwisselen. Sommige kunnen beter niet verteld worden, maar ik denk dat er één ding is dat we allemaal zullen koesteren, en dat is de liefde van familie,' zegt Ena.

Nog maar een dag of twee later komt er een Britse officier op hen af in de tuin van het hotel, vergezeld door een magere man in burgerkleding.

'Pardon, bent u Ena Murray?'

'Jazeker, wat kan ik voor u doen?'

'Dit is Mr Bourhill. Het spijt me te zeggen dat hij in Changi heeft gezeten, maar we denken dat jullie voor zijn dochter June hebben gezorgd.'

Bij het horen van haar naam stopt June met eten en kijkt op naar de twee mannen. Ze vertoont geen enkel teken van herkenning. Norah en Ena staan allebei op, en June verstopt zich vlug achter Ena.

'Ik ben Junes vader,' zegt de onbekende man. 'Ik heb haar en haar moeder op de Vyner Brooke gezet, en de Australische regering heeft contact met me opgenomen om te laten weten dat mijn dochter het heeft overleefd en dat ze bij jullie is. Is dat haar, verstopt achter uw rug?'

Ena trekt June zachtjes tevoorschijn.

Haar vader stapt naar het kleine meisje toe en knielt voor haar. Het kost hem zichtbaar moeite om zijn tranen te onderdrukken. 'June, June, liefje, ik ben het, papa.'

June klampt zich aan Ena's hand vast.

'Je lijkt zo op je moeder. Weet je niet meer wie ik ben, liefje?'

'Waar is mama?' vraagt ze.

'Mama… Mama…' Hij krijgt de woorden niet over zijn lippen.

'Ze heeft vreselijk veel meegemaakt, Mr Bourhill,' vertelt Ena hem. 'Ze is ernstig getraumatiseerd.'

'Ik weet het, dat begrijp ik. June, herinner je je je lievelingsknuffel nog? Het was een zacht hondje, je noemde hem Mr Waggy, en je liet zijn staart altijd kwispelen.'

'Mr Waggy?' vraagt June. 'Waar is Mr Waggy?' Ze kijkt verward, verdrietig en bang tegelijk.

'Je kon nooit zonder hem gaan slapen. Als je hem niet kon vinden, dan... dan zochten we het hele huis af tot hij veilig bij je in bed lag.'

'Mr Waggy was op de boot, ik ben hem kwijtgeraakt.'

'Het geeft niet, liefje. We kunnen een nieuwe Mr Waggy voor je kopen wanneer we thuis zijn.'

'Zullen we een stukje gaan lopen?' stelt Ena voor. 'Wij drietjes.'

'Slim van Ena om hen allebei mee te nemen,' zegt Margaret wanneer ze weg zijn.

'Ken, je hebt waarschijnlijk al gezien hoezeer Ena gehecht is aan June,' zegt Norah. 'Het zal haar hart breken als ze weggaat, maar als dat haar vader is, dan zal dat wel gebeuren.'

'Ik weet het. Ik heb geprobeerd er niet aan te denken wanneer ik ze samen zag. Ik ben zelf ook erg op haar gesteld geraakt, en ik begon al te denken dat ze deel uit zou gaan maken van ons gezin.'

Een poosje later komt June naar hen toe gerend. 'Ik heb mijn papa gevonden, en hij wil dat ik met hem mee naar huis ga. Denk je dat ik moet gaan, tante Norah?'

'Ja, meisje. Ik vind dat je met hem mee moet gaan, want hij houdt heel veel van je,' antwoordt Norah, bijtend op haar lip. Dit is een mooi moment voor het kind, ze moet haar niet in de war brengen met haar tranen.

'Maar zullen jij en tante Ena me niet missen?'

'O, lieve meid, je hebt geen idee hoe erg we je zullen missen. Elke dag, de hele dag lang.'

'Kunnen jullie niet bij mij en mijn papa komen wonen?'

'Nee, maar we komen je opzoeken. En jij kunt ons komen opzoeken. Hoe klinkt dat?'

'Beloof je het?'

'Ik beloof het.'

Norah en John hebben de lange reis naar Engeland gemaakt, en van daaruit naar Belfast, waar Sally is, veilig bij Johns familie.

Johns zus haalt hen op van het vliegveld en neemt hen mee naar haar huis om te wachten tot Sally thuiskomt uit school. Het meisje heeft te horen gekregen dat de ouders van wie gedacht werd dat ze dood waren, de oorlog hebben overleefd en dat ze naar haar toe komen.

Nu wachten John en Norah vol ongeduld in de woonkamer van het huis van Johns zus tot hun dochter thuiskomt.

Norah kan haar opwinding nauwelijks onderdrukken. Ze ijsbeert door de woonkamer, gaat zitten, staat op en begint weer te ijsberen.

'Denk je dat ze ons zal herkennen, John? Denk je dat ze blij zal zijn ons te zien?' vraagt ze steeds opnieuw.

'Lieverd, we zijn haar ouders. Natuurlijk,' stelt John haar gerust. 'Misschien zal ze een beetje verward zijn, onzeker, maar je zult het zien. Het komt allemaal goed. Waarom kom je niet bij me zitten?'

Norah gaat zitten, maar ze springen allebei overeind wanneer ze de voordeur horen opengaan.

'Hoi, mam, we zijn thuis,' roept een jongensstem, en ze horen een schooltas op de grond ploffen.

'We zijn hier,' roept Johns zus.

Een slungelige tiener slentert de woonkamer in, waar Norah en John zwijgend wachten op het meisje van wie ze de voetstappen kunnen horen. De jongen kijkt naar de magere onbekenden en knikt beleefd naar hen.

Wanneer Sally binnenkomt, blijft ze even staan en staart naar Norah en John. Dan loopt ze vlug naar haar tante en pakt haar hand. Op haar twaalfde is ze langer en wat voller in haar gezicht, maar Norahs hart stroomt over. Ze is nog steeds haar kleine meisje.

'Hallo, Sally,' zeggen John en Norah.

'Hallo,' antwoordt Sally, zonder zich te verroeren.

'Sally, dit zijn je moeder en vader, ze zijn veilig,' zegt haar tante. 'Ze zijn thuis, lieverd.'

'Het geeft niet, Sally, ik weet dat je ons nauwelijks herkent,' zegt John. 'Het is al een poos geleden en wij zijn vast veranderd, jij in elk geval wel. Wat ben je een prachtig meisje geworden.'

'Sally,' zegt Norah. 'Ik ben het, mama.'

Sally gaat achter haar tante staan en tuurt naar de onbekenden die dreigen haar leven op zijn kop te zetten. Ze was een klein meisje toen ze hen voor het laatst zag; over een paar maanden zal ze een tiener zijn.

Norah doet een stap naar haar toe en knielt voor haar.

'Go to sleep, go to sleep, go to sleep, pretty baby, go to sleep, go to sleep, go to sleep, baby girl,' zingt ze.

Sally laat de hand van haar tante los en komt langzaam naar Norah toe. Norah ziet de herkenning oplichten in de ogen van haar dochter. Ze spreidt haar armen, en Sally zet nog een stap. Wanneer ze elkaar eindelijk omhelzen, voelt Norah het meisje trillen. Ze houdt haar dochter een klein stukje van zich af, zodat ze in haar prachtige gezicht kan kijken. Sally's mond vormt een woord. 'Mama!'

Nawoord van de auteur

Nesta werd op 5 december 1904 onder de naam Nesta Gwyneth Lewis James geboren in Carmarthen in Wales, als het enige kind van David en Eveline James. Toen ze acht jaar oud was, emigreerde ze met haar ouders naar Australië, waar het gezin in het landelijke stadje Shepparton in de staat Victoria ging wonen. Ze volgde haar opleiding in het Shepparton Base Hospital en ging daarna werken in het Royal Melbourne Hospital in Melbourne. Op zoek naar avontuur ging ze als verpleegster aan de slag in een mijn buiten Johannesburg, Zuid-Afrika. Op 7 januari 1941 nam ze dienst in de Australian Army Nursing Service. Ze werd met het 2/10th Australian General Hospital naar Malakka gestuurd, het huidige Maleisië, en diende daar in februari 1941 rechtstreeks onder hoofdzuster Olive Paschke. Ze werd gevangengenomen op 15 februari 1942 en bevrijd op 11 september 1945. Wanneer iemand haar vroeg naar de duur van haar gevangenschap, benadrukte Nesta steevast dat ze niet drieënhalf jaar, maar drie jaar en zeven maanden in de kampen had doorgebracht. Na haar terugkeer verbleef ze een jaar in het ziekenhuis, waar ze werd behandeld voor medische klachten die gerelateerd waren aan de tropische ziekten die ze in Indonesië had opgelopen, en waar ze de rest van haar leven last van zou blijven houden. In 1946 reisde ze naar Tokio om te getuigen bij oorlogstribunalen die daar werden gehouden. In datzelfde jaar zwaaide ze af bij het leger en keerde terug naar haar voormalige woonplaats Shepparton om voor haar moeder te zorgen. Daar ontmoette ze Alexander Thomas Noy, met wie ze trouwde. In 1984 overleed Nesta op negenenzeventigjarige leeftijd in Melbourne. Ze liet neven, nichten, achterneven en achternichten na.

Vivian Bullwinkel werd geboren op 18 december 1915 in Kapunda, Zuid-Australië, als enige dochter van George en Eva Bullwinkel. Ze had een broer die John heette. Na haar opleiding tot verpleegster in Broken Hill, New South Wales, ging ze aan de slag in het Hamilton Base Hospital in Victoria, en later in het Jessie McPherson Hospital in Melbourne. In 1941 probeerde ze dienst te nemen in de Royal Australian Air Force, maar ze werd afgewezen wegens platvoeten. Nadat ze dienst had genomen bij de Australian Army Nursing Service werd ze toegevoegd aan het 2/13th Australian General Hospital en in 1941 werd ze naar Malakka gestuurd. Ze zwaaide af in 1947, nadat ze een getuigenis had afgelegd over het bloedbad op Radji Beach. Later werd ze hoofd verpleging bij het Fairfield Infectious Diseases Hospital in Melbourne. In 1977 trouwde ze met kolonel Francis West Stratham. Ze wijdde zich haar hele leven lang aan de verpleging en zamelde geld in voor een gedenkteken voor verpleegsters in Muntok op het eiland Banka, dat in 1992 werd onthuld. Ze stierf in juli 2000, op vierentachtigjarige leeftijd.

Betty werd op 14 mei 1908 geboren als Agnes Betty Jeffrey. Ze was samen met Nesta verpleegster in het 2/10th Australian General Hospital, en ze werkte samen met Vivian om in 1949 het Australian Nurses Memorial Centre te openen. Tijdens haar gevangenschap hield ze in het geheim een dagboek bij, en ze tekende haar verhaal op in het boek *White Coolies*. Dit boek vormde de inspiratie voor de film *Paradise Road*.

Norah werd in 1905 als Margaret Constance Norah Hope geboren in Singapore, waar haar vader, James Hope, als ingenieur werkte. Haar moeder was Margaret Hope. Na haar opleiding op een kostschool in het Engelse Aylesbury bezocht ze de Royal Academy of

Music in Londen, waar ze piano, viool en kamermuziek studeerde en optrad met het Royal Academy of Music Orchestra onder leiding van Sir Henry Wood. In 1930 trouwde ze in Malakka met John Lawrence Chambers. Hun enige kind, Sally, werd geboren in 1933. Toen de Japanners Malakka binnenvielen, vluchtte het gezin naar Singapore, waar ze de achtjarige Sally samen met Norahs zus Barbara en haar zoontjes Jimmy en Tony op een schip zette. Barbara en de kinderen woonden een poosje in Perth in West-Australië, tot Barbara's echtgenoot Harry Sawyer, die naar Sri Lanka was gevlucht, regelde dat ze naar Zuid-Afrika konden reizen. Sally's grootouders aan vaderszijde, die in Ierland woonden, ontdekten dat Sally was gered en lieten haar overkomen. In 1944 reisde Sally onder begeleiding naar Fintona in het Noord-Ierse graafschap Tyrone om bij Johns familie te gaan wonen. Nadat ze waren bevrijd en in Ierland met Sally waren herenigd, verhuisden Norah en John uiteindelijk naar het eiland Jersey, waar Sally zich bij hen voegde nadat ze haar opleiding in Ierland had afgerond. Daar heeft Norah tot haar dood in 1989 gewoond. Met diepe droefenis schrijf ik dat Sally, de lieve geweldige vrouw met wie ik heb mogen spreken en lachen, op 4 mei 2023 is overleden. Haar zoon, Seán, laat de herinnering aan zijn moeder, vader, grootmoeder en grootvader voortleven.

Norahs jongere zus Ena werd geboren in 1909 en was getrouwd met Kenneth Scott Murray. Haar rol als 'moeder' van haar kleine schaduw June wordt vele malen genoemd in getuigenissen en verslagen van andere geïnterneerden, net als het feit dat ze vaak de eerste was die aanbood om overstromende latrines schoon te maken en te legen, een van de fantastische mensen die bereid waren dit smerige, misselijkmakende karwei uit te voeren. Zij en Ken werden vanuit Singapore gerepatrieerd op het schip Cilicia, dat op 27 november 1945 in Liverpool arriveerde. Uiteindelijk verhuisden ze naar Jersey, waar Ena zevenendertig jaar heeft gewoond, tot haar dood in 1995.

Margaret Dryburgh werd geboren in Engeland als oudste kind van dominee William en Elizabeth Dryburgh. Ze volgde een opleiding tot lerares en behaalde vervolgens haar verpleegstersdiploma voordat ze in 1919 als missionaris naar China vertrok. Een aantal jaar later verhuisde ze naar Singapore, en op 12 februari vluchtte ze aan boord van de Mata Hari. Een dag nadat het schip door de Japanse marine werd veroverd, droeg de kapitein zijn vracht, grotendeels vrouwen en kinderen, over aan de Japanners. Met haar toneelstukken en liedteksten hield Margaret de hoop in de kampen in leven, maar helaas stierf ze voor de kampen werden bevrijd op vijfenvijftigjarige leeftijd.

Audrey Owen was een Nieuw-Zeelandse die in 1942 voor de YWCA in Singapore werkte. Nadat ze op 14 oktober 1945 vanuit Singapore per vliegtuig naar Australië werd gerepatrieerd, keerde ze onmiddellijk terug naar Nieuw-Zeeland. Daarna verhuisde ze naar Engeland en bleef haar leven lang bevriend met Norah en Ena. Wanneer ze werd gevraagd naar de tijd die ze in gevangenschap had doorgebracht, antwoordde ze: 'Daar heb ik mezelf gevonden.'

Zuster Catharina, een van de slechts elf overlevenden van de vierentwintig lesgevende nonnen die samen met moeder-overste Laurentia gevangen werden genomen, worstelde na haar vrijlating met haar roeping. Nadat ze haar bevrijding had verwerkt, keerde ze echter terug naar het klooster en naar Java.

Mrs Hinch (Gertrude) werd in 1890 of 1891 geboren in de Verenigde Staten (mogelijk in Milwaukee) en was het eerste niet-religieuze hoofd van de Anglo-Chinese School in Singapore (1929-1946). Nadat ze samen met haar man gevangen werd genomen toen ze Singapore aan boord van het schip Giang Bee probeerden te ontvluchten, zat ze van februari 1942 tot de bevrijding in september 1945 in verschillende kampen. Haar man was gedurende deze periode geïnterneerd in het krijgsgevangenenkamp Changi in Singapore. Hun dochter Kathleen, die was gerepatrieerd naar familie in Milwaukee, werd daaropvolgend naar een kostschool in Toronto gestuurd. Mrs Hinch en haar man keerden terug naar Singapore en heropenden daar de Anglo-Chinese School. Ze stierven in 1970, een paar maanden na elkaar.

Carrie 'Jean' Ashton werd in 1905 in Nairne in Zuid-Australië geboren. Na haar verpleegstersopleiding in het Tasmaanse Hobart nam ze dienst in de Australian Army Nursing Service, en in 1941 vertrok ze met het 13th Australian General Hospital naar Malakka. Na de bevrijding van de kampen keerde ze terug naar Australië, waar ze in 2002 op zevenennegentigjarige leeftijd overleed.

June was het enige kind van AG en Dorothy Bourhill. Na het zinken van de Vyner Brooke werd haar moeder geregistreerd als 'vermist op zee'. Haar vader werd gevangengenomen door de Japanners en vastgezet in Singapore. Na hun hereniging reisden ze aan boord van het lijnschip Tamoroa terug naar Australië en arriveerden op 11 oktober 1945 in Perth. In haar tienerjaren nam Junes vader haar een aantal keer mee naar Engeland om Ena en Ken te bezoeken. Als volwassene keerde June terug en ging in Ierland wonen. Ze bleef voor de rest van Ena's en Kens leven deel van hun familie en was ook betrokken bij Ena's uitvaartdienst, herinnert Sally's zoon zich.

Dokter Jean McDowell was een medisch officier in Selangor, Malakka. Samen met Norah, Ena en hun familie werd ze met het schip Cilicia uit Singapore gerepatrieerd.

Kapitein Seki, de kampcommandant, werd veroordeeld tot vijftien jaar gevangenisstraf vanwege zijn wrede behandeling van geïnterneerden. Zijn veroordeling kwam deels tot stand op basis van de getuigenissen van Vivian en Nesta tijdens zijn proces.

Bevelhebber Orita Masaru van het 229e regiment van de 38e divisie van het Japans Keizerlijk Leger, die bevel gaf tot het bloedbad op het eiland Banka, werd na de overgave van Japan krijgsgevangene van de Sovjet-Unie. Nadat hij drie jaar was vastgehouden, werd hij uitgeleverd aan Japan, waar hij werd beschuldigd van oorlogsmisdrijven. Vlak voor zijn proces pleegde hij zelfmoord.

Toen ze op hoge leeftijd was en haar gezondheid achteruitging, onthulde een van de verpleegsters die erbij waren toen de vier dappere vrouwen aanboden om naar de officiers te gaan, de waarheid achter deze ongelooflijk moedige daad. Ze bevestigde dat iedereen die erbij was op een bijbel had gezworen om de namen van de vier nooit bekend te maken, en die eed verbrak ze niet. Toen er verklaringen werden afgelegd, in het geval van Nesta en Vivian een officiële getuigenis bij het proces van hoogstaande Japanse officiers, hielden de verpleegsters zich allemaal aan het afgesproken verhaal: geen enkele verpleegster was seksueel misbruikt. Ze deden stuk voor stuk de eed gestand die ze hadden afgelegd en verzwegen de namen tot hun dood. Mogen ze in vrede rusten.

Het Japanse woord voor verpleegster is kangofu.

Zesenzeventig Nederlandse, Britse en Australische vrouwen stierven in Muntok en werden te ruste gelegd in ondiepe graven die de geïnterneerden onder de bomen aan de rand van het kamp hadden gegraven.

In Australië kwam geen enkele briefkaart van de verpleegsters aan. Nesta zorgde ervoor dat de Australische regering de lening van moeder Laurentia terugbetaalde aan het Nederlandse Rode Kruis.

Luitenant Jean Ashton, kapitein Nesta James en kapitein Vivian Bullwinkel ontvingen allemaal een eervolle vermelding: zij werden *'mentioned in dispatches'*. Deze toekenning beschrijft een lid van de krijgsmacht dat genoemd wordt in een officieel verslag van een hogere officier aan het opperbevel, waarin zijn of haar moedige of verdienstelijke daden in de confrontatie met de vijand worden beschreven.

Majoor Jacobs schreef het volgende: 'Het moreel van de vrouwen op het moment van hun bevrijding was veel hoger dan dat van de mannen in de kampen. Misschien beschikten de vrouwen over een groter aanpassingsvermogen of meer innerlijke kracht dan de mannen, want ze leken de beproevingen van hun gevangenschap stoïcijnser het hoofd te hebben geboden.'

De ontvangst in Perth overweldigde de verpleegsters. Binnen een paar dagen werden ze teruggebracht naar hun eigen staten en kregen ze te horen dat ze hun leven konden voortzetten. Legerpsychologen drukten familieleden en vrienden op het hart dat ze de teruggekeerde geïnterneerden niet naar hun ervaringen moesten vragen en dat ze moesten doen alsof hun gevangenschap nooit had plaatsgevonden. Veel van de verpleegsters ervoeren verdriet en eenzaamheid bij hun thuiskomst. Het slapen in een eigen kamer bood hun niet het gevoel van comfort waar ze over hadden gedroomd toen ze de nachten naast elkaar op een koude betonnen vloer hadden doorgebracht. Velen werden gekweld door nachtmerries en flashbacks, naast de gezondheidsproblemen die het gevolg waren van jarenlange verwaarlozing en ziekte.

De Engelse vrouwelijke overlevenden reisden met hetzelfde troepenschip terug naar Groot-Brittannië als de mannelijke militairen. In tegenstelling tot de ontvangst van de terugkerende mannen was er voor hen geen grootse welkomstceremonie – familieleden en vrienden was opgedragen om niet naar de kade te komen. In de kranten werd met geen woord gerept over de moed en de veerkracht van een werkelijk ongelooflijke groep zusters.

Op de volgende pagina's staan de namen van alle Australische verpleegsters, niet omdat zij erger hebben geleden dan de vrouwen uit vele andere landen, maar omdat hun namen genoemd moeten worden. Hieronder staat een heel korte lijst van andere vrouwen die een grote rol speelden in het verhaal, maar wier ervaringen ik aan anderen heb toegeschreven om een gestroomlijnd verhaal te kunnen vertellen.

Mrs Brown en haar dochter Shelagh
Mamie Colley
Molly en Peggy Ismail
Mary Jenkin
Dorothy Moreton
Elizabeth Simons

Alette, Antoinette en Helen Colijn
Cara Hall
Doris en Phyllis Liddelow
Dorothy MacCleod
Ruth Russell-Roberts
Margot Turner

Ik heb dit verhaal niet geschreven om te voorkomen dat de vrouwelijke geïnterneerden van de Japanse krijgsgevangenkampen in In-

donesië vergeten zullen worden. Ik heb dit verhaal geschreven zodat mensen hen kunnen leren kénnen. Hoe kun je herinnerd worden als niemand ooit van je heeft gehoord? Hun verhalen horen een plek te krijgen naast die van de mannelijke krijgsgevangenen. Zij hebben evenzeer geleden, en de moed waarmee ze voor hun wegkwijnende lotgenotes zorgden en zelf vochten om te overleven verdient het om te worden erkend en geëerd.
Ken hen nu. Gedenk hen.

Bij het schrijven van een verhaal dat is gebaseerd op bekende historische feiten en personages is het grootste dilemma altijd wat je erin stopt en wat je weglaat. Dit was een enorme uitdaging voor mij. Ieder van de meer dan vijfhonderd vrouwen en kinderen met wie Nesta en Norah in het kamp leefden, huilden, lachten en zongen heeft een plek in dit verhaal. Uiteindelijk kwam ik uit bij twee families en heb ik hen als uitgangspunt genomen voor het boek: Nesta's neven en nichten in Cardiff, en Norahs dochter Sally en kleinzoon Seán, die ruimhartig hun tijd, hun herinneringen en hun aandenkens hebben gedeeld. Degenen die niet zijn genoemd – en hun familieleden – vraag ik om te accepteren dat ik door het verhaal van Nesta en Norah te vertellen, het verhaal van alle anderen heb willen vertellen.

Ik ben veel verschuldigd aan het Australian War Memorial voor hun voorgaande en huidige archivering van manuscripten en getuigenissen van de Australische verpleegsters. Zij hebben me een schat aan informatie gegeven over de gevangenen, zowel vrouwelijk als mannelijk, van het Japans Keizerlijk Leger in Zuidoost-Azië.

Bibliografie

Jeffrey, Betty, *White Coolies* (Angus & Robertson, 1954)
Manners, Norman, *Bullwinkel* (Hesperian Press, Victoria Park, 1999)
Shaw, Ian, *On Radji Beach* (Pan Macmillan Australia, 2010)
Warner, Lavinia en Sandilands, John, *Women Beyond the Wire* (Arrow Books, 1982)

Leden van de Australian Army Nursing Service die aan boord waren van de Vyner Brooke, 12 februari 1942

Nooit land bereikt, vermist op zee

Zuster Louvima Bates
Zuster Ellenor Calnan
Zuster Mary Clarke
Zuster Millicent Dorsch
Zuster Caroline Ennis
Zuster Kit Kineslla

Zuster Gladys McDonald
Hoofdzuster Olive Paschke
Zuster Jean Russell
Zuster Marjorie Schuman
Zuster Annie Trenerry
Zuster Mona Wilton

Vermoord op het eiland Banka

Zuster Lainie Balfour-Ogilvy
Zuster Alma Beard
Zuster Ada Bridge
Zuster Flo Casson
Zuster Mary Cuthbertson
Hoofdzuster Irene Drummond
Zuster Dorothy Elmes
Zuster Lorna Fairweather
Zuster Peggy Farmaner
Zuster Clarice Halligan
Zuster Nancy Harris

Zuster Minnie Hodgson
Zuster Nell Keats
Zuster Jenny Kerr
Zuster Ellie McGlade
Zuster Kath Neuss
Zuster Florence Salmon
Zuster Jean Stewart
Zuster Mona Tait
Zuster Rosetta Wight
Zuster Bessie Wilmott

Gestorven in gevangenschap
Zuster Winnie Davis
Zuster Dot Freeman
Zuster Shirley Gardam
Zuster Blanche Hempsted
Zuster Gladys Hughes
Zuster Pearl Mittelheuser
Zuster Mina (Ray) Raymont
Zuster Rene Singleton

Weer thuisgekomen
Zuster Jean Ashton
Zuster Jessie Blanch
Zuster Vivian Bullwinkel
Zuster Veronica Clancy
Zuster Cecilia Delforce
Zuster Jess Doyle
Zuster Jean Greer
Zuster Pat Gunther
Zuster Mavis Hannah
Zuster Iole Harper
Zuster Nesta James
Zuster Betty Jeffrey
Zuster Pat Blake
Zuster Violet McElnea
Zuster Sylvia Muir
Zuster Wilma Oram
Zuster Chris Oxley
Zuster Eileen Short
Zuster Jessie Simons
Zuster Valerie (Val) Smith
Zuster Ada Syer
Zuster Florence Trotter
Zuster Joyce Tweddell
Zuster Beryl Woodbridge

Dank voor jullie opoffering, dames. De wereld is er een mooiere plek door geworden.

Nawoord door Kathleen Davies en Brenda Pegrum, Nesta's familieleden

Nesta Gwyneth James was de nicht uit de familie van de moeder van onze vader. Nesta's vader, David James, nam afscheid van Aberdare in Zuid-Wales en de mijnachtergrond van zijn familie en ging aan de slag als accountant. Hij trouwde met Eveline de Vere Lewis uit Llansteffan, een dorp aan de mond van de Tywirivier in Carmarthenshire. Daar werd Nesta, hun enige kind, in 1904 geboren. De familie emigreerde naar Australië toen Nesta een jong meisje was, en onze vader zwaaide ze uit op het station en onderhield de daaropvolgende vijftig jaar een correspondentie met Nesta.

Nesta's afkomst was belangrijk voor haar. In 1963 bezochten zij en haar echtgenoot Wales. Ze logeerden in Aberdare bij de familie van haar vader en brachten twee dagen met onze vader door in Cardiff. Kathleen heeft haar toen ontmoet en ze herinnert zich nog goed hoe piepklein Nesta was, terwijl haar man meer dan één meter tachtig was! Onze vader en Nesta spraken met elkaar in het Welsh.

Nesta werkte elf jaar lang als verpleegster in het Royal Melbourne Hospital. In 1941 nam ze dienst bij de Australian Army Nursing Service. Onze vader en twee van zijn broers hadden vrijwillig gevochten in de Eerste Wereldoorlog, en dus steunde hij Nesta's beslissing en volgde haar gevangenneming door de Japanners met bezorgdheid. Nesta's vader overleed in 1942, maar de brief waarin haar moeder

Nesta over zijn dood vertelde, werd achtergehouden door de Japanners. Daardoor hoorde Nesta pas in 1945 dat hij was overleden. In 1955 trouwde Nesta op eenenvijftigjarige leeftijd met Alexander Noy. Ze woonden op een fruitteeltboerderij in Shepparton, net als Nesta's familie na hun emigratie naar Australië had gedaan.

Nesta en Alex waren nog maar negen jaar getrouwd toen Alex overleed. Daarna verhuisde Nesta naar Melbourne, waar onze nicht Debra woonde, die als jong meisje met haar ouders was geëmigreerd. Debra herinnert zich Nesta en haar geliefde yorkshireterriër Nicky, die samen elke kerstlunch bijwoonden. Er werd nooit gesproken over Nesta's ervaringen als krijgsgevangene. Deb vertelde dat Nesta er weliswaar nooit over begon, maar dat zij als tiener ook niet wist welke vragen ze moest stellen. Debra en Nesta zongen vaak samen terwijl haar moeder de lunch bereidde en haar vader en broer ergens anders waren.

Nesta stierf in 1984 op negenenzeventigjarige leeftijd. Debra weet nog dat haar moeder vertelde dat ze was bezweken aan lichamelijke complicaties die ze had overgehouden aan haar gevangenschap. Brenda heeft haar nooit ontmoet, maar onlangs hebben zij en haar dochter Amanda het interview beluisterd dat het Australian War Memorial met Nesta heeft opgenomen. Ze waren onder de indruk van Nesta's vermogen om haar oorlogservaringen zo helder te vertellen.

Kathleen Davies en Brenda Pegrum
Cardiff, Wales
September 2023

Nawoord door Seán Conway, Norahs kleinzoon

Mijn grootmoeder Norah werd in 1905 onder de naam Margaret Constance Norah Hope geboren in Singapore, als dochter van Margaret en James Hope, die als ingenieur in Singapore werkte. In 1930 trouwde ze in Malakka met John Lawrence Chambers. Hun enige kind, mijn moeder Sally, werd geboren in 1933. De familie woonde in Malakka tot het Japanse leger in 1941 oprukte in de Grote Oceaan. Ze vluchtten naar Singapore, waar Norahs echtgenoot John ernstig ziek in het ziekenhuis werd opgenomen. Omdat Norah bij haar man wilde blijven, lieten zij en John de toen achtjarige Sally samen met Norahs zus Barbara en haar zoons Jimmy en Tony (Sally's neefjes) per schip naar Australië vertrekken. Door de Japanse aanval op Singapore waren John en Norah al snel daarna ook gedwongen te vluchten. Samen met een heleboel wanhopige mannen en vrouwen gingen ze aan boord van het koopvaardijschip Vyner Brooke, dat werd gebombardeerd en zonk voor de kust van Indonesië. Norah en John overleefden het en spoelden aan op een Indonesisch eiland, waar ze direct gevangen werden genomen door Japanse soldaten. Ze werden uit elkaar gehaald en brachten de rest van de oorlog in krijgsgevangenenkampen in Indonesië door. Het verhaal van Norah wordt in fictieve vorm verteld in *De vrouwen van het kamp*.

Mijn moeder, Sally, bracht de oorlog door bij haar vaders familie in Ierland, waar ze in haar eentje per schip naartoe was gereisd toen haar tante Barbara en haar neefjes Jimmy en Tony waren herenigd met Barbara's echtgenoot Harry, de vader van Jimmy en Tony. Sally was er tot de overgave van Japan van overtuigd dat ze een wees was, omdat haar ouders als krijgsgevangenen niet konden communiceren vanuit de kampen. Nadat het gezin aan het eind van de oorlog was herenigd, verhuisden ze eerst naar Glasgow, en toen in 1948 naar Londen. Uiteindelijk vestigden ze zich in Jersey, waar Norahs zus Ena en zwager Ken woonden. Sally ging als grondstewardess voor BOAC werken, en zo ontmoette ze mijn vader Patrick, een boordwerktuigkundige, toen hij een tussenstop maakte op het vliegveld Heathrow. Na een korte periode in Sunningdale in Berkshire keerden ze terug naar Sydney, waar mijn vader bij Qantas werkte. Later kreeg hij een baan bij Middle East Airlines in Libanon, waar ik werd geboren. Na een periode in Ierland verhuisden we uiteindelijk naar Jersey, waar mijn grootouders woonden.

Norah was een bijzonder getalenteerde musicus, opgeleid aan de Royal Academy of Music. Zoals Heather in haar roman beschrijft, richtten zij en Margaret Dryburgh een 'stemmenorkest' op voor de vrouwen in de Japanse krijgsgevangenenkampen om het moreel hoog te houden. Ze schreef partituren uit waarvan de vrouwen zongen, op stukken papier die ze bij elkaar had gescharreld. De composities voor stem arrangeerde ze vanuit haar geheugen. Ze heeft de partituren haar hele leven bewaard, en na haar dood in 1989 kreeg mijn moeder Sally ze. Ik herinner me Norah als een geweldige grootmoeder die probeerde me piano te leren spelen (voordat de gitaar roet in het eten gooide), en ik bracht veel tijd door met haar en mijn grootvader John. Hij was minder extravert dan mijn grootmoeder, maar hij had een fantastisch gevoel voor humor.

Verdrietig genoeg is mijn moeder Sally in mei dit jaar overleden.

Tot het eind van haar leven bleef ze opgewekt, grappig, liefhebbend en hartelijk, en ik had me geen betere moeder kunnen wensen, of een betere vader, wat dat betreft.

Seán Conway
Jersey
September 2023

Sumatra en de vrouwenkampen

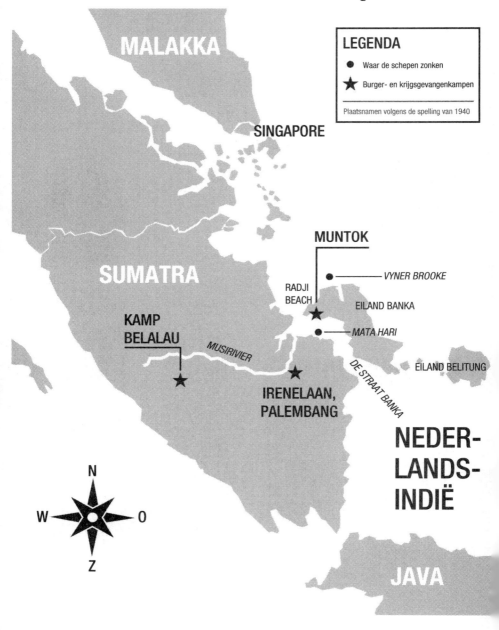

Boven: de zusjes Hope, van links naar rechts: Ena, Barbara en Norah in Malakka, circa 1935.

Onder: Norah Chambers (geboren Hope), Malakka, circa 1940.

Boven, van links naar rechts: John Chambers (Norahs echtgenoot), James Hope (vader van de zusjes Hope) en Kenneth Murray (Ena's echtgenoot) in Malakka, circa 1936.

Rechts: Norah en Sally in Malakka voordat de oorlog alles veranderde, circa 1939, toen Sally zes of zeven was.

Links: Sally als peuter in Malakka, circa 1934, aan het spelen met haar amah (kindermeisje) terwijl haar vader John toekijkt.

Boven: Sally met haar vader John, veilig en gelukkig in Jersey, de oorlog achter de rug, begin jaren vijftig.

Rechts: de vierentwintig verpleegsters die het hebben overleefd, bij hun aankomst in Singapore na de bevrijding. Nesta is de eerste persoon links op de voorste rij.
Opgenomen met toestemming van de Australian War Memorial, ref nr.: 044480.

Links: de vierentwintig verpleegsters die het hebben overleefd, bij hun terugkeer in Australië. Nesta gaat schuil achter een enorm boeket, vijfde van rechts op de tweede rij. Vivian is de tweede van rechts, op de tweede rij.
Opgenomen met toestemming van de Australian War Memorial, ref nr.: P01701.003.

Onder: ik kon maar heel weinig foto's vinden van Nesta. Dit is er eentje waar ze haar uniform weer draagt, circa 1945.
Opgenomen met toestemming van de Australian Manuscripts Collection, State Library Victoria, ref nr.: YMS 16139

Boven: Nesta en haar echtgenoot Alexander Noy, circa 1963.

Een handgeschreven partituur van Ravels 'Boléro', gearrangeerd en bewerkt uit het geheugen door Norah Chambers, om gezongen te worden door het stemmenorkest van de vrouwen.

Een handgeschreven partituur van het largo uit 'Uit de Nieuwe Wereld', gearrangeerd en bewerkt uit het geheugen door Norah Chambers, om gezongen te worden door het stemmenorkest van de vrouwen.

Dankwoord

'Ken jij het verhaal van de Australische verpleegsters die tijdens de Tweede Wereldoorlog in handen vielen van de Japanners?' vroeg mijn lieve vriendin en uitgeefster Kate Parkin me een aantal jaar geleden. Toen ik bekende dat ik hier tijdens mijn opleiding in Nieuw-Zeeland nooit iets over had gehoord, stelde ze voor dat ik er eens in zou duiken. In haar woorden: 'Er is een verhaal dat aan een nieuw publiek verteld moet worden.' Zoals altijd wist Kate waar ze het over had. Met haar steun en aanmoediging 'dook ik erin'. Kate, de dankbaarheid en de liefde die ik voor jou voel zijn niet in woorden uit te drukken, niet alleen omdat je me op dit verhaal hebt gewezen, maar ook omdat jouw vriendschap, samen met die van je geweldige man Bill Hamilton, veel voor me betekent. Je steunt me als schrijver, je zorgde voor me toen ik op grote afstand van mijn familie herstelde van corona.

Toen ik nog maar net met mijn onderzoek was begonnen, vertelde ik een oudere collega over het verhaal dat ik overwoog te gaan schrijven. Ze vertelde me dat haar nicht een van die verpleegsters was; ze heette Nesta James. Mijn aanvankelijke dank gaat uit naar onze gezamenlijke vriendin Jan McGregor, die ons beiden voor de lunch had uitgenodigd. Dat bood me de gelegenheid om met jou bij te praten, Deb Davies, en van jou de familiedocumenten te krijgen waarmee ik een vliegende start kon maken met Nesta's verhaal. De tijd die ik vervolgens met jou en je nichten, Kathleen Davies en Brenda Pegrum, in Cardiff heb doorgebracht, was overweldigend. Ik heb ongelooflijk veel informatie en inspiratie geput uit de verhalen over jullie familiegeschiedenis en Nesta's leven in het bijzonder. Ik ben jullie alle drie oprecht dankbaar.

Hoewel ik aanvankelijk van plan was het verhaal van de Australische verpleegsters te vertellen, raakte ik geïntrigeerd door een Engelse vrouw die zich ook op de Vyner Brooke bevond, Norah Chambers. Bij alles wat ik over Nesta las, was de ongelooflijke, getalenteerde, hardwerkende Norah betrokken. Als ik het verhaal van de verpleegsters zou hebben opgeschreven en Norah, haar zus Ena en haar beste vriendinnen Margaret Dryburgh en Audrey Owens erbuiten zou hebben gelaten, zou ik maar de helft van het verhaal hebben verteld. Dankzij het talent van mijn onderzoeker Katherine Back vonden we Norahs dochter, Sally Conway, en haar kleinzoon Seán Conway op het eiland Jersey. Ik koester de herinnering aan de tijd die ik heb doorgebracht met Sally, de verhalen die ze me vertelde over haar ouders en haar herinneringen aan de vlucht voor de Japanners en de tijd die ze gescheiden van haar ouders had doorgebracht. Vanuit de grond van mijn hart, dank je wel, Sally, dat je me zo hartelijk hebt ontvangen. Haar geweldige zoon Seán was aanwezig bij de gesprekken en hielp Sally wanneer ze haar geheugen niet vertrouwde. Verder heeft hij ons de waardevolle documenten en foto's gegeven die in dit boek zijn opgenomen. Ik sta voor altijd bij je in het krijt, Seán, dank je.

Ze is mijn redacteur, uitgever, dierbare *hoa* (vriendin), reisgenoot, verzorger, manager, rechterhand en maatje: Margaret Stead. Sorry dat ik je dwong om shotjes slivovitsj te drinken toen we Slowakije bezochten, maar wat die drank met je brownies doet maakt het de moeite waard, toch? Dank je wel dat je me steeds vergezelde naar Jersey tijdens mijn bezoekjes aan Sally en Seán, en naar Cardiff voor de ontmoetingen met Deb en Nesta's familie. Dank je wel dat je je over mijn woorden buigt en mijn schrijfwerk oppoetst. Maar bovenal bedankt voor je vriendschap. Er liggen nog meer avonturen voor ons in het verschiet.

Ruth Logan is zo iemand die iedereen in zijn leven nodig heeft, en die zo weinig mensen zullen hebben. Een bijzondere vrouw die naar Parijs kwam om me in een hotel te 'verplegen' toen ik corona had, die me elke dag eten bracht, die ondanks het risico voor haar eigen gezondheid elke avond langskwam om te kijken of het wel goed met me ging, en die me terugbracht naar Londen toen ik niet langer positief testte. Dit is maar één voorbeeld van de vele keren dat Ruth veel verder ging dan haar rol als hoofd rechten bij Bonnier Book van haar vroeg. En, niet onbelangrijk, ze is ook nog de persoon die zorgt dat mijn boeken in een heleboel landen buiten het Verenigd Koninkrijk worden uitgegeven, zodat lezers in meer dan vijfenveertig talen kennis kunnen maken met Lale, Gita, Cilka, Cibi, Magda, Livi en nu Nesta en Norah. Ze heeft niet voor niets de bijnaam 'Halo'. Dank je wel, lieve vriendin.

Ze is het hoofd van de beste uitgeverij in het Verenigd Koninkrijk; ze beantwoordt altijd mijn telefoontjes en is enthousiast over alles wat ik schrijf en wil schrijven: Perminder Mann, CEO van Bonnier Books UK. Ik ben zo dankbaar voor het feit dat je steeds tijd voor me maakt in je ongelooflijk hectische en drukke leven, waarin je een enorme stal van schrijvers aanmoedigt en steunt.

Dank aan de mensen in Ruths team, die ze hoog heeft zitten: Ilaria Tarasconi, Stella Giatrakou, Nick Ash, Holly Powell en Amy Smith. Jullie zijn geweldig. Ik kan niet in woorden uitdrukken hoezeer ik jullie inspanningen waardeer om mijn woorden over de hele wereld te verspreiden.

Francesca Russell, hoofd publiciteit; Clare Kelly, publiciteitsmanager; Elinor Fewster, publiciteitsmanager Zaffre – heel erg bedankt dat jullie me helpen de wereld over te reizen en lezers en uitgevers te ontmoeten. Maar goed dat jullie weten hoezeer ik geniet van de ongelooflijke ervaringen die jullie voor mij regelen.

Blake Brooks, hoofd marketing van Zaffre, je werkt onvermoeibaar aan mijn publiciteit door mijn website up-to-date te houden en te zorgen dat ik er goed op sta. Zonder jou zou ik niet bestaan op sociale media. Ik waardeer het enorm dat jij en de fantastische Holly Milnes dag en nacht klaarstaan voor dit atechnische meisje aan de andere kant van de wereld.

Verder wil ik de talenten onder de aandacht brengen van het team bij Zaffre dat ervoor zorgt dat *De vrouwen van het kamp* bij jullie lezers terechtkomt: het briljante redactieteam bestaande uit Justine Taylor, Arzu Tahsin en Mia Farkasovska; artdirector Nick Stearn; het salesteam bestaande uit Stuart Finglass, Mark Williams, Stacey Hamilton en Vincent Kelleher; productiemanager Alex May, om er maar een paar te noemen.

Dank aan Sally Richardson en Jennifer Enderlin van St Martin's Press in de Verenigde Staten. Jullie hebben het verhaal geaccepteerd op basis van anderhalve pagina gekrabbelde notities. Jullie steun en jullie vertrouwen in mijn vermogen om het verhaal te schrijven waarop jullie hoopten, wordt zeer gewaardeerd. Jullie voortdurende aanmoediging om de verhalen te schrijven die ik wil vertellen, betekent alles voor me.

Verder mijn oprechte dank aan de rest van het team bij St Martin's Press; ik zal jullie individueel opnemen in het dankwoord van de Amerikaanse editie.

Als laatste, maar niet minder belangrijk, noem ik het kleine team van geweldige vrienden in Sydney die ik altijd mag bellen, die met me lachen en huilen, onder aanvoering van de fantastische Juliet Rogers, algemeen directeur van Echo Publishing, haar rechterhand en publicist Emily Banyard en de uitmuntende Cherie Baird. Dankzij jullie talent en kennis kunnen lezers in Australië en Nieuw-Zeeland kennismaken met mij en met onze boeken. Veel liefs en dank.

Aan de mensen bij Allen and Unwin Australia, dank jullie wel voor jullie geweldige bijdrage aan het verspreiden van mijn boeken door Australië en Nieuw-Zeeland.

Ze steunde me en werkte met me samen bij mijn eerste vier boeken; ze is nog steeds mijn lieve vriendin, levenscoach, de persoon die me aan het lachen maakt: ze is Benny Agius. Jij bent werkelijk uniek; dank je wel dat je in mijn leven bent en dat je het zoveel mooier maakt met je gevoel voor humor, je wijze woorden en je verstandige advies.

Jullie weten wat jullie voor me betekenen. Jullie weten dat niets wat ik schrijf iets betekent zonder jullie, zonder jullie onvoorwaardelijke steun en liefde. Mijn familie: Ahren en Bronwyn, Jared en Bec, Dea en Evan en de beste vijf redenen om elke dag op te staan, Henry, Nathan, Jack, Rachel en Ashton de aanbiddelijke.

Lieve lezer,

Dank je wel dat je *De vrouwen van het kamp* hebt gelezen. In mijn loopbaan als schrijver heb ik een aantal fantastische mensen mogen ontmoeten. Dankzij jullie loyaliteit, hulp en steun als lezers heb ik de verhalen kunnen delen van Lale en Gita, van Cilka, van Cibi, Magda en Livia. Nu voel ik me al even vereerd en deemoedig omdat ik een verhaal heb mogen vertellen dat in de geschiedenis nauwelijks aan bod is gekomen – het verhaal van Norah en de geweldige vrouwen en kinderen die de wrede gevangenschap in de Japanse krijgsgevangenenkampen tijdens de Tweede Wereldoorlog hebben overleefd. Ik wilde al lange tijd schrijven over dit deel van de geschiedenis, vooral toen ik me verdiepte in het verhaal van de Australische verpleegsters die vrijwillig dienden in de oorlogszone in de Grote Oceaan en daar de geallieerde soldaten verzorgden die tegen de Japanners vochten. Al vanaf de tijd dat ik op de afdeling maatschappelijk werk van een druk ziekenhuis werkte, ben ik me bewust van het werk dat verpleegkundigen doen, werk dat zo vaak onderbelicht blijft. Ik wilde een manier vinden, in het bijzonder in de nasleep van de coronapandemie, om het werk van deze vrouwen eer te betonen.

Aan het begin van mijn onderzoek vertelde ik een oudere collega van mij, Deb Davies, over het verhaal dat ik overwoog te gaan schrijven. Deb bracht me in contact met haar familieleden, Kathleen Davies en Brenda Pegrum, die in Cardiff wonen, in Wales. Wat zij me over hun familie en het leven van Nesta vertelden, raakte me diep. Wat was ze een ongelooflijke vrouw. Kathleen en Brenda brachten Nesta tot leven: deze Welsh-Australische 'zakdynamo', één meter zesenveertig lang, die drie jaar en zeven maanden lang elke dag vocht om te overleven in gevangenschap en om de vrouwen en kinderen om haar heen in leven te houden – en die altijd bleef glimlachen. Ze was moedig, sterk, onverzettelijk, liefdevol en altijd vrolijk. Het was een groot voorrecht om meer over haar te weten te komen en haar verhaal te vertellen.

Het doet me enorm veel plezier om dit hartverscheurende, inspirerende en opwekkende verhaal met jullie, mijn lezers, te delen. Als je meer zou willen weten over datgene waar ik op dit moment aan werk, of over mijn eerdere boeken, *De tatoeëerder van Auschwitz*, *Het meisje dat twee kampen overleefde*, *De drie zussen van Auschwitz* en *Ik hoor wat je zegt*, kun je een kijkje nemen op www.heathermorrisauthor.com/heathers-readers-club, waar je lid kunt worden van mijn lezersclub. Inschrijven gaat snel en makkelijk, er zijn geen kosten aan verbonden en nieuwe leden ontvangen automatisch een exclusief bericht van mij. Mijn uitgever, Bonnier Books UK, zal je gegevens vertrouwelijk behandelen en ze nooit doorverkopen aan een derde partij. We willen je niet overspoelen met een lawine aan e-mails, we sturen alleen nu en dan opwindend nieuws over mijn boeken, en je kunt je op elk moment uitschrijven. Mocht je het leuk vinden om deel te nemen aan een breder gesprek over mijn boeken, plaats dan alsjeblieft een recensie over *De vrouwen van het kamp* op Amazon, Goodreads, andere online winkels of je eigen blog of socials. Natuurlijk kun je ook vrienden, familie en leesclubgenoten over het boek vertellen. Het delen van je gedachten helpt andere lezers, en ik vind het altijd fijn om te horen wat anderen uit mijn boeken halen.

Opnieuw hartelijk dank voor het lezen van *De vrouwen van het kamp*. Mocht je dat nog niet gedaan hebben, dan hoop ik dat je wellicht ook *De tatoeëerder van Auschwitz*, *Het meisje dat twee kampen overleefde* en *De drie zussen van Auschwitz* zult willen lezen, en dat je door het lezen van *Ik hoor wat je zegt* meer zult willen ontdekken over de inspiratie achter de boeken, via een reeks verhalen over de opmerkelijke mensen die ik heb ontmoet, de onvoorstelbare ervaringen die zij met me hebben gedeeld en de lessen die wij daar allemaal uit kunnen trekken.

Liefs,
Heather

Leesclubvragen

Zusterschap is een terugkerend thema in het boek. Waarom is het zo belangrijk? Denk je dat het de vrouwen helpt om te overleven in het kamp?

Waarom is muziek zo belangrijk voor de vrouwen in het kamp? Hoe helpt het hen om te overleven?

Wat denk je dat de reden is dat Mrs Hinch haar echte naam zo lang verborgen houdt?

Op wat voor manieren inspireert Nesta de andere kampbewoonsters en geeft ze hun hoop? Waarom is dit zo belangrijk?

Welke risico's nemen Norah en Mrs Hinch om de andere meisjes in het kamp te helpen?

Hoe belangrijk is Junes relatie met Ena en Norah, die tijdelijk de rol van haar moeder vervullen? Is die waardevoller of belangrijker dan Junes relatie met haar eigen moeder, die is omgekomen?

Hoe lukt het de vrouwen in het kamp om vol te houden en de hoop niet te verliezen onder zulke ellendige omstandigheden?

In hoeverre is Ah Fat een medeplichtige van de Japanse soldaten en kapitein Seki? Doet hij gewoon zijn werk?

Aan het eind van het boek zegt een Australische soldaat iets over de verwoesting die de atoombom in Hiroshima heeft aangericht. Was het gebruik van dit atoomwapen gerechtvaardigd? Was het verlies van levens gerechtvaardigd als het resulteerde in de vrijheid van de verpleegsters?

Waarom zouden de plaatselijke politiemannen en de Japanse soldaten de vrouwen in het kamp zo verschillend behandeld hebben?

Nesta en de andere verpleegsters stellen hun plicht om de vrouwen in het kamp te dienen boven hun eigen welzijn. Waarom is hun beroepsplicht zo belangrijk voor hen, denk je?

Meer lezen van Heather Morris?
Kijk dan ook uit naar deze romans:

ISBN: 978 94 027 1015 1

ISBN: 978 94 027 1029 8

ISBN: 978 94 027 1355 8

'Dit prachtige liefdesverhaal laat niemand onberoerd.'
Libelle over *De tatoeëerder van Auschwitz*

Voor meer informatie: **www.harpercollins.nl**
ⓕ HarperCollins Holland ⓘ @harpercollins_holland